历史唯物主义视域下当代世界文化与文明研究系列丛书

清代至民国广州城市的具象与意象

刘赫宇　著

天津大学出版社
TIANJIN UNIVERSITY PRESS

内容简介

本书以清代至民国的广州为中心，从城市具象和意象出发，通过多学科综合研究，探寻城市化为一座城市带来的多元而深刻的变化，探索近代中国城市环境史。

图书在版编目(CIP)数据

清代至民国广州城市的具象与意象 / 刘赫宇著. -- 天津：天津大学出版社, 2023.9

（历史唯物主义视域下当代世界文化与文明研究系列丛书）

ISBN 978-7-5618-7605-3

Ⅰ. ①清… Ⅱ. ①刘… Ⅲ. ①城市史－广州－清代-民国 Ⅳ. ①K926.51

中国国家版本馆CIP数据核字(2023)第183534号

QINGDAI ZHI MINGUO GUANGZHOU CHENGSHI DE JUXIANG YU YIXIANG

出版发行	天津大学出版社
地　　址	天津市卫津路92号天津大学内（邮编:300072）
电　　话	发行部:022-27403647
网　　址	www.tjupress.com.cn
印　　刷	北京虎彩文化传播有限公司
经　　销	全国各地新华书店
开　　本	710mm×1010mm　1/16
印　　张	12.125
字　　数	256千
版　　次	2023年9月第1版
印　　次	2023年9月第1次
定　　价	79.00元

“历史唯物主义视域下当代世界文化与文明研究”系列丛书

序　言

马克思从历史唯物主义的视角出发，分析研究了近代社会发展的态势，提出了世界历史理论，奠定了科学社会主义的理论基础，对我们分析当代世界文化与文明的重要问题，具有十分重要的方法论意义。毛泽东同志运用马克思的世界历史理论，分析了中国与世界的辩证关系，深刻指出，“中国问题本来是世界的问题，然从事中国改造不着眼及于世界改造，则所改造必为狭义，必妨碍世界。”中国共产党以马克思主义理论为指导，正确处理中国与世界之间的关系，带领中国人民步入了中国特色社会主义新时代，中国对世界的影响，从未像今天这样全面、深刻、长远；世界对中国的关注，也从未像今天这样广泛、深切、聚焦。

面对新形势、新变化、新使命、新要求，习近平总书记以深邃的历史视野和世界眼光，深刻把握中国和世界发展大势，提出了人类命运共同体理念，饱含对人类发展重大问题的睿智思考和独特创见。“中国发展离不开世界，世界繁荣稳定也离不开中国。”把中国的前途命运同世界的前途命运紧密联系在一起，推动构建人类命运共同体，是新时代中国共产党人为科学回答21世纪“建设一个什么样的世界、如何建设这个世界”这个时代之问提供的中国智慧和中国方案。包括联合国在内的国际组织把“构建人类命运共同体”写入各种决议中，充分体现了这一宏伟理念和美好愿景已得到国际社会的普遍认同，也表明了中国对全球治理和人类社会发展的重要贡献，成为中国引领时代潮流和人类文明进步方向的鲜明旗帜。

习近平总书记在党的二十大报告中强调，中国共产党“必须坚持胸怀天下”，指出“我们要拓展世界眼光，深刻洞察人类发展进步潮流，积极回应各国人民普遍关切，为解决人类面临的共同问题作出贡献，以海纳百川的宽阔胸襟借鉴吸收人类一切优秀文明成果，推动建设更加美好的世界”。中华民族历来讲求“天下一家”，致力于创造“大道之行，天下为公”的美好世界，“以和邦国”“以和为贵”的文化基因已深深地融入中华民族的血脉。坚持胸怀天下是对中华优秀传统文化的创造性转化和创新性发展，为新时代坚持和发展中国特色社会主义、开创党和国家事业全新局面、创造人类文明新形态提供了强大智慧和能量。

文化是一个国家、一个民族的灵魂。文化认同、文化自信是凝聚民族共同体的精神纽带，是民族共同体生命延续的精神基础，也是我们在世界文化相互激荡中站稳脚跟的根基所在。当今世界正经历百年未有之大变局，多重挑战和危机交织叠加，各种文化思潮激流涌荡，迫切需要我们更好运用历史唯物主义的基本原理和方法论，去研究中外文化与文明的精神实质、交流互鉴和发展规律，特别是深化研究中华文明特质和形态，通过文明交流交融破解“文明冲突论”，为人类文明新形态实践进一步提供深厚学理支撑。2023年3月15日，习近平总书记在中国共产党与世界政党高层对话会上再次强调:“当今世界不同国家、不同地区各具特色的现代化道路，植根于丰富多样、源远流长的文明传承”“中国式现代化作为人类文明新形态，与全球其他文明相互借鉴，必将极大丰富世界文明百花园”，进一步指明了我们要重视文明传承和创新，深化中外文明多样性交流与合作，提升中华文明影响力，推动中国式现代化取得新进展、新突破，要有为人类发展进步做出更大贡献的世界情怀和责任担当。2023年6月2日，习近平总书记在北京出席文化传承发展座谈会并发表重要讲话中指出：“在新的起点上继续推动文化繁荣、建设文化强国、建设中华民族现代文明，是我们在新时代新的文化使命。”从党和国家事业发展全局战略高度，对中华文化传承发展的一系列重大理论和现实问题作了全面系统深入阐述。为坚定文化自信自强，更好担负起新时代新的文化使命，扎实推进中华民族现代文明和社会主义文化强国建设，指明了前进方向、提供了根本遵循。

北京第二外国语学院秉承中外人文交流使命，以服务国家战略和首都发展为己任，以容中外兼知行为办学理念，以培养多语种复语、跨专业复合的，具有家国情怀国际视野的国际化复合型人才为根本任务，在对外文化传播，国际文化交流等方面逐渐形成特色。近年来，学校高度重视马克思主义理论学科建设，以中国化时代化马克思主义的世界意义与对外阐释研究为主攻方向，鼓励教师、专家和学者围绕中国与世界、当代世界文化与文明等主题开展学术研究，扶持具有学校学科特色的科研成果，培养和发展一批学术带头人和中青年学术骨干，带动学校整体科研和学术水平不断迈向新台阶。

学校着眼于培育和建设马克思主义理论学科，设立了“历史唯物主义视域下当代世界文化与文明研究”系列丛书资助项目，于2021年开始策划，2022年启动，截止到2023年已经资助两批共5部著作，后续仍将陆续推出系列著作。主要用于资助具有较高水平的博士论文、学术专著和高水平的学术译著。这是鼓励教师、专家和学者运用历史唯物主义的世界观和方法论，加强当代中国与世界的文化文明的研究，理解和把握中华文化与中华文明的精神特质，深化文化与文明交流互鉴，推动中华优秀传统文化更好走向世界，增强中华文明影响力，更好理解和把握中华优秀传统文化与科学社会主义核心价值观的契合、中国式现代化创造人类文明新形态等重大问题的研究重要举措，对带动我校马克思主义理论学科的繁荣与进步，达到“以点带面，纲举目张”的效果也具有重要现实意义。相信系列丛书的出版，一定能够在中外文化与文明的交流互鉴与比较研究、在对人类文化与文明的本质和规律认识上取得新的共识与突破。

前　言

近 30 年来，环境史学在中国逐渐形成一个成熟的研究领域。一方面，受到近代以来人类环境危机的挑战，国外部分学者秉持责任感，率先展开深刻的学术反思；另一方面，中国长期以来在历史学、地理学积淀的学术传统，更为今天我国的环境史研究提供了鲜明而宝贵的理论基础。尽管尚未形成统一的定义及较为公认的研究方法，这一研究领域依旧在无数学者的默默努力推动下，不断向前。近年来，已有学人陆续致力于澄清环境史学科边界争议，加强中国环境史的通史意识教育，以及提升环境史人才培养和教材体系的建设，其间诸多问世的成果也着眼于系统论述中国环境史的发展历程，勾勒中华文明演进过程中人与自然的互动。作为现阶段人类活动最为集中的区域，城市的确是观察人与自然互动关系的最理想的一个窗口，以历史上中国城市环境变迁为主题的成果亦陆续出现。而城市环境史应以单个城市抑或更为广阔的城市区域为研究对象，研究重心应该放在何处，直到今天，依旧是国内学界争论的焦点。

在这些现实因素的影响下，本书在中国城市环境史的框架之内，以广州这座中国近代最具代表性的城市为对象，围绕中国本土城市环境史的思路取向、研究范式及书写方法等核心问题进行初步探索，求教于方家，期待引起学界友好而深入的讨论，并为作为今天国家治理体系和治理能力现代化重要内容的城市治理，提供历史参考。

目　　录

绪论……1
第一节　问题的提出……1
第二节　学术史的梳理……5
第三节　基本史料的整理与选择……20
第四节　研究思路与创新点……21
第一章　拆城筑路:清末民初广州城区的空间变迁……24
第一节　拆城筑路对广州城市格局的影响……24
第二节　城市主要分区规划及其考量……38
第三节　街区变迁及其推动因素……53
小结……60
第二章　港口兴建:广州城区拓展的驱动力……61
第一节　黄埔外港的兴起……62
第二节　洲头咀内港拔地而起……75
第三节　河南岛的新面貌……82
小结……97
第三章　水资源利用:广州城市近代化的一个侧面……98
第一节　20世纪前广州城市水循环系统的变迁……99
第二节　城市饮用水的商品化……104
第三节　濠渠的清浚与排水系统的改造……112
小结……117
第四章　混凝土应用:广州城市景观变迁的物质基础与理念更新……119
第一节　传统建筑材料与广州城的营造……119
第二节　混凝土的普及与广州城市营造革新……121
第三节　混凝土的生产与原料供应……129
小结……133
第五章　田园都市:广州自然生态的新格局……135
第一节　"田园都市"思想的源流与影响……136
第二节　沙面租界对广州城市景观营造的启发……142
第三节　广州城市环境的优化……146

小结…………………………………………………………………… 164
结束语…………………………………………………………………… 166
附录 广州城市发展大事记年表(与本书相关) …………………… 169
参考文献………………………………………………………………… 170
一、史料 ………………………………………………………………… 170
二、论著 ………………………………………………………………… 171
三、学术论文 …………………………………………………………… 177
图表索引………………………………………………………………… 181
后记……………………………………………………………………… 182

绪　论

第一节　问题的提出

城市的形成与发展，无疑是人类在其文明进程中最为高超、最引人注目的杰作之一，时至今日，城市更被人们视为“全球化经济中的行动者”[①]。英国学者庞廷（Clive Ponting）将城市描述为地球上最大的人造物，这种表述虽有值得商榷之处，却也在时刻提醒着我们，城市环境正是人类智慧的物质体现。同时，城市环境的营造，也会不可避免地受到自然因素与社会因素的双重影响[②]。城市是今天地球上人类活动最为集中的区域，人类所掌握的最尖端技术，培养出的最优秀人才，绝大多数均聚集于各大城市之中。不仅如此，影响人类历史发展趋势的重大事件，多数也以城市为主要发生的舞台。更为重要的是，越来越多的人类，其一生中大部分时间都在城市这种高度人工化的环境中度过。因而我们有充分的理由认为，如果有意要对人类历史与社会文明发展的过程进行探讨的话，城市这种文明形态，无疑是十分理想的研究对象。

城市是人类社会、经济和文化共同发展的产物，也是一个规模庞大、关系复杂的多目标、多层次、多功能动态生态系统。在生态学理论之中，城市同样是生态系统中最为复杂的一个类型，具有开放性、依赖性、脆弱性、复合性等特点，极易受到人为的和自然环境条件变动的干扰。因此认识和研究城市生态问题，探讨城市可持续发展与生态环境调控的途径与对策，采取有效措施防治和改善生态环境质量，促进城市生态系统的良性循环，已成为十分紧迫的任务。按照复合生态系统的观点，城市包括社会、经济、自然 3 个亚系统，而在亚系统之下又可以分为若干个子系统，这些系统互为依赖。伴随城市文明的发展，城市既具有一般自然生态系统的特征，即生物群落与周围环境的相互关系及物质循环、能量流动和自我调节能力，更受到社会生产力、生产关系及与之相联系的上层建筑所制约，其自我调节能力相对趋于弱化。由于城市是在多种自然、社会和经济要素的影响下形成的高度人工化的复合生态系统，影响城市生态与环境的要素十分复杂。在自然方面，有地理位置、地形地貌、地质条件、日照条件、河湖水系、气候条件、水文条件、自然资源等要素，而在社会经济方面，则受到人

---

① 艾伦·哈丁、泰尔加·布劳克兰德：《城市理论——对 21 世纪权力、城市和城市主义的批判性介绍》，王岩译，社会科学文献出版社，2016，第 54 页。

② 克莱夫·庞廷：《绿色世界史》，王毅译，中国政法大学出版社，2015，第 1-10 页。

口、经济状况、政治制度、文化习俗和心理认知等方面的影响[①]。可以说，城市既是自然的生态系统（这一观点早在18世纪末就已出现），具有类似有机物一样的新陈代谢的功能；更是一种文化的建构，在某些方面区别于自然环境而与社会以及周边更广泛的自然系统紧密相连[②]。

庞廷还认为人们的生活方式和他们所经历的环境中最重大的变化之一，是由最近这两个世纪里城市的兴起和城市生活所导致的。他说道："世界人口的一半如今生活在城市，他们体验着人类有史以来所创造的最为人工的环境。大片乡村被住房、工厂、道路和购物中心的扩张所摧毁，它们吞噬着曾经的原野、空地和树林。"[③]而人类生存环境的不断恶化，则成为城市环境史研究发展的直接推动力。

在当前的城市研究中，通常习惯使用景观或环境这些我们更为熟悉的概念来描述城市中的意象与具象[④]。如在美学中，景观（Landscape）一词可以被用来指代"风景"；在地理学中，又可以被理解为"某个地理区域的总体特征"；而在生态学家眼中，景观是由相互作用的生态系统镶嵌构成，并以类似的形式重复出现，具有高度空间异质性的区域[⑤]。一般来说，我们理解的城市景观，存在于街道、建筑物、园林绿地及广场等要素之中，而与此同时，它也是"由人通过眼睛等感觉器官对城市的主观的、精神的感受"[⑥]。城市景观的变迁，不可避免地造成某些城市功能的更新换代，它既是一座城市发展的重要表象，更是城市社会进步的物质体现，因此，从城市景观变迁入手，探讨城市化的相关问题，也不失为一个理想的思路。

如何对"环境"（Environment）进行定义，不同的学科也秉持不同的信条，有各自的理解。例如城市规划工作者多关注物质性建筑环境或建成环境；自然生态学家多关注生物栖息地及影响生物生长发育的各种外部条件；社会生态学家多关注人类赖以生存的各种自然与社会因素；而城市生态学家理解的环境，包括未经破坏的天然环境，人类作用于自然界且由生产、生活活动产生的半自然、半人工环境以及社会环境。一般来说，环境是生命有机体及人类生产和生活活动的载体，指在主体（或研究对象）外，且围绕主体、占据一定空间、构成主体生存条件的各种外界物质实体或社会因素的总和。我国现行的《环境保护法》中定义的环境的范围，包括"大气、水、海洋、土地、矿藏、森林、草原、湿地、野生生物、自然遗迹、人文遗迹、自然保护区、风景名胜

① 王祥荣：《城市生态学》，复旦大学出版社，2011，第79页、第132页。

② 包茂宏：《马丁·麦乐西与美国城市环境史研究》，《中国历史地理论丛》2004年第4辑，第117页。

③ 克莱夫·庞廷：《绿色世界史》，王毅译，中国政法大学出版社，2015，第1-10页。

④ "具象"从字面来看，是指具体的形象；"意象"一词最早出自汉·王充《论衡·乱龙》"夫画布为熊麋之象，名布为侯，礼贵意象，示义取名也"。现在更多指代客观物象经过创作主体独特的情感活动而创造出来的一种艺术形象。意象就是寓"意"之"象"，就是用来寄托主观情思的客观物象。对于人类来说，城市就是一个精密而科学的巨大"艺术品"，注入并显示着不同的设计理念、思想文化乃至意识形态。

⑤ 刘惠清、许嘉巍：《景观生态学》，东北师范大学出版社，2008，第2-5页。

⑥ 周武忠等：《基于多元角度的城市景观研究》，东南大学出版社，2010，第39页。

区、城市和乡村等”，这就要求我们在研究中，要重点了解环境要素的生态作用规律和机制。社会生态亚系统以人口为中心，以满足城市居民就业、居住、交通、供应、文娱、医疗、教育及生活环境等需求为目标，以高密度的人口和高强度的生活消费为特征，为经济系统提供智力、劳力。经济生态亚系统以资源（能源、物资、信息、资金等）为核心，由工业、农业、交通、贸易、金融、信息、科教等子系统组成，以物资由分散向集中的高密度运转、能量从低质到高质的高密度集聚、信息从低序向高序的连续积累为特征。自然生态亚系统以生物结构和物理结构为主线，包括植物、动物、微生物、人工设施（房屋、道路、管线等）和自然环境（土地、水域、大气、气候、景观等），以生物和环境的协调共生及环境对城市活动的支持、容纳、缓冲及净化为特征①。

众所周知，中国近代以来与西方的交流进入一个全新的阶段，尤其进入20世纪，中国更是经历了城市化的飞速发展。过去，人们对城市化的理解，更多表现为城市面积的扩大、特定地域空间内常住居民在总人口中比重的增加等现象上，而事实上除此之外，还有许多因素应当被视为观察或评判城市化过程的标准。由于城市化不仅推动着社会的进步，更可以促进生产力的提高，以及由于聚集性优势而产生的经济效应增长②，因此，有关城市体系结构组成和地区分布的变化、资源配置方式和经济结构的演进、物质条件和文化精神生活的改善及生产力水平的提高等问题，都是在观察城市化过程中值得深入分析的内容。而在关注这一进程时，广州成为当之无愧的理想样本之一。

广州简称“穗”，又被称为羊城或五羊城，是“海上丝绸之路”的起点。作为中国南方的门户城市，已有上千年的历史。这座位于珠三角地区的中心城市，也是今天中国最大的都市之一，其实际管理服务的人口超过2 200万，流动人口超过1 000万。近年在粤港澳大湾区及“一带一路”倡议等建设计划中，广州都被置于中心城市或重要枢纽的位置。广州不仅交通便利、经济发达，更是一座有着悠久历史和深厚底蕴的城市。新中国成立后，广州亦跻身国家公布的第一批历史文化名城之列。

孙中山在《国民政府建国大纲》一书中，为缔造一个富强的中国，提出一系列构想。他认为中国的建国大业应分为三个阶段来进行：即军政、训政和宪政阶段。1928年，北伐结束之后，中国基本完成了形式上的统一，训政时期由此开始。国民政府制定《训政时期约法》，作为该时期的国家基本法，起到宪法的作用，确保国民政府有完全的治理国家的权力。此外，国民政府也有意收束军事方面的行动，将更多精力投入国家经济建设之上。

孙中山的这一构想，实际上是由于当时社会环境的限制所产生的。他认为，当时中国国民的素质水平，暂时尚不具备行使国家主人权力的能力，因此需要由中国国民

① 王祥荣：《城市生态学》，复旦大学出版社，2011，第79页、第122页、第132页。

② 同上书，第54页。

党领导国民政府对国民的素质进行训练、教导，以开化民心。而训政的最终目的，就是实现将中华民国最终建设为民主的国家，即“宪政”的阶段。而在其《建国大纲》第2条中，则精练地介绍了训政时期国家经济建设的努力方向：

建国之首要在民生，故对于全国人民之食、衣、住、行四大需要，政府当与人民协力共谋农业之发展，以足民食；共谋织造之发展，以裕民衣；建筑大计划之各式屋舍，以乐民居；修治道路、运河，以利民行。①

此外，国民党陆军中将、曾任广东国防司令的李宗黄认为，实现三民主义“以地方自治最为先务”，而地方自治的首要部分，即为“创造都市文明”。这项工作是关系到“能否取得民众信仰”的重要事业。由此来看，在当时的国民党高层来看，城市规划与建设，不仅关系到一座城市的发展，更事关国家政治的繁荣与稳定。广州这座城市，与中华民国的诞生存在密切关系，更是此后国民革命的一大策源地，被誉为“革命首都”，在设立市制、市政厅主持城市建设之后，大有“廉顽立懦、模范全国之势”②。

而作为处于中国对外开放前沿的城市，广州面临着更大的发展机遇与挑战，此后这座城市的发展也呈现出诸多新的特征。首先，城墙的拆除，使城市在发展中失去了地理上的限制，城市格局由此变得更加开放，由此城市规模以及城市人口的规模，都以前所未有的速度扩张着；其次，新式马路、供排水管网以及电力系统等的完善，使城市服务功能更为丰富，城市生产及消费能力都达到新的高度。在此基础之上，城市经济的不断繁荣，使城市在国家经济增长中的分量不断增加，随之出现的是城市生活方式开始成为一种独特的风潮，城市文化逐渐成为社会文化的主流。

另外值得注意的是，第一次世界大战的爆发，以及20世纪20年代末世界性金融危机的发生，也都对广州城市化的进程产生深远影响。首先，英、法等西方强国对中国资本输出的力度大减，客观上为中华民族资本产业的发展腾出一定的空间；其次，受金融危机影响，华侨企业在南洋大量倒闭，华侨纷纷回国。对此，作为侨乡的广东深受压力，也迎来了新的机遇。陈济棠主政广州时期，为了巩固自己在广东的统治，颁布了三年建设计划，促成此后广州这座城市的迅速发展，以及随之出现的一系列变化，其表现不仅仅局限于城市的扩展与人口的增加，还包括城市格局与景观的变迁、发展重心的转移，以及产业部门与城市功能的多元化，更有城市公共卫生理念的出现，城市居民对于城市运行规则的逐渐清晰。这些都是我们在对广州这座城市的发展进行观察时，应当注意到的背景。

另外值得注意的是，在20世纪初，包括广州在内的很多中国大城市的发展，同样是一个学习西方经验的过程。例如受到“分区制”“田园都市”等理念不同程度的影响，城市土地利用类型及功能分区受到空前的重视，城市规划开始被视为重要问题而

① 《训政要旨》，首都各界庆祝国庆纪念暨全国统一大会，1928，第1页。

② 李宗黄：《模范之广州市》，商务印书馆，1929，序言第1-5页。

被研究；并且，随着城市自然环境营造的重要性逐渐为人们所认识，广州尽管经历了拆城筑路，但市政部门因地制宜，将小北、大北等城门保留，使“青山半入城”的格局得以留存；而自来水管网的建设以及清浚、改造渠道的庞大工程，不仅极大增强了城市的供、排水能力，而且使消失已久的“六脉皆通海”的盛景也得到了恢复。与广州城市拓展相呼应，城市公园及林场等场所的设立以及白云、越秀两山的开发，是这一时期广州城市建设的亮点，其促进了广州城市具象与意象的深刻变迁。

第二节 学术史的梳理

对于任何一项历史研究而言，系统而细致的学术史梳理是其得以开展的前提。城市史与环境史厚重的学术积累本可以保证后续研究的起点高度，但现实情况是大多数文献综述往往流于简介式罗列，而并未抓住这些研究背后起支配性作用的认知逻辑。在尚未参透研究基础的前提下，想要推陈出新，无疑具有很大的难度。鉴于此，本部分不再对以往研究做重复性的叙述，而是着力于总结城市史学各领域、各个方向中所存在的普遍叙事模式与相似结论，寻找到与本研究直接或间接相关的主导性问题意识以及认知局限。

（一）传统中国城市史学及其关注点

城市发展是一个复杂的现象，对于城市发展过程中引起的生态变迁，相关研究成为环境史学者责无旁贷的任务，并需要从多种学科视角出发，利用相关方法展开。中国城市史学虽出现较晚，但历史地理等相关学科的发展，促使诸多学者投入城市史的实际研究。侯仁之主编的《北京城市历史地理》，探究了各历史时期北京城市人文与自然要素在城市空间之中的整合，为单个城市历史地理研究贡献了范本。史念海著的《中国古都和文化》，提出了“古都学”这一概念，探讨了中国古都的形成因素等问题，尤其着重分析了建都期间对于自然环境的利用和改造及其影响，体现了老一辈学者对于古代都城研究的认识与理论视角[①]。

到后来，一些学者开始从更为细微的具体问题入手开展研究。如不少总论性城市史成果，是以朝代为纲目展开的。韩大成的《明代城市研究》与包伟民的《宋代城市研究》是其中的代表。不同的是，前者在介绍城市类型、商业发展及城市各阶层等

① 侯仁之：《北京城市历史地理》，燕山出版社，2000；史念海：《中国古都和文化》，中华书局，1998。此外，近年来，在中国城市史的综合性研究中，学界也有所收获。何一民著《中国城市史》，在其《中国城市史纲》的基础上扩充完成。全书按时间顺序从先秦到隋唐至明清、民国分章叙述，能让我们更好地把握中国城市发展的历史脉络；成一农的新著《中国城市史研究》不仅总结了中国城市史的研究对象、与其他学科的关系等问题，探讨了城市史研究的发展方向，均不同程度涉及“中世纪城市革命”、地理信息系统应用、城市考古以及城市生态等热点问题，反映了近20年来中国城市史研究的新趋势。参见何一民：《中国城市史》，武汉大学出版社，2012；成一农：《中国城市史研究》，商务印书馆，2020等。

城市史研究的常规内容外，还涉及城乡矛盾的发展，明王朝抑商政策下官店、皇店的存在对城市发展的阻碍等当时学界相对忽略的层面；后者则着重与此前的唐宋城市研究进行对话，并探讨了研究方法与范式强化等问题[①]。

长期以来，海外学者对于中国城市史研究，同样抱有很高的兴趣，并分别建立了自己独特的研究领域。如施坚雅（G.William Skinner）主编的《中华帝国晚期的城市》，摒弃了仅仅将国家行政等级区划作为描述清代中国疆域空间标准的传统做法，而提出经济中心地及其从属地区构成的社会经济层级。这种模式以镇和市为联结点，提出作为大区域经济顶级城市的大都市，处于不同程度上整合成一体的中心地层级的最高层。作者还特别强调，这种模式"大致适用于所有农业社会"[②]，为我们观察近代中国城市提供了另一种空间层次的认识。

日本学者斯波羲信所著的《中国都市史》，一改以往的都市史研究中从行政的侧面探讨都城到县城功能的研究路径，重点从中国都市的"中国特色"方面来讨论，聚焦于经济活动和民众文化，梳理了中国都市的历史、体系，并详细剖析了汉口、宁波和上海、佛山等几大都市的案例。在具体的论述中，对市场体系和社会组织的关注贯穿始终，呈现出一部区别于"行政都市史"的"经济和社会都市史"[③]，由此成为中国城市史研究的一部名作。

罗威廉（William T. Rowe）关于近代汉口的《汉口：一个中国城市的商业和社会（1796—1889）》和《汉口：一个中国城市的冲突和社区（1796—1895）》两部专著，同样是海外中国城市史研究的重要成果。在这两本书中，作者分别考察了汉口的商业中心作用与19世纪汉口的社会关系。前者内容涉及盐业、茶业、金融信贷以及与国家之间的关系，反驳了马克斯·韦伯关于中国城市"中国城市主要是适应行政管理需要的产物，其作为地方政府所在地和军队驻地的政治作用一直是首要的；中国城市的兴盛主要不是依靠市民在经济政治上奋发进取精神而是依靠行政管理"的论断。后者则主要考察汉口的社会组织，内容涉及行会组织的起源、结构、功能，以及这种组织同地方权力之间的关系。他以现代早期欧洲城市为参照，讨论了汉口人口和空间特征，随后又引入社会学中"社区"的概念，探讨了公共机构体制演变；分析了汉口地方性社会冲突因素及社会问题，并较早深入研究了汉口的公共治安组织[④]。

事实上与此同时，对于上述研究展现的新亮点，国内学界也作出了不少回应。20世纪90年代以来，以上海、天津、重庆、武汉等典型城市为主题的历史成果的相继出版，为学界展现了中国大城市近代化的理路和内涵，代表了当时城市史研究的最

① 韩大成：《明代城市研究》，中华书局，2009；包伟民：《宋代城市研究》，中华书局，2014。

② 施坚雅：《中华帝国晚期的城市》，叶光庭等合译，中华书局，2000。

③ 斯波羲信，《中国都市史》，東京大学出版会，2002。

④ 罗威廉：《汉口：一个中国城市的商业和社会（1796—1889）》，江溶、鲁西奇译，中国人民大学出版社，2016；罗威廉：《汉口：一个中国城市的冲突和社区（1796—1895）》，鲁西奇、罗杜芳译，中国人民大学出版社，2016等。

高水平[①]。

李伯重对苏州工业发展与城市变化的研究无疑具有代表性和先见性。他不仅重新评价了傅衣凌对于所谓"苏杭型城市"的划分及其面临的争议，提出"新兴工商业市镇型城市"这一概念，并在此基础上认为，自明中叶至清中叶的3个世纪中，苏州城市变化的主要趋势，是城市从府城内扩大到城厢附郭和郊区市镇，从而形成了一个以府城为中心、以郊区市镇为"卫星城市"的特大城市。其主要动力来自城市工业的发展，这种发展并非单纯的府城工业向外转移，而是在比较优势的基础上形成的合理的地域分工[②]，为我们把握中国城市研究尺度、重新审视中国城市工商业发展提供了一份成熟的参考。

戴鞍钢所著的《港口、城市、腹地——上海与长江流域经济关系的历史考察(1843—1913)》是在其博士论文基础上修改而成的。全书以港口为研究切入点，在考察近代上海与长江流域互补互动的经济关系，揭示上海内、外贸易与周边地区及内陆省份之间经济交往方面下了很大功夫。作者认为，港口的繁荣发展是沿岸城市发育成长的催化剂，城市的繁荣拓展对经济腹地商品化产生强力推动，而腹地经济一旦演化为以商品经济为主要内容的构架，又对作为商品集散地的港口城市的发展起到决定性作用。近代上海港的发展在推动城市繁荣的同时，对其经济腹地即长江三角洲及长江沿岸各地产生了强力辐射，促成上海与这些地区间互补互动双向经济关系的架构；民族工业的发展，连同交通手段的多样化，使城市经济对外辐射力源于港口的作用力相对减弱，工业、金融中心的影响日益鲜明，上海的经济中心地位愈加凸显[③]。

吴松弟主编的"中国近代经济地理"丛书共有9卷，分别涉及绪论和全国概况、江浙沪、华中、西南、华南、闽台、华北与蒙古高原、西北、东北等部分。其中第5卷《华南近代经济地理》，集中关注广东地区三大产业的生产空间，以及要素流动下的空间循环，更提醒人们重视开放经济下该地区城市的演进逻辑，以及空间经济是如何形成的等问题[④]。

总体来看，中国传统城市史学以城市为主题，重点关注城市和城市社会发生、发展和演变规律等问题，其关注视角不断扩大、延展，也不断有新的研究方法应用到具体研究中，为城市环境史传入中国以及与本土研究相结合提供了扎实的学术基础。

---

① 张仲礼：《近代上海城市研究》，上海人民出版社，1990；隗瀛涛：《近代重庆城市史》，四川大学出版社，1991；皮明庥：《近代武汉城市史》，中国社会科学出版社，1993；罗澍伟：《近代天津城市史》，中国社会科学出版社，1993等。

② 李伯重：《工业发展与城市变化：明中叶至清中叶的苏州(下)》，《清史研究》2002年第2期。

③ 戴鞍钢：《港口、城市、腹地——上海与长江流域经济关系的历史考察(1843—1913)》，复旦大学出版社，1998，导言第1-5页。

④ 方书生：载吴松弟主编《华南近代经济地理》，《中国近代经济地理》第5卷，华东师范大学出版社，2015。

（二）城市环境史研究的兴起与成熟

城市的环境作为环境史研究中极为重要的主题之一，最初是在20世纪90年代的美国受到了关注，并逐渐成为一个相对独立的研究领域。该领域是城市史与环境史这两个既有研究领域相互交流及碰撞所产生的结果，到21世纪初，城市环境史研究开始在中国学界兴起。在中国环境史研究诞生及发展的30多年时间里，学界在灾害、自然、病疫及农业等诸多领域取得了显著成果。然而截至目前，在中国环境史的关注视野中，恰恰相对忽略了城市这个如此重要的主题。在城市经济飞速发展的今天，伴随城市化发生的环境变迁吸引着越来越多的目光，城市环境史研究也为人们重新审视自己生活的家园提供了一个良好的契机。

何为城市环境史？作为较早开展相关研究的重要阵地，美国及英、法等国的很多学者都尝试给出令人信服的答案。乔尔·塔尔（Joel A.Tarr）认为，城市环境史这一新兴领域"主要研究人造或以人为中心的结构（即人工环境），技术如何塑造和改变城市地区的自然环境，以及这些改变对城市及其人口随后发生了什么样的反作用"，相关研究应该将关注的重点放在"城市如何重塑自然景观"这个问题之上。塔尔强调"丝毫不触及环境因素的城市史是难以写就的"，并且"城市总是对所在地和周边地区进行索取"。为了拓展可利用地域，城市开发者常常重塑自然景观，夷平山地，填平谷地和湿地，开辟出面积巨大的土地。在此过程中，为了自身需求，人们改变了城市生态系统，猎杀动物，清除各类当地的动植物，并引进新的外来物种。这样，城市居民就建立了一个人工环境，既取代了自然环境，又创造了一个本地小气候，在温度梯度、降水和风的模式上都与周边农村迥然不同[①]。

另一边，马丁·麦乐西（Martin Melosi）在检视城市环境研究的发展历程后，认为其中存在三类问题：一是城市在环境史中的地位仍然没能得到很好的定位和解释，城市环境的研究只是环境史的附庸而非有效整合，其中大部分仍然没有跳出城市史和技术史的窠臼；二是城市环境史虽然拓宽了我们对城市的认识，少数研究也吸收了城市生态学的有限知识，但其理论基础依然薄弱；三是现有研究多专注于狭隘的内在论和经验研究，多注重城市如何发挥功能，而忽视对城市如何对周围更大的自然环境发挥作用的研究。综合来看，最关键的问题是要从理论上廓清城市的环境史特点。麦乐西认为，城市环境史研究应该"包括城市地区的自然特点和资源与自然力、城市成长、空间变化和发展以及人类活动的相互形塑"。正因如此，城市环境史把城市自然史的研究和城市建设史以及它们之间可能的关联这三部分整合在一起。因此城市环境史既与传统技术史、规划史、建筑史和政治史有关，又和它们有所区别。在理论方面，麦乐西认为，城市环境史研究主要利用城市生态学的理论，探讨城市的成长、基础

① 乔尔·塔尔：《美国城市史和美国环境史：互补且交错的领域》，王栎译，载孙逊、杨剑龙：《网络社会与城市环境》，上海三联书店，2010，第93页。

设施、污染以及与城市相关的自然环境的历史演变。具体来说，城市环境史主要关注4个方面的问题，它们分别是：城市对自然环境的影响；自然环境对城市的影响；社会对这些影响的反应以及减轻环境问题的努力；人工环境的发展及其在作为自然环境一部分的人类生活中的作用和地位，并自然而然地将视野放在了19世纪和20世纪美国的城市——工业社会之上[①]。而在此基础之上，乔尔·塔尔的《寻找最后的倾倒地——城市污染的历史考察》《衰败与复兴：匹兹堡及周边地区的环境史》，以及马丁·麦乐西的《排放的美国：城市、工业、能源和环境》《环卫城市：从殖民地时期至今的美国城市基础设施》等专著一经出版，便成为当时具有代表性的成果[②]。

事实上，相关问题早在一个世纪之前就引起所谓"芝加哥学派"（一个形成于20世纪20年代的社会学学派）的兴趣。罗伯特·帕克（Robert Park）是该学派的创始人，他强调从生态学角度观察，认为人类社会与生物界有着极为相似的运行秩序。不过也有不少学者认为，二者之间存在着本质的区别，因为人类不会像其他生物一样直接依赖于它所生存的场所，而是可以大范围流动的，并且由于一种更广泛意义上的劳动分工，人类可以在一定程度上超脱他直接依赖的物质环境的局限[③]。如果把城市视为一个大的共同体，又可以划分为几个小的共同体，是按照语言、种族和阶级来划分的。在每个美国城市中都有中心商业区、专门的居住区、郊区、工业区、卫星城及劳动力市场，也有贫民窟、种族聚居区和移民聚集地，这些就是所谓的城市"自然区域"。

此后，帕克的弟子罗德里克·麦肯齐（Roderick Mckenzie）及欧内斯特·伯吉斯（Ernest W. Burgess）等人又针对相关问题进行了更为深入的研究。前者除对生态秩序和文化秩序进行区分外，还要全面界定什么是城市生态学，后者则提出了"同心圆"的生态分布理论，认为大城市区域是由5个圆形组成的一组同心圆，商业区位于圆心的位置，第二个圆环是工人住宅区。再到后来，城市发展中的一些新现象逐渐在城市社会学原有理论中得不到合理解释，这一领域研究中出现了很多新的趋势，学者们因此作出一些修正，"新城市社会学"应运而生。

在社会学领域之外，还有许多学科保持着探究城市本质的热情。如形态学研究普遍认为城市是由不同形状、不同大小的"缀块"拼接而成的庞大区域，这些单元具有很强的异质性，城市内部格局与形态，成为城市地理或城市史关注的最为核心的对象。在《城市意象》与《城市形态》中，凯文·林奇（Kevin Lynch）将心理学内容引入城

① 包茂红：《马丁·麦乐西与美国城市环境史研究》，《中国历史地理论丛》2004年第4辑，第116-117页。

② Joel A. *Tarr*, *The Search for the Ultimate Sink*: *Urban Pollution in Historical Perspective*(Akron: University of Akron Press, 1996); *Devastation and Renewal*: *An Environmental History of Pittsburgb and its Region*(Pittsburgh: University of Pittsburgh Press, 2003); Martin V . Melosi, *Effluent America*: *Cities*, *Industry*, *Energy*, *and the Environment*(Pittsburgh: University of Pittsburgh Press, 2001); Martin Melosi, *The Sanitary City*: *Urban Infrastructure in America from Colonial Times to the Present*(Baltimore: The John Hopkins University Press, 2000)

③ 陈恒等：《西方城市史学》，商务印书馆，2017，第409-413页。

市史研究[①]。前者通过城市意象差异性的研究，分析城市中不同群体形成不同城市意象的原因，能够对城市特色建设提出建议和主张。城市特色作为城市长期积淀的结果，充分反映在人们的城市意象中，因此我们可以从城市发展中人们所反映的城市意象内容对城市特色进行研究，在城市设计实践中塑造城市环境特色。后者则对城市形态价值标准及理论进行了探讨，林奇强调："最困难的学术挑战还是对逐步发展起来的城市的理解，这些城市是由很多不同的、相互冲突的角色所建成的。而城市形成过程中的价值标准是我们最关心的。正是这种包含着长期和复杂的变革的逐步发展，造就了我们今天所看到的城市。不同于城市的起源，也不同于有计划的建造，这种发展方式包含了对现有城市肌理的重塑，而整个过程也是非常复杂的。"[②]

理查德·福尔曼（Richard Forman）被认为是景观生态与景观理念的宣传者。福尔曼认为，城市位于"城市区域"的中心，"实际上，从太空角度观察，几乎所有大都市建成区都被环状的城市区域围绕。都市区和周边区域相互依赖，通过物质流动和转移紧密联系。单个城市往往不是恰当的研究单元，也不具有现实意义，而城市区域更具有意义"。另一方面，城市地区是个巨大的斑块镶嵌体。"城市生态学注重的所有的空间，不仅仅关注公园和绿地，也同样关注各式各样的建筑空间"[③]。这两部分相互重叠，彼此兼容，使城市生态学也兼有研究城市区域和城市斑块镶嵌体的生态学的性质。城市生态特征与建筑结构，是城市生态学所关注的核心问题。城市土壤和化学、空气、微气候、污染和能量辐射，城市水循环、雨水和污水，城市湿地、溪（河）流和滨海区，城市植被群落、城市植被栖息地空间格局和城市动物等都属于该领域的研究范畴。而城市的人工特征，则需要关注铁路、道路、建筑物等，还有居住区、商业区和工业区各自的运行机制。

全球知名的环境史学者唐纳德·沃斯特（Donald Worster）将环境史研究划分为3个层面，并强调研究者的目光应该聚焦在三套相互作用的变化之上。它们分别是：地球的各种系统（气候、地理、生态系统）伴随时间的变化，自这些系统中谋求生计的生产模式的变化，最后是文化态度的变化及其在艺术、意识形态、科学和政治中的表现。而总体来说，这门新的历史学在其方法上是跨学科的，而在其含义上是跨国界的[④]。在此基础上，在环境进化的基础之上书写城市环境史，需要从3个层面上展开。首先，城市环境史的研究必须被置于对城市产生影响，也同时受其影响的广阔的整体生态系统的进化之中。其次，研究城市环境史，必须看到城市生态系统的多元性、层叠性与交替性。换言之，城市生态系统既非单一的，也非静止的；在城市之中，不但共存

① 凯文·林奇：《城市意象》，方益平等译，华夏出版社，2001；凯文·林奇：《城市形态》，林庆怡等译，华夏出版社，2001。

② 凯文·林奇：《城市形态》，林庆怡等译，华夏出版社，2001，第16页。

③ 理查德·福尔曼：《城市生态学：城市之科学》，邬建国译，高等教育出版社，2017，第5页。

④ 唐纳德·沃斯特：《环境史研究的三个层面》，侯文蕙译，《世界历史》2011年第4期，第96-100页。

着若干不同的生态系统，不同的时间中也有着不同生态系统的更迭。最后，研究城市环境史，需要看到城市文化系统的复杂性和脆弱性是与城市生态系统的复杂性和脆弱性息息相关的，正是它们彼此的影响在很大程度上制约甚至决定了城市的稳定与失序[①]。

在城市研究中，城市化是一个始终难以回避的话题，而城市化本身为经济与社会带来的影响，同样屡谈屡新。威廉·克罗农（William Cronon）对于芝加哥的观察，被认为是美国城市环境史研究的上乘之作。在其研究中，受德国农业经济学家杜能（Johann Heinrich von Thünen，1783—1850）的影响，并没有把视野局限在芝加哥一座城市中。他本人在书中也强调："如果真的那么做，结果将是毫无意义的。"[②]

在芝加哥城市崛起之前，大湖区一带的自然景观主要是大牧场，此后人工修建的铁路作为城市交通的主题扮演了重要角色，引起了当地生态的链式变化。即大都市像一个巨大磁铁出现在大湖区一带，且日益增加的城市人口使得对谷物的需求大增，大平原上的大片牧场因此被改造成农田。木材需求量的攀升也使橡树林经受了一番"洗劫"，湖区西南部原先的大片森林也消失在地平线上。除了芝加哥城市本身发展需要粮食与肉类，其周边地区甚至更遥远地区的需求量也在增加。伴随着疯狂的屠宰，原先常见的美洲野牛也成了稀有物种。这些被城市文明急需的"货物"通过铁路直接运到港口，再运往世界各地。这就是克罗农笔下芝加哥这座城市在国际贸易中扮演的重要角色，走出了割裂城市与自然的误区，在城市资本运行的井然秩序中，发现了城市与乡村、自然之间的联系。由此看来，城市环境史本身就是在探讨一部自然与人类并行不悖的区域环境史。克罗农的研究虽然引起了学界关注，但这一城市环境史的优秀成果并非十分完美而无懈可击[③]。

然而，在芝加哥崛起之后，克罗农的"自然的大都市"几乎全然脱离了自然的约束力与影响力。自然变成了彻彻底底的"第二自然"，完全被人类玩弄于股掌之上。尽管克罗农在本书中很少关注城市环境本身和城区空间结构的变迁，可他还是清楚表明，着眼于不同时期城乡关系的类似研究越多，就越能为我们提供更多的有关城市与其周边地区关系的总体认识。在这样的启示下，我们可以在这条路上走得更远。

---

① 侯深：《错综的轨迹：在自然中重写城市史》，《史学月刊》2018 年第 3 期，第 13 页。

② William Cronon, *Nature' s Metropolis: Chicago and the Great West*, New York: W.W.Norton&Company Ltd, 1992.

③ 有学者认为虽然克罗农为城市环境史研究冲破城市固有的行政边界奠定了基础，但当前的环境史学者并未在此方向作出进一步的拓展。今天，城市环境史学者的眼光也需要抵达那些看似同城市并无联系的地带，挖掘它们之间实则密不可分的文化与生态关系。此外还有观点则认为本书重在追踪商品的流动，但对城市史研究中的一些经典主题，尤其是不同阶级和种族之间的社会冲突很少涉及。另外，克罗农书中出现的少量人物，仅限于一些商人，对农场、牧场及林场工人的生活很少涉及。参见侯深：《没有边界的城市：从美国城市史到城市环境史》，《中国人民大学学报》2013 年第 3 期，第 20-29 页；高国荣：《美国环境史学研究》，中国社会科学出版社，2014，第 244 页等。

事实上近年来，欧洲国家尤其是英、法等国，在城市环境史领域内同样取得令人印象深刻的成绩。作为近代工业革命的策源地与集中地，英国的城市环境史研究具有典型意义。伊恩·道格拉斯（Ian Douglas）认为，在城市这种人工环境建成后，似乎就拉开了与大自然之间的距离。然而事实却并非如此，对于那些旨在研究城市环境史的人们来说，似乎“任何一种叙述都既有必要去考察自然对于城市人口的影响，也有必要去考察城市人改造自然系统以及改变城市栖居地生物地球化学环境的方式”。之所以这样理解，是因为在很多情况下，“城市都不过是对自然世界的一种侵扰罢了”。人类创立城市并对自然系统加以改造的过程，表现为多种形式：从住宅的类型到供水系统和公共卫生体系以及公园和花园，再到因交通、工业、商业和家庭活动而造成的空气污染等。应对这些由人类改造活动所引发的问题，有赖于文化、政治、技术、科学知识、社区关怀、人类意愿和财政及能源方面的支持。在所有这些方面获得重大改进之后，还要有把创新的观念推向实质性行动的政治决断、工程技术和大胆的风险投资以及社会运动、游说活动、社区行动和地方声援。而观察城市发展的历史，本身既需要对社会、经济和技术的运行方式有所了解，又需要知晓那些塑造了景观及其野生动物世界的、所有生态学和地球物理学的演化过程。另外，货物和材料的流动过程，维系着乡村与各级城镇的生存，由此成为城市代谢的一部分，并且应该成为城市环境史研究的一个重要内容。环境史研究者必须重视人类在历史进程中有组织地对环境发生作用的所有方式，其中包括对大自然在城市生活史上的作用与地位予以考察。考察城市地区的生态和地表进程的角色变化，确认了它们既与诸如降雨或是各种杂草的蔓延等产生了直接影响的自然变化过程有关，也与人类改造自然的进程有关。其中重要的问题在于，既要明白作为自然过程出现的各种变化都是由城市发展所造成的，又要理解人们何以作出如此这般的改变①。

在不少中国学者看来，英国工业革命时期的环境污染不能简单归因于“资本主义经济发展”或“科学技术的负面性”，现代化也不仅仅是“增强控制环境之能力”的过程。19世纪英国城市环境调整与城市现代化的关键因素，是“污染”观念背后隐藏的认知分类结构和社会分类结构。以前者为必要条件，后者为根本方法，积极调整这两重结构、科学归类并合理容纳“被污染”的内容，英国的城市现代化过程才得以完成。而近年来在国内外的城市环境史研究之中，大有逐渐注重观念层面的“认知结构”与社会层面的“阶层结构”的趋势。直到19世纪中晚期，“煤烟有益健康”的主流观念才开始发生改变，这与现代生物学、化学、医学体系的建立与传播是分不开的②。

① 伊恩·道格拉斯：《城市环境史》，孙民乐译，江苏凤凰教育出版社，2016，引言第1-6页。

② 高旭东：《建构“污染”：19世纪英国城市环境的双重调整与现代化》，《城市史研究》2019年第40辑，第281页、第287-290页。

与英国相比,当下法国的城市环境史的研究,愈来愈频繁地采用文化史、社会史的分析工具,主要从以下3个维度展开探讨。首先,注重对环境文化的解读,从表象史的角度深入人的精神层面发掘人们处在特定环境中所形成的环境观念和日常体验。其次,将环境史视角融入社会史的一个显著体现就是有关环境正义的历史书写。即以环境权利为切入点,从政治、阶级、文化等角度剖析环境不公产生的根源,重新审视城市空间组织、城乡关系、日常生活等社会史研究对象,以及城市自然资源的分配和使用所引发的社会权利纷争。最后,将环境与政治学视阈下科学知识的核心概念"权力"紧密关联,重视环境文化、知识塑造和交流背后不同层次的权力交锋及其文化内涵,如利益纠葛、制度变革、权力关系和社会文化特色等。受年鉴学派的影响,法国环境史学研究的视域主要集中在城市水环境、工业污染与社会反应、垃圾处理与排污系统三大方面,侧重从资源利用、物质循环、技术-决策、环境冲突、技术创新等角度综合考察城市与内外环境的关系,形成了技术-生态分析与社会-文化分析两种研究路径并重,突出多学科、综合性的研究视角,偏重长时段的鲜明特色[①]。

(三)中国环境史、城市史研究的融合与突破

近年来,伴随环境史与城市史研究分别走向成熟,两大学科之间多有互相借鉴的趋势。环境史学者更多关注城市这个人类活动最为密集的场所,而城市史学者在观察他们的研究对象时,也越来越重视自然环境在其中扮演的角色以及在城市生态系统之中,人与自然之间存在的互动关系。

1. 生态学视角下的城市空间形态变迁

在与本书主题直接相关的研究中,曾昭璇所著《广州历史地理》是广州城市史研究较早的一部成果。书中利用历代文献,对广州地形地质、土壤,以及城池、水道变迁等问题进行了细致的考证,至今仍是广州城市研究乃至中国城市研究的必读书目[②]。在近年,黄素娟对于近代广州城市发展及土地产权的研究颇有心得。其认为在清代的开发历程之中,河南(老广州人对广州市海珠区的叫法)形成了街市与乡村两套不同的乡村权力体系。当20世纪30年代广州市政府推行发展河南计划时,盘根错节的乡村权力关系极大地牵制着市政权限的扩张。在此基础上经过进一步整理,该学者以近代广州城建为切入点,利用各类资料探讨近代广州土地产权的产生及其被纳入政府行政管理的过程,以低于社会的角度,展示广州从清末到民国的历史发展脉络

① 肖晓丹:《法国的城市环境史研究:缘起、发展及现状》,《史学理论研究》2016年第2期,第132-135页、第136页。

② 曾昭璇:《广州历史地理》,广东人民出版社,1991。

下从“省城”到“城市”的景观变迁和建构过程[①]，从而提供了丰富而有益的启发。

邹东从城市规划的视角入手，考察民国时期广州的城市规划建设工作。作者从空间上考察，尽管不同国家、民族、地域所具有的历史文化和自然气候条件差异往往会为城市形态带来鲜明的地域色彩，但其在社会结构功能方面发挥的作用却高度一致，尤其进入资本主义工业化阶段，全球城市化程度随之提高，与西方资本主义制度的产生与发展相伴出现的近代产业化城市，以其便捷的交通，发达的基础设施建设，高度密集的资金、技术、人力资源，成为目前世界城市的一种普遍趋势。作者将民国广州城市规划建设进程分为三个阶段：第一阶段 1911—1921 年，为转型期，通过拆除城墙、开辟道路，打通城与市之间的障碍，完成广州从传统通邑大都向世界近现代意义上城市的转变；第二阶段 1921—1937 年，为高潮期，以市政厅工务局与城市设计委员会的设立为标志，广州现代城市格局初步奠定，是西方近现代城市规划建设理论在华大规模实践的阶段，也是规划建筑师对西方理论和中国传统如何结合的思考、探索时期；第三阶段为 1937—1949 年，由于日本侵华的影响，该阶段为停滞期，计划未能延续或恢复[②]。

此外，城市营建问题的研究，已经开始在一群土木建筑专业出身的学者之中悄然兴起，在吴庆洲的主持下，首批“中国城市营建史研究书系”包含 10 部专著，时间跨度从先秦至当下，样本城市遍及全国各地区，主题既有对城市营建思想的关注，也有对具体城市案例与村镇聚落的研究[③]。此后书系不断得到扩充，其中邱衍庆的《明清佛山城市发展与空间形态研究》与黄全乐的《乡城：类型—形态学视野下的广州石牌空间史（1978—2008）》对本研究启发良多，前者不仅解析了明清时期佛山城市空间演变及风貌特色，探讨了当时佛山社会经济“传统内变迁”的机制，还分析评价了城市史语境下的明清佛山；后者则将广州现存最大规模的城中村——石牌村置于广州大都市化的宏大进程下，考察在大都市快速发展和转型的 30 年间，其土地与村落如

① 参见黄素娟：《乡村基层权力与城市扩张——以民国时期广州河南开发为例》，《开放时代》2017 年第 6 期；《民国时期城市的房地契据——以广州为中心的个案分析》，《史志学刊》2017 年第 1 期；《从省城到城市：近代广州土地产权与城市空间变迁》，社会科学文献出版社，2018 年等。此外，中国幅员辽阔，不同的地理、气候及文化条件，将版图自然划分为若干区域，每个区域中的城市在同一个发展阶段，都表现出十分相似的特征。因此，区域城市研究亦成为城市史研究中的一条主流方向。有关区域城市历史的研究，赵珍在《黄河上游区域城市研究（1644—1949）》中，利用中心地理论，分析清代黄河上游城市体系的空间关系、城市外部形态及内部结构功能等问题，清晰展现了清代至民国该区域城市发展的经济基础及社会基础。还有一些学者通过将城市进行分类的做法开展研究，如何一民主编《清代资源性城市研究》，巴蜀书社，2009；朱永杰：《清代驻防城时空结构研究》，人民出版社，2010）等。

② 邹东：《民国时期广州城市规划建设研究》，博士学位论文，华南理工大学，2012，第 1-5 页。

③ 其中与清代至民国城市营建的相关的有：王茂生：《从盛京到沈阳——城市发展与空间形态研究》，中国建筑工业出版社，2010；刘剀：《晚清汉口城市发展与空间形态研究》，中国建筑工业出版社，2010；傅娟：《近代岳阳城市转型和空间转型研究（1899—1949）》，中国建筑工业出版社，2010；贺为才：《徽州村镇水系与营建技艺研究》，中国建筑工业出版社，2010；刘晖：《珠江三角洲城市边缘传统聚落的城市化》，中国建筑工业出版社，2010；冯江：《祖先之翼——明清广州府的开垦、聚族而居与宗族祠堂的演变》，中国建筑工业出版社，2010 等。

何在与城市的拉锯和磨合中发生空间剧变与社会更迭，并逐渐成为杂交的大都市空间一分子的历程与机制。该书将隐藏在官方主导的城市化进程背后的另一股动力具象化展现，并阐明由民间城市化与官方城市化动力的同步、杂交直至相互依赖的进程，从而展示了中国式城市化机制的全景[①]。

侯钧生从城市发展的生态模式入手，认为广州出现了内外城生态模式、双中心生态模式、均质混合生态模式等形态阶段，然而与北京、上海等大城市不同，广州并未形成扇形与同心圆组合的生态模式，而形成了各种人口居住区分散分布的板块状模式。近代以来，广州逐渐形成以越秀山—中山纪念碑—中山纪念堂—市府合署—中央公园为轴线的城市政治行政区。此外，侯钧生引用其他学者的观点，认为近代以来，广州逐渐形成所谓“西富—东贵”的格局，城西逐渐形成富商巨贾的高级住宅区、纺织业发达的机房区和西濠洋商区，是典型的富人聚居区；而城东在历代都是行政官衙的聚集地，加之此后政府对东山的集中开发，在广州东部形成官僚、军阀的聚居区[②]。

受以上各方研究的影响，成一农在对中国城市空间变迁历史的研究中，提出一种新的方法——要素分析法。首先，就是将构成城市形态的各要素分解出来；其次，分析每一要素的产生、发展、地域分布及其原因；再次，将各个要素按不同时段、不同地域结合起来，并研究要素之间的关系，构成不同时间、不同地域中国地方城市的城市形态的抽象模型；最后，对这些不同时段、不同地域的城市形态的抽象模型所反映的社会、政治、经济、文化等的变革进行分析。与传统的综合研究的例证法以及区域和个案研究方法相比，此法避免了例证法中选取具有代表性城市的局限性。虽然宋元之前保存了较多的资料，但可以进行全面研究的城市数量有限，而构成城市形态的各要素的资料则相对较多，对每一要素都可以进行比以往更为深入的分析[③]。

在此思路的影响下，黄慧明以 1949 年以来广州旧城总体功能布局及形态格局为中心，分析了旧城范围内各类产业功能及其土地利用在空间上表现出来的特征。其认为功能是形态演变的基础，功能布局反映了整体功能的结构性特征，并运用形态学分析方法分析旧城在街区与地块层面的形态要素，通过类型学方法把个体形态归纳提升为具有空间范式的形态格局特征[④]。将这种研究方法使用在对城市生态及社会变迁的考察中，无疑可以更为直观地展现变迁的宏观趋势与微观细节。而李睿等人

---

① 邱衍庆：《明清佛山城市发展与空间形态研究》，中国建筑工业出版社，2014；黄全乐：《乡城：类型—形态学视野下的广州石牌空间史（1978—2008）》，中国建筑工业出版社，2015。

② 侯钧生：《人类生态学理论与实证》，南开大学出版社，2009，第 258-260 页。

③ 成一农：《古代城市形态研究方法新探》，社会科学文献出版社，2009。此外，很多学者也从景观设计的角度出发，对城市总体风貌、公共空间、公园、街道、滨水区、居住区等各类景观进行叙述。参见董雅文：《城市景观生态》，商务印书馆，1993；宋培抗：《城市景观》，中国建筑工业出版社，2001；周武忠等：《基于多元角度的城市景观研究》，东南大学出版社，2010 等。

④ 黄慧明：《广州旧城形态演变特征与机制研究——1949 年至今》，中国建筑工业出版社，2018；潘安等：《羊城春秋：广州城市历史研究手记》，中国建筑工业出版社，2017。

从城市历史景观视角出发，以逢源大街—荔湾湖历史文化街区保护规划的编制为中心，探讨新时期基于“动态层积”“整体关联”“真实性传达”“能力建设”的历史文化街区保护规划编制方法创新，为我们更好地认识街区演替提供一个典型案例[①]。

冯江在《广州变形记：从晚清省城到民国第一座现代城市》中认为清末民初是广州的社会和城市形态发生剧烈转变的一个时期，城市一再被重新塑造，因此形成了高度拼贴和多层重叠的城市形态，既有向外的拉扯，也有不断的内卷[②]。在过去的城市史研究中，人们总是将关注重点放在城市发展现象的描述，容易忽略其背后机制与效应的挖掘，这一研究从理论上对广州城市史问题进行透视，体现了作者具备的多学科视野，以及对于城市史研究成熟的思考。李淑蘋的《广州城市社会变迁（1912—1937）》主要依据广州市档案馆丰富的馆藏档案和民国时期大量的报刊资料，关注了广州民居住宅的改良、纪念建筑的修建以及城市公共卫生、城市排水、体育教育等内容，重点从城市空间的重构、公共卫生的推进、市政建设的发展、社会事业的进步4个方面反映近代社会转型的大背景下广州城市社会的变迁，但其视野并未走出社会史研究的范畴。

2. 城市水环境的研究

水资源利用在城市发展过程中所发挥的作用，越来越受到学界的重视。吴庆洲在《中国古代的城市水系》一文中，从城市选址与江湖水系的关系出发，认为古代城市水系具有供水、交通运输、灌溉与水产养殖、军事防御、排水防洪、防火、躲风避浪、造园绿化、水上娱乐及改善城市环境等十大效能。指出城市水系在促进城市繁荣发展过程中“稳定城址、促进工商业发展及提供较高质量的生活居住环境”三大作用；而在《中国古城防洪研究》一书中，吴氏则以历史上城市的防洪为主题，结合几座典型城市的案例，分析古代中国城市的防洪方略及措施，总结了古代中国城市的防洪经验与意义[③]。

此外，刘卫所著的《广州古城水系与城市发展关系研究》，以广州大典历史文献和相关考古成果为基础，梳理了由秦朝到清末，城市水系对广州城市的形成、发展与演变过程的作用，从交通、经济发展、生产生活、城市防灾、城市环境改造及城市防御等方面阐述广州古城水系的功用[④]。江帆影等人探讨了广州玉带濠沿岸的城市历史景观及其演变，从城市历史景观视野出发，基于玉带濠沿岸发展的各个历史阶段的遗

① 李睿、李楚欣、芮光晔：《城市历史景观（HUL）视角下的历史文化街区保护规划编制方法研究——以广州逢源大街—荔湾湖历史文化街区为例》，《规划师》2020年第15期。

② 冯江：《广州变形记：从晚清省城到民国第一座现代城市》，《城市区域规划研究》2013年第1期，第107-128页。

③ 吴庆洲：《中国古代的城市水系》，《华中建筑》1991年第2期；吴庆洲：《中国古城防洪研究》，中国建筑工业出版社，1995。

④ 刘卫：《广州古城水系与城市发展关系研究》，华南理工大学出版社，2016。

产特征，构建了城市景观形态物质特征—经济社会文化非物质特征的关联性研究框架，探讨城市经济社会与文化与城市遗产物质形态的互动，从而综合得出玉带濠沿岸在各个历史时期的城市历史景观意象①。

姚睿以广州中心城区江心岛及两岸景观的关系入手，探讨了当下城市设计与规划管控体系等诸多问题；钟香炜等人则关注了广府文化在广州城市景观设计中的传承与创新，认为作为广州本土文化，广府文化深受广州地理和经济等方面的影响，形成了开放、务实、兼容和多元的文化特征，在历史上逐渐形成骑楼、民居、广场和花园 4 种典型城市景观②。

长期致力于环境史研究的赵珍等人，对清代前期北京西郊水环境变迁与水资源利用等问题进行过深入探讨。其通过《清乾隆朝北京西郊水资源利用的生态效益》一文，研究了清代北京西山的水生态问题，认为清前期（尤其在乾隆朝），依托北京西郊的原生态水资源条件，人们整治了玉泉山诸水、扩浚了昆明湖、兴建了西山引水工程，在构建"一水贯五园"的园林体系、提升西山水质、昆明湖生物多样性保护及对西郊气候的调节等方面发挥着重要作用。改善了局部生态效益，收到了良好效果；而在《清代北京西山人工水系与生态恢复力》一文中，介绍了北京地区城市用水多取自河流潜水溢出带的有限泉湖，清廷通过对西山流泉湖泊的整治，构建了一套完整的人工水系。因出自国家层面的设计，水系受外力干扰时，灵敏性与适应力强，有持续存在的潜力。尤其通过不断整修，增建防洪设施，封闭有碍泉源的煤窑，开拓水源，分配泉水使用层级与范围，引水系统恢复力增强，可是系统不可逆性也增强。该水系的构建是解释适应性循环理论的典范，也诠释了王朝盛衰与生态系统优劣的正相关性③。

除以上研究外，也有学者从其他方面关注各地水环境的治理状况。如王建革的两部专著《水乡生态与江南社会（9—20 世纪）》及《江南环境史研究》，前者关注宋代以来鱼米之乡的环境变迁，虽属于区域环境史范畴，却较好地演绎了人类经济活动背景下，聚落与水系的生态关系；后者则关注吴江陆淤、吴淞江流域水患变化，以及古人

---

① 江帆影、陈杰琳、高伟：《广州玉带濠沿岸城市历史景观演变探究》，《广东园林》2019 年第 2 期。此外，任秀玉分析了东濠涌的沿岸公共活动变迁以及近年的改造实例，为读者展现了广州整理濠涌的实态。任秀玉：《广州河涌景观变更对城市公共生活的影响分析——以东濠涌改造为例》，《广东园林》2012 年第 2 期。

② 姚睿：《岛、城、人共生——广州中心城区江心岛及两岸景观专项城市设计探索》，《广东园林》2017 年第 4 期；钟香炜、陈瀚：《广府文化在广州城市景观设计中的传承与创新》，《设计》2016 年第 23 期。在广州之外，不少以其他城市或其他主题为对象的研究成果同样值得关注。胡勇军对民国时期杭州饮用水进行了研究，认为随着城市内河缺乏管理，污染日益严重，居民对河水的依赖降低。因受地理环境、水质卫生及取用便捷性等因素的影响，人们的饮水习惯存在一定的区域差异性。而刘海岩、杜丽红等学者，也探讨了同一时期其他城市的饮水供给问题。胡勇军：《民国时期杭州饮用水源及其空间差异性研究》，《史林》2017 年第 1 期；刘海岩：《20 世纪前期天津水供给与城市生活的变迁》，《近代史研究》2008 年第 1 期；杜丽红：《知识、权力与日常生活：近代北京饮水卫生制度与观念嬗变》，《华中师范大学学报》（人文与社会科学版）2010 年第 4 期。

③ 赵珍、聂苏宁：《清乾隆朝北京西郊水资源利用的生态效益》，《北京史学》2018 年秋季刊，总第 8 辑；赵珍、刘赫宇：《清代北京西山人工水系与生态恢复力》，《山东社会科学》2021 年第 1 期等。

对于嘉湖地区的生境认知[①],具有很高的参考价值。金向华对杭州市拆城筑路之后,西湖风景区的整治问题进行了分析,认为1911—1937年间,通过对西湖的疏浚、公园的整修以及植树造林等行动,加快了西湖与杭州城市融合的进程[②]。

王大学从技术史角度研究了明清江南海塘的建设与环境,认为以往的研究成果大多侧重于海塘技术史,对海塘修筑的社会层面和塘外滩地有关的区域历史地理学问题缺乏深入研究。作者主要探讨明清江南海塘的修筑过程以及施工中技术、原料问题所受的因素制约,考察中国古代大型公共水利工程中生态、社会因素的影响以及施工中的人地关系问题。可以发现这些问题的背后是环境、社会因素的复杂交织,在整个生态系统内人、自然和社会有机地联系在一起[③]。

作为一个新的研究趋势,此前已有学者关注水泥这种建筑材料的应用对于自然生态的影响。刘梦霏研究了清华校河生态的变迁,认为清华校河自1707年作为熙春园的园景河以来,由自然河流变为人工模仿自然的河流,又在1908年后逐渐恢复到一条小生境完整的自然河流,将具有互动性的景观对各个阶级乃至生态系统中各生命体都完全开放。改革开放后,北京市对清河及其支流万泉河的治河行动,使清华校河最终成为一条“典型的工业社会的、无所互动的水泥沟渠”[④]。

3.“田园都市”理论及其实践研究

田园都市建设是20世纪前半叶中国城市生态变迁研究中的一个重要问题。至于该理论在传入中国后,经历了哪些嬗变,具备了哪些新的内涵,产生了何等程度的影响,在清末至民国广州城市化的过程中扮演了什么样的角色,这些问题在观察广州乃至中国城市近代化的历史时,是必须回答的。对于相关问题的讨论,王辉的《民国城市规划界对田园城市理论的理解与运用》、蔡禹龙的《民国时期国人对“田园城市”的理论认知与实践探索》,前者整理了20世纪20—40年代的中国城市规划学著作和城市规划文本后发现,民国时期学者对田园城市理论有着非常精准的理解和认识,并积极在城市规划上付诸行动,后者则认为20世纪20—30年代,该理论通过报章、书籍等媒介得以广泛传播,且深受市政学者及地方政府的关注。广州、南京、天津、北平、桂林等地开始了建设“田园城市”的实践。因受认知水平的局限,探索举措多集中在郊区住宅建设、城内分区建设等方面。值得称道的是,国人把该理论引入战时后方的城市建设,突出了它的指导意义[⑤]。

---

① 王建革:《水乡生态与江南社会(9—20世纪)》,北京大学出版社,2013;王建革:《江南环境史研究》,科学出版社,2016。

② 金向华:《民国时期杭州市政建设研究——以1911—1937年为时段的考察》,《杭州师范学院学报》(社会科学版)2007年第1期。

③ 王大学:《明清江南海塘的建设与环境》,博士学位论文,复旦大学,2007年。

④ 刘梦霏:《从溪流到水泥沟:关于清华校河景观变迁的探析》,《学术研究》2016年第8期,第136-140页。

⑤ 王辉:《民国城市规划界对田园城市理论的理解与运用》,《山东社会科学》2012年第7期;蔡禹龙:《民国时期国人对“田园城市”的理论认知与实践探索》,《兰州学刊》2017年第2期。

此外，彭长歆、杨晓川的《广州近代“田园城市”思想源流》（《城市发展研究》2008 年第 1 期），以及姜省、刘源的《从民国出版物看近代城市规划思想在中国的传播与影响》（《南方建筑》2014 年第 6 期）两篇文章，都对相关内容进行过基本的介绍。孙翔的《民国时期广州居住规划建设研究》在对历史上广州城市居住空间、规划思想及建筑制度等问题进行展开之外，还留有一节专门讨论“田园城市建设”的内容。作者还研究了东山地区居住空间的分布、形态特征和演变规律，认为此地清末民初才开始起步建设，经历了民国时期完整的演变过程；由自发到政府积极推动，呈现出清晰的演进脉络；此地居住空间形态特征虽历经叠加，不断嵌入现代空间形态要素，依旧保留了城市化初期的格局①。

邵骏的《试述孙科、林云陔与民国广州公园建设》、孙易的《广州近代公园建设与发展研究》以及王炜的《民国广州城市与社会空间演变初步研究》等文章，在城市化初期广州城市公园建设的问题上分别予以了关注②；此外，《民国南昌公园绿地规划建设研究及启示（1926—1949）》《民国时期宁波公园的平民化》等文，关注了其他城市公园建设与城市发展之间的关系③。

何睦在研究中认为，在近代中国城市化的初期阶段，位于近郊的大学校园，也是构成现代城市空间格局的重要元素。在天津市内空间受到外力破坏和相对饱和的情况下，北洋大学（今天津大学的前身）和南开大学搬至地广人稀的郊外。根据自身的校园建设理念，对原生态的自然环境进行了开发和改造，在美化教学环境的同时也造就了现代城市所必需的“花园”式风景，实现了自然景观向城市文化景观的转化。进而在近代中国城市园林尚欠充足规划的时期，承担了郊野花园的功能。除了为自身觅得了理想的办学环境以外，也带动了天津南、北郊区的开发，为天津市区的延伸与拓展提供了支点。对于天津来说，大学校园为城市发展提供了难得的动力。两所规模巨大的大学校园及其所携的现代建筑群，在空间上形成了一根支撑南北的轴线，起到了将城市建成区域环状扩大的效果，奠定了此后天津南部的地理格局。而为了服务大学师生的日常需求，水、电等城市基础设施网络也逐步在原本人迹罕至的郊区得到延伸④。

关于近代城市化过程中林场的建设问题，学界的关注就更为有限，成果仅有寥寥数篇文章。杜正贞通过浙江龙泉、建德两县比较研究，探讨了晚清至民国山林所有权

① 孙翔：《民国时期广州居住规划建设研究》，广东人民出版社，2016，第 162-163 页。

② 邵骏：《试述孙科、林云陔与民国广州公园建设》，《岭南文史》2010 年第 3 期；孙易：《广州近代公园建设与发展研究》，硕士学位论文，华南理工大学，2010；王炜：《民国广州城市与社会空间演变初步研究》，硕士学位论文，暨南大学，2010。

③ 李宝勇、吴春生等：《民国南昌公园绿地规划建设研究及启示（1926—1949）》，《中国园林》2020 年第 8 期；吴昌、李旭青：《民国时期宁波公园的平民化》，《安庆师范大学学报》（社会科学版）2018 年第 5 期。

④ 何睦：《近郊大学校园建设与近代天津城市空间的现代性演进》，《城市史研究》2019 年第 41 辑，第 1-11 页。

问题，认为民国山林国有化、契税和不动产登记等一系列政策，对两地山林的确权产生了不同的影响。在此过程中，原来以契约为主要凭证，以及由册书确定、通过升科纳粮获得山林所有权的方式都受到了挑战，国家与山区民众之间的关系也由此变得更加紧密①。

综上所述，在城市史领域中，前人研究在取得了丰硕成果的同时，也不可避免地为后续研究留下了充足的空间。因此环境史学者应当坚持利用生态学、建筑学等多学科视角、理论，这样才能够超越传统城市史学的框架和范式，取得突破。这一思路对于本研究的开展，无疑是一种激励，更是一种方向的指引。

第三节 基本史料的整理与选择

归根究底，历史研究是以史料为中心展开的，而史料的选择和利用亦以研究内容的实际需要为标准。本研究前后时间跨度超过半个世纪，探讨内容也十分繁杂，究竟从哪种资料入手是必须着重思考的问题。留存至今的诸多方志文献，为我们提供了这种可能，其范围广泛，既有全国性的总志，又有各类地方性的府志，各省、府、县均会将辖境内的基本情况以及重要人物、事件记录下来。在本研究中，《广东通志》（康熙朝、雍正朝、乾隆朝三版）、《广州府志》（乾隆朝、光绪朝两版）、《南海县志》（康熙朝、同治朝、宣统朝三版）以及康熙《番禺县志》《番禺县续志》等各类地方志中记录了大量城镇、乡村、海防、民俗、物产及人物的珍贵信息②，为我们较完整地展现了清代广州乃至粤省的各种物象。而屈大均的《广东新语》、范端昂的《粤中见闻》、黄佛颐的《广州城坊志》以及《羊城古钞》《河南番禺小志》等文献中的记录，都是清代广东社会风貌的珍贵资料，同时成为本研究开展过程中的宝贵财富③。此外，外国人的见闻或回忆录，为我们提供了观察清代广州城市的不同视角④。

收藏于广州市档案馆及广东省档案馆的大量有关清末至民初广州城市建设与城市发展的各类资料，是本研究得以开展的一大支撑。其中广州市档案馆所藏民国广州工务局（0033-001 全宗）、广州市政府（4-01 全宗）等卷宗，极大扩充了本研究所能

① 杜正贞：《晚清民国山林所有权的获得与证明——浙江龙泉县与建德县的比较研究》，《近代史研究》2017 年第 4 期。

② 金光祖纂修：《广东通志》，康熙三十六年刻本；郝玉麟等修，鲁曾煜纂：《广东通志》，雍正九年刻本；玉麟等修，纪昀等总校：《广东通志》，乾隆四十六年四库全书影印本；金烈、张嗣衍修，沈廷芳纂：《广州府志》，乾隆二十四年刻本；戴肇辰等修，史澄等纂：《广州府志》，光绪五年刻本；郭尔戺、胡云客纂修：《南海县志》，康熙三十年刻本；潘尚楫等修，邓士宪等纂：《南海县志》，同治八年刻本；郑梦玉等修，梁绍献等纂：《南海县志》，同治十一年刻本；张凤喈等修，桂坫等纂：《南海县志》，宣统三年刻本；孔兴琏纂修：《番禺县志》，康熙二十五年刻本等。

③ 屈大均撰：《广东新语》，中华书局，1997；范端昂撰，汤志岳校注：《粤中见闻》，广东高等教育出版社，1988；黄佛颐编纂，仇江等校注：《广州城坊志》，广东人民出版社，1994。

④ 亨特：《广州番鬼录·旧中国杂记》，冯树铁、沈正邦译，广东人民出版社，2009。

利用的史料范围。

民国时期，作为最早采用近代市制的城市之一，广州完成了由"城"到"城市"的转变。程天固——这位当时主持参与广州市政规划的设计师，曾主编《广州市工务实施计划》等书，这些书籍成为研究广州近代城市化的重要史料。有关民国广州城建、社会风尚、市民生活等内容大都保存在《广州市市政公报》《广东省政府公报》《广东建设月刊》《广州民国日报》等地方档案和报刊之中，而《南大工程》《工程季刊》《广州卫生》等地方性刊物，亦是本研究所依赖的核心资料。此外，作为当时全国范围内的知名刊物，《新闻报》《时报》《申报》等报刊发表了很多优秀的时评文章及报道，也可在一定程度上作为补充性资料。而当时的《字林西报》(*North-China Daily News*)和《大陆报》(*The China Press*)等外文报纸中，也保留了诸多有关广州城市建设的珍贵信息。

除以上所举各项，城市研究离不开各类地图的辅助。其反映了各个时期人们对城市形态及周边地理环境的认识，是研究过程中必须注意并加以利用的资料。《图说城市文脉——广州古今地图集》(广东省地图出版社 2010 年版)一书中，就收入清代至新中国成立后与广州城市相关的近百幅地图，为从事广州城市相关研究提供了便利。其中包括：西方人绘制的第一份广州城图——荷兰人尼霍夫《广州城全景图》(1655 年)、1750 年哈里斯所绘《广州城市图》、英国地理学家詹姆斯·怀特于 1840 年所绘《广州城及其郊区图》、美国传教士富文 1860 年所绘《广州城及其郊区图》，都反映西方人早期对于广州城市的印象，体现了当时西方高超的绘图技术。而德国人舒乐于 1907 年绘制的《广东省城内外全图》，具备更高的精度及更为详细的地理要素。相比同时期清代地方志中的舆图，后者只可以视为一种指示方位的示意图。这种情况直到民国时期才彻底发生改变，如在 1932 年版《广州市道路系统图》、1937 年版《广州市最新马路全图》等资料中，比例尺和图例的出现让地图在详细重现城市历史面貌的同时，能够提供更为精确的信息。与藏于广州市城市建设档案馆、广东省档案馆、广州市档案馆等单位的地图档案相配合，以丰富本书的内容。

第四节　研究思路与创新点

本书从时间上讲大致以清末至民国为中心，鉴于 1938 年日军侵占广州，广州城市发展陷入停滞，即使在日本投降之后，国民政府在此开展新的建设，其内容、特征也与之前存在较大区别，故暂且搁置，遂大致以 1938 年为时段下限；从空间上讲，本书则以 20 世纪 20 年代《广州市暂行条例》中规定的广州市区(包括警区、拟定区域、权宜区域)范围为中心，由此探究广州在城市区域拓展过程中，其街区形态、城市景观及相关服务功能等方面发生的巨大变迁，并逐一分析在这些变迁背后发挥作用的若干推动因素。

本书由绪论、5章正文以及结语、附录等部分组成。绪论部分起到总领全书的作用,除明确主要研究对象外,还交代了城市环境史与城市史之间的继承与创新关系,并介绍相关的研究基础、研究理论及方法等内容,对全书的结构安排与创新点进行论述。

研究城市景观的变迁,不能脱离对城市原有空间布局的把握,因此第一章以拆城前后广州老城地区的空间变迁为中心,分析广州城市界限破而再立的过程,并探讨城市功能分区对广州城市发展的影响,以及西关、大沙头等重点地区发生的街区演替。

第二章着重探讨港口兴建对广州城郊开发的刺激作用,继而在广州城市扩展过程中发挥的推动力。而在城市扩展以及各类工程纷纷展开的背后,正是诸多新型建筑材料的投入使用,为其提供了坚实的物质基础。换句话说,城市景观与格局发生的变化,也是新理念、新技术应用的物质体现。

第三章将继续沿着广州城市扩展的思路,以19—20世纪广州城市水资源利用及供、排水方式变迁问题为中心,并关注新技术及新设计理念在城市环境变迁中发挥的作用。人类如何设计自己的城市,改造自己的生活环境,实际也是重塑"二次自然"的过程。本章梳理古代广州城市水循环系统的运行状况,探讨广州城中的井水利用状况,以及河、湖、渠、涌的变迁与影响因素,并以自来水供水与城市排水系统为对象,分析20世纪初广州城市扩展在供排水系统更新过程中扮演的角色。

第四章以一种新型建筑材料——混凝土的应用过程为中心,探究其对于包括广州在内的中国城市传统营造方式的革新,以及在建筑样式、城市景观变迁等过程中扮演的角色。混凝土实际成为广州城市化的一把钥匙,随着混凝土厂的建立,混凝土产业成为广州的一项重要产业,以满足城市中日益旺盛的工程需求。

第五章以"田园都市"理论为中心,围绕沙面租界、城市公园、林场的修建,以及白云、越秀山综合开发等问题,具体关注拆城筑路之后,广州在城市生态格局营造方面的实践。在结语部分,对文章主要观点进行总结,并对可能深入或延伸的内容进行评述,作为对城市环境史研究现状的反思。

整体来看,本书具备以下几项创新之处。首先,在研究思路上,本书从生态学视角出发,逐一考察广州城市中的公园、林场等绿地空间,以及马路、铁路、建筑物、住宅区、工业区等城市人工结构,以此投射出清末以来广州的城市近代化进程,重点突出建成区拓展、港口兴筑、供排水系统完善及绿地营造等造成广州城市景观变迁的几项重要因素。虽然在前人研究中,相关内容有不同程度涉及,但本书研究视角更为聚焦影响近代化过程中城市生态变迁的几大因素,由此作为探索中国城市环境史研究新路的一次尝试。

其次,在研究方法上,本书主要利用传统史学的研究方法,通过广泛收集文献资料和“聚落考古”的相关发现，对历史上广州城址变迁以及城市水环境演变等问题进行深入分析，观察社会结构的特点与演变的轨迹。本书创新性地使用历史地理学、统计学等相关学科的研究范式，抽取并分析广州城市历史地图中的重要元素，与历史文献互相参证，由此解读和分析城市的街道网络以及各种不同使用功能建筑的空间分布，从而认识城市内部的异质性和空间分化；同时将经验性解读与数量化统计结合起来，使得对于清代民国广州城市研究不仅具有描述性，并具有一定的解释性。

最后，在研究视角与主题上，本书扩展性地引入了一些新的元素，如通过对混凝土应用的探讨，分析在广州城市发展过程中，新材料的应用在城市景观变迁过程中扮演的角色，进而揭示物质基础与城市发展之间存在的深刻关系。

应当提及的是，在撰写博士论文的过程中，部分研究内容已经公开发表。如第二章第二、三节内容，已经发表在《城市史研究》第 43 辑；第三章部分内容发表在《公安学研究》2022 年第 6 期上，这些内容在本书成书的过程中经过再次大幅度的修改，特在此声明。

第一章　拆城筑路：清末民初广州城区的空间变迁

“六脉皆通海，青山半入城”，这曾是广州城市景观格局的生动写照。1918 年，桂系军阀主政广东时，通过新成立的市政公所实行拆城筑路，客观上为广州城市的扩展，消除了一个长期存在且具象化的地理界限；此后，市区边界的确定，进一步明确了各级行政区划的职权范围。由此，拆城与定界，可以被视为“破”与“立”并行的过程。在此基础上，城市分区制度的引入，更加体现了市政部门对于城市用地类型及使用功能的思考，为后续的城市建设提供了重要的理论依据，各项建设工程也随即在广州纷纷展开。新式马路网与公共交通建设相辅相成，使广州市区被交通线所分割、重组，那些被划定为交通枢纽的地方，无一例外地成为广州市内新的繁盛区域。而在城墙拆除之后，原先的广州城周边地区，也同样得到了新的发展机遇。

清代广州城及其各个城关地区，是广州城市的核心地带，本书将其统称为“老城地区”。在清末民初，这一地区经历了复杂而规模宏大的城市建设，由此发生了翻天覆地的变化，更重要的是，在此后广州城市发展的过程中，老城地区也理所应当地成为城区向外延伸的起点。因此厘清这一时期广州老城地区空间格局的变迁，对于探讨广州城市化的研究而言，是一项亟须解决的学术问题。

第一节　拆城筑路对广州城市格局的影响

（一）清代广州城的基本格局

广州位于珠江三角洲北缘。其地势由东北向西南倾斜，形成了一个东西向的溺谷湾。从空中俯瞰，广州好似一只蜘蛛，周围交织着繁杂的蛛网：东、西、北三面各延伸出一根蛛丝一样的河流，而这只蜘蛛就处在蛛网的正中间。东北和西面有白云、西樵二山作屏障，北面更有越秀山为之镇摄，门口有虎门和黄埔作双重守卫，较远处还有韶关拱卫于北，惠州拱卫于东，肇庆拱卫于西①。

清代来华的外国人，都会为这个国家遍布各地、规模不一的城池感到惊叹。包括广州在内，被城墙环绕的中国城市，虽在城乡之间实行行政上的一体化管理，其地域

① 倪锡英：《广州》，中华书局，1936，第 15 页。

却因城墙的存在、分割变得界限分明:墙内为城市,墙外为城关、乡里,由坊、街、巷组合而成的城市地域空间,城居者在若干个坊的基础上又自然形成了不同等级与层次的人文社区,每个都有着使其得以凝聚的共同文化。这些由方砖构成的庞大建筑,不仅是历史上中国城市最富有代表性的景观之一,更为城市提供了一个具象化的界限。

尽管广州城市拥有 2 000 多年的发展历史,但其城墙形态的最终确立,则迟至清朝初期。顺治四年(1647),总督佟养甲在新城以南的临江地带分筑东、西两座翼城,这两座翼城被人们形象地称为"鸡翼城"。两边城墙各高 2 丈(约 6.6 米),长 20 余丈(约 70 米),一直连通到珠江边。两边城墙各有一座城门,东南面为正东门,西南面为安澜门。此后直到民初,广州城墙的空间格局都没有发生大的变化:北面为旧城,南面为新城,以及新城之外延伸出的鸡翼城,共由三大部分组成。而除鸡翼城之外,广州城另两个重要部分——旧城与新城,其修筑则可回溯至明代。洪武十三年(1380),永嘉侯朱亮祖以"宋代旧城低隘"为由,"请连东、西、子三城为一"。并"辟东北山麓以广之。粤王台山,包入十之九",随即开始了内城的兴筑,这也称为广州城市空间格局变迁过程中十分重要的一个节点。内城城墙高 2 丈 8 尺(约 9.4 米),周围长 2 284 丈(约 7 613 米)。嘉靖四十二年(1563),为将原先城外江边的商铺容纳进来,便于管理,官府又在广州城以南增筑新城,并通过城墙和城门连接起来。原先广州城的范围就被称为旧城。新城城墙同样高 2 丈 8 尺,长 850 丈(约 2 833 米),新城濒临珠江。从横截面来看,城墙本身并非上下平齐的,其上部宽 2 丈(约 6.67 米),下部宽 3 丈 5 尺(约 11.67 米),呈等腰梯形①。明代的新城本就是番商贸易之所,在新城城墙修筑起来后,此地商贸结构也在悄然发生变化。此后不断有官署改设于此,新城遂逐渐成为官商杂处之地。

作为城中居民出入的通道,城门也是人们辨别区域方位的基本标尺,还是物资流通的渠道。由于各座城门所处地理位置的不同,其在居民日常生活中所起的功用也大有差异。为体现城池的气派,并获得美好的寓意,官府都会将各座城门冠以吉利的名字。就清代广州城来说,由于越秀山与北城墙相连,大北、小北两门坐落在越秀山麓,因此也被称为"内门",其中大北在西,小北在东。此外,广州内城还辟有正东、小南、文明、大南、归德、正西等门。作为重要的商旅聚集之地,新城各座城门自然而然地成为人们进出广州城贸易的重要通道。新城人烟十分稠密,"人多到从城外难以进入河岸上的城门",而"进出的人群通常都吆喝吵嚷着叫让道给挑东西的人"②。

五仙门位于广州城南,原名五羊门,清初改为五仙门。此门是新城通往珠江岸边的必经孔道。城外紧临"花渡头",广州花贩曾每日分载素馨花至此,并由此转运到

① 戴肇辰等修,史澄等纂《广州府志》卷 64,《建置略一》,光绪五年刻本。

② 克路士:《中国志》,载 C.R. 博克舍编注《十六世纪中国南部行纪》,何高济译,中华书局,1990,第 70 页。

各地。从五仙门出城向东,还有当时广州最大的鲜果交易市场,被称为“果栏”[①]。油栏门和竹栏门同样是新城通往广州省河码头的主要城门。官府曾列肆于新城之外,名为“油栏”,后又创建油行一区,油栏门因此得名[②]。这里,有横水渡可以往返于沙湾之间,使此门外变为一处商贸繁盛之地。竹栏门邻近油栏门。此门外有风满楼和得月楼,分别是南海人叶梦龙和叶应阳所建。登上风满楼,可见“树色江光,天然画景”;而得月楼上,则“上有凉飔,下无暑气”[③]。

太平门为广州城池的西门,门外有太平桥,“城西之水,故由太平桥出海”。嘉靖初年,梁储建大观桥,引之西注,“形家以为不便,嗣后绅士有议,辄数岁一更,居民苦之”。于是在万历二十九年(1601),经过尚书戴耀等人的奏请,令知县王循学重开旧太平桥,“湾抱月城,与东出之水相向以达于海”,逐渐成为定制,“省会风气始称完密”。康熙二十二年(1683)将其拆移,原址修建青云桥[④]。仅在广州老城内,归德门、大南门、西门、大北门、正东门、小东门等城门都有较大的市集;在清风桥、大南门内迎恩桥、永安桥及小北门内二牌楼、大北门内四牌楼等靠近城门的地点,也存在较大的市集[⑤]。这些区域同时也是清代广州城内最为热闹的地方。而读者可以从20世纪初的《粤东省城图》[⑥]中看到,东关一带(地图右侧深色区域)在道路走向及珠江的影响下,逐渐形成一个带状区域;而西关地区(地图左侧深色区域)则形成面积较大的块状区域,不过在西关地区的西面,并未经过大规模开发,依旧是一片禾田。

在广州,沟通各座城门的大街是城中最主要的干道,也是城中相对宽度最大、距离最长的街道。其中惠爱大街直通正东门和正西门,自东向西排列着番禺学宫、番禺县署、布政使司、广州府署、巡抚部院、将军府及右都统衙门等重要军政机构,广州城分别由南海、番禺两县分境而治,广州府署以西为南海县境,以东为番禺县境。惠爱大街还连接通往其他城门的马路:由拱宸坊、四牌楼分别通向大北门和归德门;经仓边街、状元桥通向小北门;经双门底可到达大南门,内城地面自归德门大街起,直至大北门止,西边系旗营经管,东边系民地,南、番二县经管[⑦]。这些城门、街道及其街区一道,共同成为清代广州城最基本的要素(见图1-1)。

① 屈大均:《广东新语》卷27,《草语》,中华书局,1997,第695-696页。

② 黎如玮:《半村草堂文钞》,载黄佛颐编纂,仇江等点注:《广州城坊志》,广东人民出版社,1994,第521页。

③ 张维屏:《艺谈录》,载黄佛颐编纂,仇江等点注:《广州城坊志》,广东人民出版社,1994,第522页。

④ 魏绾主修,陈张翼纂:《南海县志》卷2,《建置略》,乾隆六年刻本。

⑤ 李福泰修、史澄、何若瑶纂:《番禺县志》卷18,《建置略五》,同治十年刻本;梁鼎芬修;丁仁长、吴道镕等纂:《宣统番禺县续志》卷6,《建置志四》,民国二十年重印本等。

⑥ 因版权问题,本书不附地图,如需阅览该图,详见广州市规划局、广州市城市建设档案馆:《图说城市文脉—广州古今地图集》,广东地图出版社,2010,第26页。

⑦ 庆保辑:《广州驻防事宜》卷上,载《续修四库全书》第860册,上海古籍出版社,2003,第217页。

图 1-1　清代广州城坊示意图

（图片来源：作者摄于北京路步行街，2020 年 10 月）

从使用功能上讲，人们建造高大宏伟的城墙，并非以美观为最终考量（尽管会象征城市政治地位与行政级别）。在漫长的冷兵器时代，城墙是无可替代的军事防御设施。清代的广州，八旗在城池驻防和巡逻上，发挥着重要作用，其中正东、正西、大南、小南、大北、小北、归德和文明八座城门分别由正白、正红、镶蓝、镶白、正黄、镶黄、镶红和正蓝旗管辖，外城及鸡翼城则由“广协经营防守”。在一座面临战争威胁的城市，城墙以及靠近城墙的各类建筑，难免会首先成为战火波及的对象（图 1-2）。

图 1-2 广州越秀山上残存的城墙

（图片来源：作者自摄，2020 年 10 月）

从军事防御的层面来讲，广州城墙的构造确实存在较为明显的隐患。此前来到这里的外国人也注意到，在广州城“城墙和濠之外有一个可俯视墙内全城的山头”①，这里指的就是广州北面城墙依托越秀山而建。此处“距水次十余里，层崖峭径”，被认为“十夫守险，可拒千贼，乃攻城之利，守城之害也”②。其山顶建有四方炮台，从这里可以俯视全城。早在明清鼎革之际，清军围攻广州，“半载不能破，及夺后山置炮俯击，始陷之”；到鸦片战争期间，英军也深谙此地的战略地位，于是在旗人奸细的引导下，英人肩扛大炮，经由泥城上岸，直至北门攻城，突袭取得四方炮台，并由此向北门城下轰击③。在历次战争中，城墙作为战争双方的缓冲地带，不可避免地成为军事冲突发生的主要区域。

广州城墙南临珠江，早在拆城筑路之前，一些近代工程已经在城墙之外逐步展开。光绪十五年（1889），富有改革精神、时任两广总督的张之洞就以“弥水患，兴商务”为名，主持修筑珠江堤岸。堤岸总长 1 800 丈（约 6 000 米），东侧堤岸建有洪庙、东濠口、观音庙、川龙口等节点；西侧堤岸有潮音街、昌源街、同德街等段；西关有西炮

① 克路士：《中国志》，载 C.R. 博克舍编注《十六世纪中国南部行纪》，何高济译，中华书局，1990，第 66 页。
② 魏源：《夷艘寇海记》，岳麓书社，2011，第 604-607 页。
③ 《粤信》，载齐思和等编《鸦片战争》第 3 册，神州国光社，1954，第 390-391 页。

台、横沙、半塘、澳口等段。所有工程归官办理,设计整齐划一,“可永杜侵占之患”。堤上马路宽敞平整,所有填筑地段,“新修铺房,商民争来承领缴价”[①]。

珠江潮汐淤积泥沙致使江水不时溢堤,同时由于城外居民建筑漫无限制,张之洞由此首倡筑堤之议。工程之中,首先修筑了长度约 360 米的天字码头,筑堤章程中划定堤岸填宽 5 丈(约 17 米)筑路,“视沿河之形势,定填筑之宽窄,不使阻碍河流”,堤岸修成后,原有横水渡埠头及担馆生意可以继续,为承租提供便利。码头一带的原有涌口,全部保留,使其不易堵塞,大雨时也能保持堤内街道水流畅通;遇有暴风,也可以为船只提供避难场所。为了便利行人在码头上下,工匠们还在天字码头每隔 10 余米设立一处石级。重要的是,这个章程中还特别强调,要在没有筑堤的河南,先行清障并在岸边划界,“俟河北堤成,禀请修筑,以利河道”[②]。如果将城墙尽行拆除,并在珠江南北两岸增建货仓及码头,并扩大规模,客、货运输将变得更为便利。

张之洞还意识到,“西方国家富强之术,工为其基,商为其用,官任其事,商营其利,所有开设埠头、经营贸易,皆系官为规画主持”。在考虑地形、区位等地理条件以及各种规划方案后效应的基础上,在广州的城市建设问题上,官府无疑具有绝对的主导权。例如位于大东门外的东沙马路,竣工于光绪三十四年(1908),通过此路,可由东较场以东,经东明寺、牛王庙到达沙河。更为重要的是,失去了城墙的束缚,在规划并修筑新式马路网后,城市可以以此为起点进行扩展。随着城市面积的不断扩大,逐步容纳更多的人口,城市职能部门不断细化,城市所能发挥的服务功能也将再度扩大。宣统元年(1909),广州兴修南门马路,由藩司经双门底、大南门,沿大南直街,再出永清门,至永清直街,直抵天字码头堤岸。其北段官地“尚属宽广,颇合筑路”,而永清门至天字码头段街道甚窄,官府强令限期拆除各沿途铺屋所占官地[③]。

在此之前,广州城周最主要马路的宽度也不超过 24 米,而在宣统二年(1910)的规划中,就有三条宽度超过了 30 米,其中白云路的设计宽度达到 45 米,并且采用了双向复线的设计。事实上,早在广州拆城之前的十余年间,这座华南最大城市的格局就已悄然发生变化:在城中,将军署、巡抚署部分土地遭英、法侵占,原址被建起外国领事机构;原先的旗界里,由于生活困窘,为谋生路,旗户纷纷变卖房产,旗、汉界限迅速土崩瓦解,并处于杂居的状态。随着城内及城外部分土地价格上升,合族宗祠开始扮演各乡村宗族在省城广州投资置产的角色。在历经多次商业结构变化之后,新城也从繁华的番商贸易中心,转变为连接广州与国内市场的纽带,再到手工艺商品中心。

---

① 《珠江堤岸接续兴修片》,光绪十五年十月二十二日张之洞奏,载张之洞著,苑书义等整理:《张之洞全集》(第 1 册),河北人民出版社,1998,第 749-750 页。

② 梁鼎芬修,丁仁长、吴道镕等纂:《宣统番禺县续志》卷 4,《建置》,民国二十年重印本。

③ 《广州实行修造南门马路》,《时报》1909 年 6 月 20 日,第 5 版。

与城内相比，上西关是广州纺织工厂的聚集区，在这里，珠三角的众多蚕桑产地被连接起来。而更为富庶的下西关，承继了十三行的对外贸易，联系着全球商贸的流转。繁盛的工商业，吸引富商巨贾兴建高级宅邸，促进了娱乐业从西关北面向南迁徙。随着浮沙渐增，南关则成为海鲜与蔬果类商品的集市。在东关与北关连绵的山地和丘陵，大量分布着坟地和义冢，同时也是贫民小户的聚居之地。而河南的近河地带，由于伍、潘两家的落户，获得了极大发展，其便利的水运也日益吸引着多元化的外贸工商业[①]。

（二）拆城筑路与城市界限的划定

上文说道，城墙曾是中国城市最为明显的标志，也是城市兴建及存在不可或缺的因素。到了20世纪初，随着城市发展速度加快，开始出现所谓“拆城筑路”的问题，不少人认为“中国乱后建设事业中，既以民意为主，复真能振兴市面者，拆除城墙是也”[②]。在广东，早在民国成立之初，控制粤省的军政府内部，亦出现不少提议拆除广州城墙的声音。其中陈炯明认为：“省垣地方素称繁盛，城厢内外，商业尤为殷富。若非于交通上设法改良，实不足以资利便。现在城基一带占地甚多，而城厢内外互相隔阂，于交通上尤形不便。徒以往日……官吏藉城自卫，故虽明知其害，亦终不忍弃除。此实地方上之大障碍，而亦我全省人民之不幸事也。”因此“往日阻碍之城基自非速拆除不可”。通过调查，广州城基一带最适合改建大马路之用，“将来如建筑工竣，车马分驰，与昔日情形当有天渊之别”，而“附城一带居民甚多，今一日变更于该处居民实有密切之关系。若非预为筹划，恐多窒碍难行”。军政府遂要求城基一带的店铺住户，以一个月为限，将房屋所在地及街道门牌号，房屋长宽、面积大小、业主、住户姓名等信息详报至工务部[③]。第二年，广东都督胡汉民主持设立了工务司，专门负责拆城筑路事宜，却由于局势动荡作罢。

事实上，由于城墙本身所具备的军事功能并未完全消失，在当时很多中国大城市之中，拆城问题也都引发了对于城墙与国防之间关系的讨论。1914年，南京市政府及各商民团体联合通电中央政府，宣布即将拆除南京城与下关之间所隔城墙，以便“城墙内外居民齐心推广地方实业”。南京市政府认为，天津、上海等城市之所以经济发达，市面繁盛，就是拆城所带来的积极效应。另一方面，越来越多的人开始认为，大多数中国城市即使保留城墙，亦“久后无要塞性质”，并且“历次政治上之乱首，最喜选择南京作为其窃取国柄之出发地与根据地”，而南京城外附郭一带有统御全城的钟山，其险要地位“足致窃据城内者至于灭亡”。如果城墙与城内要塞一并拆除，

① 黄素娟：《从省城到城市：近代广州土地产权与城市空间变迁》，社会科学文献出版社，2018，第87页。
② 《南京城墙存废论》，《协和报》1914年第4卷第21期，第4页。
③ 《记广州之拆城》，《时报》1912年1月21日，第6版。

将来南京即使成为"政治上新乱之根据地与战斗场，亦可保安全"[①]。对此观点，不少军方人士表示反对。如时任"宁、镇、澄、淞四路要塞司令"的杨杰就曾呈请行政院，认为沿长江一带各县旧有城墙攸关国防，应当保留。此言一出，舆论纷纷向杨杰发难："国防还需要由这些冰冷的砖石来巩固吗？拆城之后，砖石用来筑路，废物利用，拆城可以发展城市，筑路可以便利交通。……若谓拆除了城墙国防便失了保障，这句话谁能相信呢？除非他是十七世纪的人。"[②]尽管如此，此后根据国民政府内政部及军事委员会的训令，广东省民政厅要求各原有城墙，亟宜加以爱护，嗣后关于军事建筑，不得请求拆用城砖城石为建筑材料[③]。由此可见，直到20世纪30年代，尽管拆城筑路已逐渐成为社会所共识的一大趋势，城墙的军事防御价值依旧难以被完全抹杀。

广州正式拆除城墙，是1918年的事。时值桂系军阀主政广东，在其推动下，市政公所于育贤坊一带的禺山关帝庙设立，随即开始着手拆城筑路的工作。至于城墙如何拆除，按照什么顺序拆除，还需要服从当时广州城市发展的实际状况。

由于广州城墙基底平均宽度仅有12米，远远达不到新马路设计的60~100英尺（约18~30米）宽度，因此与城墙间距过近的5 000多栋房屋被征用拆除，并由政府出资补偿。为加快工程进度，政府用准许业主建筑人行路上空的面积，来换取其同意割让铺屋面积，以便筑路。"骑楼地"由此产生，即新辟马路沿线准许建筑骑楼的地皮。骑楼地执照是市政公所准许马路沿线建造骑楼的一种凭证。骑楼地是市政公所为了缓解"拆城筑路"阻力而创立的一种新的土地概念。这些措施推动了骑楼成为民国时期广州马路两旁的主要建筑形式。在近一年的时间里，市政公所拆除了大、小北门之外的15座城门。此外，为保护都督官署不受侵害，另有一段1 200米长的城墙被保留下来，而在所拆城墙的原址上，共修建了总长10余千米的新式马路。

而当原先作为城乡之间界限的城墙被抹去后，广州需要出现新的界限或坐标，来作为后续建设及拓展的参照。1921年2月28日，在广州市政府成立后，《广州市暂行条例》随之公布，条例共7章、57条。这一条例的开篇，就规定了广州市的行政区域，并成立由省长组织的市区测量委员会，测量划定市区范围，条例的第2条，则规定"已划入广州市之地域不得脱离广州市区，以建立第二独立市"，从而保证了行政区划的稳定，为市政建设提供了安定的基础[④]。

在广州市区划定的过程中，最先被划定的区域名为"警界"，又被称作"原有区域"，这也是广州历史上第一个真正意义的市区界限。警界东自鹿鸣岗以东，经百足岗以西，折向横枝岗以南，经北较场以东，折而东，经洁德书院、半边岗寺贝底之西，横

① 《南京城墙存废论》，《协和报》1914年第4卷第21期，第5页。

② 虎腰：《城墙有关国防？》，《道路月刊》1931年第33卷第3期，第10页。

③ 《转知不得拆用城墙砖石为军事建筑材料》，《广东省政府公报》1932年第191期，第78页。

④ 李宗黄：《模范之广州市》，载张妍、孙燕京主编《民国史料丛刊》第189卷，大象出版社，2009，第28-29页。

过省河二沙头至大涌口之东起；沿河南岸线，经大涌口、二涌口，沿石涌经小港之北、草芳之南、龙田之东；沿涌道至省河后航道，沿河岸至白蚬壳，至白鹤洞之南止；西至白鹤洞之西起，经大筑地之东，与河岸线略平行，经河边各货仓之西，芳村、花地、泛地头之南，折而东，经太平约之北、山村之东至省河南岸，沿石围塘岸线，至塞坝口，横过省河，沿牛牯沙东边岸线及中线，至增埗之西止；北自增埗之北起，经西村、流花桥、田心、下塘、游鱼岗、塘帽岗，至鹿鸣岗之东南止[①]。这一界限将广州老城及近郊全盘划入。不久后，广州市政府还将黄埔新洲墟也划入了警界。伴随城市人口的不断增加，广州市域进一步拓展已成必然，这就是被称为"权宜区域"的划定（表 1-1）。

表 1-1　20 世纪 20 年代广州市权宜区域范围

方位	范围
东	自瘦狗岭之东、牛面岗之南起，沿路至龙船岗之西，沿猎德涌道横过广州铁路，至石牌村之西、冼村之东，沿涌道至新兴村之东，沿涌道穿过猎德村，沿涌道至江，经海心沙之东入涌，沿涌道至蛋家寮之西，转向西行
南	自禾田，经赤岗涌、赤岗塔之南，沿路至天成岗之东南，穿过乌地岗，沿路至桂田村之北、客村以南、鹭江村以北，沿路至松岗、沙岗之北，黄冈头及岭南学校之南，沿路至打银岭之北、大松岗之南、枸杞岗及旧凤凰村以北，沿路至月岗之北，扳桂岗之南、黎岗、石马岗之北入涌，沿涌道至小港村及南村东约之南，沿涌道至瑶头村西北角，沿路至荷包岗及庄头村之沙围，沿路至棣园村之东，螺岗之西、南石头之北，渡河至大王炮台之北，入造船厂北便涌口，穿过禾田，经白鹤洞之南、黄冈之北、大岗之南转北
西	自坑边村之东、大岗之西，沿路至沙涌村边之西，沿涌道至招村边之南、汾水村边之东及东滘村边之西北角，沿涌道至西滘村之东、茶滘村之西及聚龙社村边之东，沿涌道至泛地头村及南塘村边之南，横过广三铁路，沿涌道穿过五眼桥及贝底水村，沿涌道经郭村之东，沿涌道出河，沿河道经牛牯河之西、白沙村之东，沿河道至新涌口转向东行
北	自沿河经牛牯沙之北，泮塘埠之南，沿涌道至罗冲围之东、泥城及工艺局西，沿涌道至黑药厂之东、增埗之西、牛角围之东，沿涌道至田心村至粤龙村之东，横过粤汉铁路，沿涌道至螺岗之东北、瑶台村之西，沿路至胭脂部及王圣堂之西、粤汉铁路之东，沿路至牛头岗之南、走龙岗之北，过流花桥，沿路至三眼灶、凤凰岗、鲤鱼头及四方炮台之北、大方塔之南，沿路至翻龙岗、小西竺及田心村之北，西得胜、东得胜及下塘村之南，沿路至蟹岗北较场、陆军医院之北，沿路至横枝岗之北、塘帽岗、鹿鸣岗及大小凤凰港之南，沿路至百足岗、大眼岗及田心村之北、双燕岗及西坑村之南，沿路入沙河市，至江村之南，前将军行台、旧营盘及狗头岭之东北角、牛面岗之西南角止

资料来源：广州年鉴编纂委员会编《广州年鉴（上一）》土地第三，第 2-3 页，载张妍、孙燕京主编《民国史料丛刊》第 1010 卷，大象出版社，2009，第 186-187 页

再后来，所谓"拟定区域"被划归广州市辖境。相比前二者，这一区域面积更为辽阔：北部以白云山为界，西部以增埗对河两岛为界，西南部以贝底水、石围塘为界，南部以河南、黄埔为界，东南部以黄埔对河之东圃墟及沿下车陂涌北上至水土岗为

① 广州年鉴编纂委员会编《广州年鉴（上一）》土地第三，第 1 页，载张妍、孙燕京主编：《民国史料丛刊》第 1010 卷，大象出版社，2009，第 185 页。

界，1924 年正式核准实施。经此扩展，广州市的总面积达到了 94 平方英里（约 243.46 平方千米），在当时全国大城市中排名第五位，仅次于北平、南京、上海和青岛四市[①]。而在此后颁布的《广州市城市设计概要草案》等文件中，延续使用所谓警区、权宜区域和拟定区域等三大区域的分法。此外，近年来在花地等处，相继发掘出当时广州市政府设立的广州市区界碑（图 1-3），碑上刻有“广州市界”“市区界石毁窃严究”字样，成为记录民国时期广州市区界限变迁的重要证物[②]。

图 1-3　近年发现的民国时期广州市区界碑

（图片来源：《广州日报》2008 年 12 月 23 日，第 A19 版）

（三）新式马路与建成区的演替

在拆城筑路之后，广州的城市化也进入一个新的阶段，城市交通发展在此阶段扮演着十分重要的角色。早在清末，广州道路修筑的计划就已开始实施。当时除了在东堤、西堤和南堤，还修筑了二马路，此路宽度超过 10 米，采用碎石花砂路面。除此之外，到 1918 年，广州仍仅有长堤、东沙、东川等几条新式马路，总长约 12 千米[③]。因

① 广州年鉴编纂委员会编《广州年鉴（上一）》，《土地第三》，第 4 页，载张妍、孙燕京主编《民国史料丛刊》第 1010 卷，大象出版社，2009，第 188 页。

② 《花地河整治挖出广州古界碑：居民回忆称界碑立于民国 11 年，假如被证实，这将是目前发现的广州年代最早的一块界碑》，《广州日报》2008 年 12 月 23 日，第 A19 版。

③ 邹东：《民国时期广州城市规划建设研究》，博士学位论文，华南理工大学，2012 年，第 37 页。

此市政公所决定首先在老城地区进行施工，1918年，首先拆除西北城墙，修筑镇海路、盘福路，并将东城墙连同城门一并拆除，修建越秀路。1919年，西城墙和正西门被拆除，原址上自北向南建起长庚、丰宁、太平等马路。老城南城墙自西向东设有归德、大南、文明、小南等门，1919—1920年，这段城墙被拆除后，在原址上建起大南、大德和文明三条新式马路，与此同时，新城南面城墙也被拆除，城墙南侧泰康里一同被拆，在此基础上建成的马路东连永汉路、西至维新路，被命名为泰康路。这些道路，是广州拆城筑路后修建的一批新式马路，形成了广州早期的新式马路网络。此后，为整顿市容，市政公所开始将老城地区的泥路改为花砂路面，并相应扩宽街道。从《广州市第一期新辟马路名称图》中可以看出，明清广州老城的格局极大影响了20世纪20年代初广州城市道路的延伸形态，新式马路已经突破城墙的界限，与广州城市互相成为扩展与延伸的原因。

此后，广州各处马路的修建逐步按计划展开。1923年，工务局认为西门至财政厅一段马路，"为本市繁盛之区，车马行人，来往如织"，其路面却坑洼不平，"殊于交通有碍"，遂开始在此段铺设沥青[①]。不过令人感到意外的是，广州并没有在城墙拆除之后加快筑路的进程，尽管出自城墙的大量砖瓦可以直接被应用在路面的铺设中，但事实上，由于缺乏周密计划，数量巨大的土方和砖块堆积在原先城墙沿线，却沦为有碍观瞻的城市垃圾。遇到大风天气，尘土飞扬，市民怨声载道。为此，程天固召集承建商，令其限期将瓦砾清理，并对腾出的地块进行规划，将路基两旁土地变卖，商人们眼见有利可图，纷纷积极投入到这项工作中。

在1930年新出台的《广州市工务之实施计划》中，一份更为详细的马路建设方案随之出台。该方案分为市内及郊外两大部分，各由三期工程组成，总共规划了96条马路。其中市内一期郊外计划修筑马路22条，总长约27千米；郊外马路一期设计为11线，分布在市西、市东、市北和河南芳村各地，总长42千米。其所经田野，多可辟为住宅区，所联络各乡还是广州市各类生活资料的产地，所以程天固曾多次亲自巡视广州市郊，将马路工程的开展放在十分优先的地位[②]。1931年，长堤电灯局至爱群大厦（今沿江西路）的一段新堤建成。次年，新一期全市道路系统图绘制完毕，至此，广州中心城区道路系统的规划基本完成，而我们也可以从影像资料来感受当时新修成模范马路的真实样貌。（见图1-4）[③]。

---

① 《改建繁盛马路路面》，《广州民国日报》，1923年8月4日，第6版。

② 《规划郊外路线》，《广州市市政公报》第353号，1930年，第101-102页。

③ 《市府公布本市道路系统图》，《广州市政府市政公报》1932年第410期，第58页。

图 1-4　即将通车的广州模范马路（20 世纪 20 年代）

（图片来源：《时报》1923 年 4 月 30 日，第 16 版）

在为城市经济发展带来动力的同时，新式马路的修筑本身也是对城市空间格局加以改造的过程。1929 年，广州市前三期马路路线规划完毕，此后“市面日趋繁荣，近郊建筑物增加不少”。1933 年，在之前的道路建设基础上，广州市又确定了次要道路的施工原则：第一，根据干道方向以东西向或南北为宜，各地段取东西长方形，使南北向房屋增加，以符合市民南北向居住的习惯；第二，每大段内次要道路需要连接其他大段次要道路；第三，在可能的范围内，以直线为筑路原则；第四，酌量利用原有道路，以节约经费；第五，次要道路之间相隔距离应符合分区制标准。为保证建筑采光的性能，马路严格按照规定的宽度施工。其中市内马路宽 40~80 英尺（约 19~24 米），市郊马路宽 60 英尺（约 18 米）。在当时的施工纲要中，还规定马路应避免与铁路线平行，因为铁道部曾提议，修筑汽车线路，“对于铁路线应该居于衔接和支分地位，以资互助”①。

广州市内道路系统的逐渐完善，随即带来了两个显著的效应 。一是市内机动车数量的攀升。到 20 世纪 30 年代，全市公共汽车已有 15 条线路，每线 6 千米至 8 千米不等，共有汽车 146 辆。“县、市相连公共汽车共 7、8 线，车辆百余”。此外，还有计程汽车 20 辆、营业汽车 400 余辆、自用汽车 510 辆、公用汽车 448 辆，人力车 1 500 余辆②。

从 20 世纪初至 50 年代之前，人力手拉车长期扮演着不可替代的角色。这种运输方式在广州方言中被称为“坐车仔”，由于车夫熟悉广州各处街巷，可以按址送到。

① 《规划本市次要道路》（1933 年 9 月 22 日），广州市档案馆，档案号：0033-003-0244。

② 《广州市之工务概况》，《市政评论》1937 年第 5 卷第 7 期，第 41 页。

对于携带行李的乘客，十分便利。公共汽车尚未普及时，早在“拆城”之前，沙河龙洞到广州东山，乡民自发修筑干道，马车出租项目由此出现，农产品可以经此运至大东门外，再担至城内销售。前往白云山郊游的市民也会乘坐古色古香的客运马车。此外还有被称为“野鸡车”的出租小汽车，在繁华地段设置汽车公司，按时收费，还有一种是在大沙头广九车站、大东门、西濠口等地点泊车拉客，临时议价。这种车辆较为破旧，到1925年约有七八十部，始终占据着重要地位①。

二是城市公共交通系统的发展，这其中有轨电车和公共汽车扮演了很重要的角色。商业区位于市中心，地价高昂，其次是工业区，再向外是广大的居住区，这样对交通运力提出了更高要求②。有轨电车运力强、速度快、价格低廉、安全性高，因此广州曾有建设有轨电车的动议，计划以商办或市商合办的形式进行，不过由于当时局势不稳，所购铁轨长时间堆砌于荒郊。此后经过一番周折，广州市首先在一德路至广九车站之间铺轨，此后又在大东门惠爱路至丰宁路之间连接轨道。莫杨执掌电车时代，投资百万港币用以修筑马路，许与中国籍商人伍藉磐、英籍温哥华侨商三记等组织公司，所招外资比重不得超过1/3，须完全服从中国主权。由于轨道马路无法短时间修通，乃采用无轨铁车，结果屡屡发生行人惨遭碾毙的事件，时人称此车为“食人市虎”③。此后市长林云陔以电车、点灯、自来水等事业不可由商人承办为名，取消了电车公司的专利权。

1923年，加拿大籍商人蒋寿石回国。蒋氏曾是国民党加拿大支部组织者，对辛亥革命作出过贡献，眼见广州公共交通落后的状况，决定每月纳捐900元，在广州承办沿途搭客汽车。加拿大长途汽车不论远近，票价一律1角，“搭加拿大”一时成为潮流。受电车公司专利权限制，这种车仅设有7个座位，严重限制了运载力。1925年省港大罢工期间汽车停运。眼见长途汽车运营有利可图，有商人陆续向财厅申请承办。1925年起公开投承，以3年为一期。共设14座汽车30辆，开辟3条路线：红线从东山经百子路、惠爱路到财政厅；黄线从财厅经永汉路、长堤到西濠口，而绿线则由财厅经惠爱西路、丰宁路、太平北到普济桥④。

公共交通的发展，同时对公共配套设施提出了更高的要求。在20世纪20年代之前，广州公共汽车一向无固定停车地点，并且大量存在沿途接载搭客的现象，“对于交通，极有妨碍”。此前，市政府曾划定8处公共汽车停车点，分别为大沙头广九

---

① 文铁夫：《抗战前广州市公共客车史话》，载中国人民政治协商会议广东省广州市委员会文史资料研究委员会编《广州文史资料》第29辑（内部发行），1983，第182-185页。

② 罗季常：《改良广州市政计划草案》，《工学》1925年第1卷第4期，第68-69页。

③ 李宗黄：《模范之广州市》，第159-160页，载张妍、孙燕京主编《民国史料丛刊》第187卷，大象出版社，2009，第183-184页。

④ 文铁夫：《抗战前广州市公共客车史话》，载中国人民政治协商会议广东省广州市委员会文史资料研究委员会编《广州文史资料》1983年第29辑（内部发行），第186-189页。

车站、北园、广大路、西门、太平桥、邮政总局侧、黄沙车站、东山庙前。不过自20世纪20年代后期以来，公共汽车数量日益增加，开辟马路不断增多，这时广州的交通状况和过去相比，变化很大，原先划定的停车站早已不敷使用。此外，原有东山庙前西街停车站，面积较为狭窄，遂将该停车站撤销，其余原有停车站7处，拟照旧保留，并另增设车站6处：荔枝湾、观音山、中央公园前、沙河东山游艺会大东门、沙基路口东端和小北门①。

在20世纪30年代之前的广州，市内各条马路两旁均设有人行路，不过到20世纪30年代，市内各家汽车修理店，都会将车辆停占在人行路上。将车在马路与人行路交界处停放的行为，不仅涉嫌违章停车，对于出行市民而言，尤易发生危险。市政府由此规定，此后停放汽车应驶入店内，应移至规定之公共停车场②。

市内交通繁盛的一个副作用，就是交通事故的骤增。当时广州市内各长途汽车在运行过程中，时常发生碾伤或碾毙人命的严重事故，这些事故大多由于司机违章行驶，由于罚则太轻，"不足以臻而资遵守"。因此，市政府决定修正广州交规，规定车夫操业时，已有燃号灯、已鸣笛并遵守各项交规致人死伤者，第一次肇事，且伤人不致残废者，判决赔偿医药费，酌罚监禁；第二次肇事，伤人不致命而致残废者，令罚300元以上抚养金，吊销执照三年，监禁一月；第三次肇事并致人死亡者，赔偿500元以上棺殓费、终身吊销执照、监禁三个月并不准保释。此外，不燃号灯、不鸣汽笛致人死伤者，则由交通警察移送法庭，以过失致人死伤罪论处③。

此外在新交规中，汽车在市区内马路行驶，不得超过24千米/小时，在郊外不得超过50千米/小时；汽车通过路口，应在50米之外提前亮灯，表示行进方向，以便警察指挥。在繁盛街道行驶时，不得开放烟喉排泄恶臭气体。此外，汽车脚踏板及车尾之上不准站人，各种车辆依次行驶，车距应保持在2米以上④。除对机动车进行规制外，交规同时加强了对于行人行为的规范。在设有人行道之马路上，内街上之行人，须在人行路靠左行走，以免发生危险；在未设人行路及内街上之行人，亦须在马路左侧行走；在一些十字路口路面，已使用白瓷砖铺设的安全线，行人只能在此范围内行走；候车行人不得站立在道路中间；道路上的行人不得排成横排行走，以免阻碍交通。此外，婚丧仪仗或团体队伍游行，队伍应靠道路左侧前行，如有队伍过长的情形，应分段前行⑤。这时的马路也就成为一个充满危险，又同时被严格划分、管理的地方。

① 《公用局提议增设公共汽车停车处以利交通案》，《广州市市政公报》1930年第367号，第76-77页。
② 《公用局严禁汽车停放人行路》，《广州市市政公报》1933年第432期，第65页。
③ 《汽车夫伤毙人命论罪之规定》，《广州市市政公报》1928年第212-213号，第17页。
④ 《最近从新限制——汽车速率及取缔事项》，《方便月刊》1936年第3期，第89-90页。
⑤ 《最近规定人行路法则》，《方便月刊》1936年第3期，第89页。

第二节 城市主要分区规划及其考量

城市是一个复杂、庞大的社会体系，存在着发达的分工和专业化的协作，生产社会化程度更高，使得城市土地利用方式更为多样。位置与交通运输在城市土地利用中具有特殊的重要性，如果想要改变一块城市固定区域的土地用途，往往需要付出更大代价[①]。土地是各种城市经济活动的运行载体、城市居民生活的基本空间，更是城市生态经济运行的基础，城市土地利用结构与布局合理，就为建立城市的良好生态系统创造了基本的前提条件。

城市分区是城市规划与建设中的一项伟大创新，其中体现着设计师们对于一座城市土地利用及功能布局的总体考量[②]。清代广州城市的功能分区就已十分明显，其中行政机构所在地均位于广州城内中心位置，贡院、广府学宫、番禺学宫都位于城东面，旗营则驻扎于城西南，如此布局安排，主要是出于“权力分割与平衡”的考量[③]。而且这种城市格局的分布一直持续到拆城筑路之后。

“都市规划之要素，以全部都市为本位，除适应现实工商业情况外，还要预留将来发达变迁之地步，不致杂乱无章，市政者须有远大之眼光，与本市地理形势相适应，促进工商业、经济教育协同发展。”[④] 城市营造需要通过分区规划，并分段实行，其中工务部门承担了最为重要的一个环节。事实上，在市政公所时期，人们对于广州筑路依然缺乏总体的规划，直到 1921 年其被新成立的市政厅所取代，一个专门性的工务机构——工务局同时成立。此局的组织构架“较他局为大，用人亦较他局为多”，下有设计、建筑、取缔 3 课，其中设计课掌规划新辟街道、公园、市场、沟渠、桥梁、楼宇、水道等工程，测量、制图、印刷及保管仪器图箱，绘图工程事项；建筑课掌街道、公园、市场、沟渠、桥梁、楼宇、水道等建筑工程，修理及保养已见各种工程，工程估价及开投，一切危险建筑之拆毁；取缔课掌查勘取缔各项建筑工程，发给建筑凭照，监督公有建筑工程[⑤]。其中，早年留学英美、熟悉粤省民情的程天固曾两次担任工务局局长。程氏在任期间，在广州城市分区布局及重点工程的设计工作中，都发挥了十分重要的作用。

---

① 毕宝德主编《土地经济学》(第七版)，中国人民大学出版，2016，第 45-46 页。

② 仅 20 世纪 20—30 年代，就有董修甲著的《市政新论》(上海：商务印书馆 1924 年版)、《都市分区论》(上海：大东书局 1931 年版)；郑肇经编的《城市计画学》(上海：商务印书馆 1927 年版)以及刘黄惠编的《都市分区论》(杭州：浙西民族文化馆 1940 年版)等富有代表性的研究成果出版。

③ 孙翔：《民国时期广州居住规划建设研究》，广东人民出版社，2016，第 29 页。

④ 罗季常：《改良广州市政计划草案》，《工学》1925 年第 1 卷第 4 期，第 55-56 页。

⑤ 李宗黄：《模范之广州市》，第 62-63 页，载张妍、孙燕京主编《民国史料丛刊》第 187 卷，大象出版社，2009，第 86-87 页；广州年鉴编纂委员会编《广州年鉴》(上二)，第 8-9 页参见张妍、孙燕京主编《民国史料丛刊》第 1011 卷，大象出版社，2009，第 156-157 页等。

1922年,程天固仿照当时西方的做法,设立一处"审美委员会",由其专门负责审定涉及市容美感的公共建筑设计。值得一提的是,这不仅是广州市最早的城市建筑物设计机构,也是当时国内第一家城市建筑设计审查机构。六年后,"广州城市设计委员会"成立,这一机构主要负责全市设计规划事务,具体拟订城市改造计划,划分全市功能分区,拟定市内外重要交通路线,规划河道改良及码头设置,并负责绿化造林、公共娱乐场所、基础设施等项目。此后,由程天固兼任设计委员会主席。而在1929年广州市公布《广州市政实施计划书》和《广州市之建设计划》之后,程氏还亲自编制了《广州工务之实施计划》,对旧城改造、新区建设、公共设施等进行了论述。此后,广州的城市建设规划依旧在逐渐完善。1932年出台的《广州市城市设计概要草案》内容丰富,涉及城市面积、界限规划、人口增殖规划、道路系统及林荫道、公园地点规划、路面设计、铁路车站、港口、排水渠等十个大项①。

城市形态的演变,是社会、政治、经济、文化等各因素的综合体现,而从城市土地功能来说,可大致分为工业、仓储、交通运输、生活居住和绿化五大类型。其中道路广场用地和交通运输用地包括居住街区以外的主干道、次干道、支路、停车场及城市对外交通运输的铁路、公路、车站、港口码头、机场用地等②。为了通盘把握城市建设的方向,确定应采取的策略,对全市进行测量、获得翔实可靠的数据是必不可少的。不过由于缺乏足够的技术支撑,对全市的测量工作一直难以进行。直到20世纪30年代,市政府虽然在广州市设置了测量水准点,不过初期仅有87处设在郊外,另有103处设在市心,密度还不到1处/平方千米。从理论上来说,一个水准点标高的测量本可以在10分钟内完成,却由于点数太少且分布不均,经常会拖到半天以上。到1932年,市行政会议通过决议,同意花费3万余元采购仪器,并由工务局测量股组织水准测量组,分为4队,其中市中心2队,市郊2队。至此,测量市区标高工作的准备条件终于满足。

在测量方法上,是先将市中心原有之点做若干个二等水准环线测量,然后在各马路路口及街内酌情增加测量点数量。工作程序以渠务计划中的内容为依据,而郊外队则分为河北、河南两组,工作程序按广州市各期路线规划进行。先沿路测定水准点,将市中心及三年计划内各期马路两旁的水准点测完,然后参照道路系统,在所有干道旁测定水准点。此外,测量队还负责测定白云山等地,使测量点密度可以达到4~5点/平方千米。当时在广州市中心,有内街6 000余线,到1933年尚有千余条线路未经测量,于是,又重新设置6个测量组,其中4组在河北,2组在河南③。通过大量

① 邹东:《民国时期广州城市规划建设研究》,博士学位论文,华南理工大学,2012,第6页。

② 王祥荣:《城市生态学》,复旦大学出版社,2011,第138页。

③ 广州市政府编《广州市政府三年来施政报告书》,第5-6页,载张妍、孙燕京主编《民国史料丛刊》第192卷,大象出版社,2009,第37-38页。

繁重的测量工作，广州市各项地理数据逐渐被市政部门掌握。最新的城市土地类型分布状况随之公布（表 1-2）。而在掌握广州城市空间各项数据的同时，各类市政建设也因地制宜逐步展开，使这座城市发生了更大的变化。

表 1-2 20 世纪 30 年代广州市土地类型分布

类别	面积（万亩）	比重（%）
山地	500	17.24
水道	290	10
农地	1 500	51.72
林地	26	0.9
铺户	350	12.07
办公、慈善机构	13	0.45
学校	30	1.03
公园、植物园、寺庙	12	0.42
娱乐场所、跑马场	4	0.15
墓地、公墓	150	5.17
未建筑宅地	3	0.10
其他	21	0.74
总计	2 900	100

资料来源：广州年鉴编纂委员会编《广州年鉴（上一）》土地第三，第 5-6 页，参见张妍、孙燕京主编《民国史料丛刊》第 1010 卷，郑州：大象出版社 2009 年版，第 187-188 页。注：面积为当时预估数字。
注：1 亩 ≈666.7 平方米，以下同。

（一）行政中心与商业区的划分

1. 合署办公制度及其影响

20 世纪初广州城市功能区域的划分，一方面深受自然地理与历史传统的影响，同时也受到广州市政府及其相关部门的直接干预。就广州城市近代工业化的起步阶段，如何妥善划分市内各区域的问题，曾在社会上引起广泛的讨论。如行政区域作为一座城市的中枢，为方便支配全市各类事务，应设于市中心。清代，粤抚署及广州府署等官衙均分散建于广州城中，到了民国时期，为提高行政效率，减少冗费，使城市土地利用更为紧凑，合署办公的形式被广州市府与广东省府率先采用。

在原先的计划中，市府合署本以旧法国领事馆作为选址，不过此地地块狭长，不敷开展工程，如果收取民地用来扩大地盘，势必额外付出高额地价。此外旧法领馆此署地过于偏居东面，“非当全市行政区与中心，来往各路，究嫌狭窄”，并且“署内古木成林，空气清绝，在繁盛城市中，有此天然妙境，以供市民游息，实至难得”。最终建于中央公园，无须收用民地，市府面积仅占公园十分之一，公园原有部分可正常开放，旧领署也可开辟为公园，园中“百年古木，藉资保存，市内园林，将更因此而益增”[①]。合署新址南连惠爱中路，西通永汉北路，北接司后街。第一期先筑六局合署及礼堂，待“将来市政发达，自当扩充”。第一期建筑与礼堂建筑费共55万元，并“须能表现本国美术建筑之观念，而气象庄严，性质永久者为宗旨”[②]。

1934年9月，当时中华民国的首都南京率先实行市府合署制度[③]，同年11月，国民政府内政部认为“市府附属机关庞大，浪费公帑，且易发生推诿、重复、隔阂、濡滞、矛盾等情弊”，影响行政效率，要求以特别市为带头，各市府合署办公，“并指示紧缩范围”[④]。由此可见广州市在这一举措上的先进性。紧接着，上海等大城市相继开始效仿这一制度[⑤]。

而作为广东省城，广州的城市建设还要将省政府的办公地点纳入考虑范围。罗季常于1925年在《改良广州市政计划草案》中提出，将永汉南路、永汉北路、惠爱中路、维新路、文德路一带划作行政区域[⑥]。省府合署原先拟定在竹丝岗、马棚岗一带，在1930年确定的《广州市工务之实施计划》中，进一步提出以河南基立村以南的草芳、松冈、得胜冈一带作为市政中心的方案，此地地势高爽、形胜雄沉，被指定为省府合署所在地。该地按图树立界桩，岗地6段，坟墓3万余穴，界内有房70余间，连同土地依照土地征收法收用[⑦]。而永汉路一带原为交通要冲，如果适当加以利用，建筑市府合署，可以避免大兴土木。这样，省府在珠江南岸，“具环拱合抱之胜”，市府在珠江北岸，“有环中肆应之观”[⑧]。不过经过一番争论，直到1933年，省府合署最终定址石牌，省建设厅派技正胡朝栋等为专员，规划省府合署一事。省府合署由合署本区、住宅区、商业区和林场公园等部分组成，第一期工程就收用禾田271亩、水塘17亩，三期工程下来，共耗费195万元[⑨]。1934年，《省府合署办公办法大纲》颁布，省府合署的做法逐渐开始在全国各省推广[⑩]。

---

① 程天固编《广州市工务之实施计划》，1930，第79-80页。

② 《建筑市府合署之详细规则》，《广州市市政公报》1930年第343号，第9-10页。

③ 《京市府将完成合署办公》，《新闻报》1934年9月27日，第6版。

④ 《内政部通函：各市府应完成合署办公》，《新闻报》1934年11月15日，第6版。

⑤ 《沪市府合署办公之延期》，《时代日报》1935年8月23日，第4版。另据当时上海市政府的工作人员称，“各省省政府及各厅，多属监督性质，本市政府业务纷繁，除负监督所属机关外兼施执行之职，故合署办公事实上尚有困难”。参见《市府合署办公事实上尚有困难》，《新闻报》1935年5月7日，第9版。

⑥ 罗季常：《改良广州市政计划草案》，《工学》1925年第1卷第4期，第54-55页。

⑦ 《关于建筑省府合署收用土地案》，《广州市市政公报》1930年第375号，第81页。

⑧ 程天固编《广州市工务之实施计划》，1930，第79-80页。

⑨ 《核准建筑省府合署计划预算》，《广东省政府公布》1932年第198期，第81-82页。

⑩ 《省府合署办公办法大纲全文》，《中央周刊》1934年第319期，第275-276页

2. 带状商业区的形成

广州被誉为“千年商都”。到清代,广州的商业就已十分成熟繁盛。西关、南关、长堤一带,以及河南岛西北岸,就是远近闻名的商贸区域。商业区通常设立在交通便利之处,“通过商业区中心地,渐次向各区设立交通支线,与市主要道路相互连接。多设邮局、银行、公用电话,以便通报商情、周转灵敏。同一街区,杂以各种商店,以免市民奔走。且不许储藏危险品,以免火灾”[①]。

20 世纪 30 年代,在广州第一期马路修筑完成后,原先新城一带被重新作为商业区,早在清代,清水濠旁边的濠畔街就是商旅往来频繁的场所。相比其他区域,这些新辟马路的沿线及站点附近的地价都得到了极大的提升,如永汉南路、永汉北路、惠爱中路、维新路、文德路一带,因此在这些地方,为了充分利用宝贵的土地资源,建筑越建越高,住宅越来越拥挤;同时,高地价带来的高租金使银行、金融及百货商场之外的行业望而却步,成为大银行、大商场以及各行业公会云集之地。

值得一提的是,清代的广州就呈现出多核心发展的趋势。如西关金融商业发达,城东则是衙署林立、官僚聚居之所,水陆交通便利的南关,贸易十分繁盛。广州传统样式的商铺,多集中在长寿里一带,后来又逐渐形成兼营国货与洋货的店铺,不过这些店铺的规模一般都比较小。光绪三十三年(1907),光商公司成立于商业繁盛、建筑密集的十八甫,并首创分柜售货方式;宣统三年(1911),侨商在长堤开设先施百货公司。在城墙拆除之后,广州城市发展更是呈现出多点开花的多中心模式。20 世纪 30 年代,惠爱路、上下九路及长堤等传统商业中心都进行了重建,商业店面增加到 2 万余家。当时人们就注意到了这种现象,即广州与上海最大的不同之处是,上海的大公司和大商店,如先施、永安、新新、大新等,绝大多数聚集在南京路上,而广州却“并非完全集中于一处”,如大新公司总店在西濠口,分店在双门底,先施公司在长堤,安华公司在十八甫[②]。到 1935 年,十三行、十八甫、惠爱路、永汉北路等处的地价达到全市均价的 3 至 4 倍,而在永汉、靖海、太平、长寿 4 个警区范围中,聚集了广州市近半数的商店,且商店数与住户数之比达到 1∶2[③]。

民国时期,广州的金融呈现出三足鼎立状况。在中资银行中,有官办 2 家、商办 17 家,商办银行均被山西商人所控制,其中丝业银行、上海商业储蓄银行、兴中银行、国华银行位于十三行,广东银行、盐业银行、南方银行、嘉华银行位于西堤或西濠,国民商业储蓄银行、国货银行、金华银行、大中储蓄银行和五华银行位于太平、永汉及一

① 陈殿杰:《广州市分区制之研究》,《新广州》1930 年第 1 卷第 3 期,第 26 页。

② 倪锡英:《广州》,中华书局,1936,第 43 页。

③ 广州年鉴编纂委员会编《广州年鉴(上一)》,《土地第三》,第 12-13 页,载张妍、孙燕京主编《民国史料丛刊》第 1010 卷,大象出版社,2009,第 263-265 页。

德路一带[①]。另外还有外资银行7家,均位于长堤与沙面。20世纪初一个明显的变化,是商业区同住宅区的分离,也就是说在广州从事商业的人并不住在商业区甚至老城一带,而可能住在距离较远的东山,每当入夜,原本熙熙攘攘的商业区,也会恢复到安静的模样。

(二)工业区雏形的显露

大规模的城市建设浪潮离不开充足的物资供应,其背后更需要发达的制造工业提供支持。工业区域宜设立于水陆交通最便利之地点,各种工厂每日所需水量甚巨,宜接近海湾或沿河流之地;还要考虑设在城市下风向,以免全区遭煤烟之害。工人住宅接近工厂,以增加生产效率。广东是中国最早出现机器工业的地区之一,而"广州以商业旧都,欲进而跻于现代都市之列,则规划工业区以助其发展,直为都市本身发达上之所必需,非徒以远喧声、避烟尘者为然也"。在这座城市中,一年四季西风极少,因此西面的羊牯沙,西南面的石围塘、花地、大尾等岛,可免于煤烟熏扰之弊;石围塘为广三铁路之起点,而羊牯沙与粤汉铁路仅隔一水,且处于三江汇流之处,交通十分便利[②]。由于工厂所需水量很大,故应设于海湾和沿河流之地。因此决定符合条件的河南沿岸大沙头、黄埔、花地及广九军路一带要建立一个大的工业区,与正在规划的西村工业区相呼应[③]。到全面抗战爆发前,广东省初步奠定了以广州为中心的工业布局,突出表现为在西村和河南建成两大工业区,其中西村以化工为主,而河南则汇集了新开办的一批纺织厂、士敏土厂、钢铁厂和造船厂等轻重工业企业。

除此之外,土地资源丰富的广州城郊,如大沙头、黄埔、花地及广九铁路沿线,也适宜改造为工业区域。这里既得水陆交通之便,又是来往上海、香港、澳门及海外各埠的交通咽喉。而这一时期广州的工业规划,还体现了当政者对于产业布局、城市防卫及城乡之间关系的诸多考量。早在1931年,出于救济失业工人并在战时免遭地方窥伺的考虑,全省各县市行政会议筹备处会员、高要县县长马炳乾提议,将省营与军工有关的各个工厂,设于广州以外的省内其他重要城市。首先,面临当时全球性金融危机,商业凋敝,金融枯竭,国内工业也损失惨重,而"侨外失业或被排者复鱼贯返国,加以农产衰落、经济破产,满地哀鸿,若政府不为设法,将恐尽成饿殍矣"。此外,在《广东省三年施政计划》的"城市建设"部分中,有筹办省营工厂一项,这些工厂的产品多与军事有关。如果尽数设于广州,一旦将来爆发战争,由于沿海地带防御脆弱,到时任由敌舰、敌机往返,不是一个万全之策。而东、西、北三江上、中游地区有很

---

① 广州年鉴编纂委员会编《广州年鉴(上三)》,《经济第十》,第1页,载张妍、孙燕京主编《民国史料丛刊》第1012卷,大象出版社,2009,第103页。

② 陈殿杰:《广州市分区制之研究》,《新广州》1930年第1卷第3期,第27-28页。

③ 罗季常:《改良广州市政计划草案》,《工学》1924年第1卷第4期,第54-58页。

多重要城市，与广州之间均有水道、铁道相连，且生产成本较广州更低[①]。

广州城市建设的经验，还不同程度地从外界寻找参考。此前，香港当局鉴于当地德辅道、康乐道一带繁盛，而湾仔偏僻，则将火轮埠头迁此，后者日趋繁盛起来。时任广州市市长林云陔见状，认为广州市内同样“空地极多，荒凉无用，甚为可惜”，为加强土地合理开发和利用，繁盛区域之空责令限期建筑，倘若逾期，市府将其投变，所得款除费用外发还业主，僻远之空地由市府择地建为市场或娱乐场所，或勒令室内风俗场所迁出于此[②]。

（三）住宅区的聚集效应

居住功能是城市最基本的功能之一，换句话说，城市归根结底是为人类居住而服务的。因此人们对于居所营造方式的探索，始终伴随着城市的发展历程不断进步，人类的身心健康也与其居住条件之间存在莫大的关系。如果住宅环境不够安定适宜，不仅人的精神难以舒畅，其身体亦更容易罹患各类疾病，同时影响劳动力的生产效率。根据国外的统计，无家可归者的死亡率是国民平均水平的 25 倍，而临时住宿地（只提供床和早餐的廉价旅馆）居住者的死亡率是有住房者的 4~5 倍[③]。即便如此，今天很多发展中国家的城市，依然存在大量的贫民窟或棚户区，尤其在人口密集的大都市，棚户区与邻近的高档住宅楼往往形成鲜明的对比。

“住宅区域不宜设于交通路线之旁，以避噪音、尘埃之害，宜设于富有天然林或小河川草地之附近”。住宅区域道路与普通道路不同，“宜防止其音响，以谋市民居住之幽静”。日光空气是很重要的，住宅区域内需多植树木，并限制房屋高度。出于卫生考虑，区域内沟渠宜用暗渠，各住户下水与道路两旁暗渠连接。避免设置伤风败俗的营业设施，以免儿童受到恶劣影响。区域内禁止设立工厂。观音山、白云山、沙河东山一带，丘陵起伏，溪水回环，青草碧林，夕阳相映，既无购物之不便，又有赏山林之乐趣，诚难得之住宅区域也[④]。

19 世纪中后期以来，在上海、广州、天津、汉口等城市，市区范围不断扩大，其中容纳的人口不断增加。然而在这些城市之中，市民居住的条件却并未有显著的提高。在 1930 年前后的上海，尚有近 30 万人生活在“地狱一样”的贫民窟之中，在这些群体之中“死亡率比较大，不死的多有疾病，过着一种非人的生活”[⑤]。这种境况不仅对于市民身心健康发展大为不利，更影响了市容的美观，阻碍城市化的顺利进行。与此同时，在上海、汉口等城市中，还出现了所谓的“平民新村”构想。不同于之前自然形

---

① 《令发省营与军事有关之工业设立于广州以外之重要城市案参考》，《广东省政府公报》1931 年第 243 期，第 114-115 页。

② 《计划整理全市空地》，《广州市市政公报》1930 年第 354 号，第 110 页。

③ 马克·戈特迪纳、莱斯利·巴德：《城市研究核心概念》，邵文实译，江苏教育出版社，2013，第 70 页、第 164 页。

④ 罗季常：《改良广州市政计划草案》，《工学》1925 年第 1 卷第 4 期，第 55-56 页。

⑤ 吴铁城：《民国二十四年上海市政设施之方针》，《中央周报》1935 年第 348 期，第 343 页。

成的村庄,这种新兴的概念实际是建在郊区的集中式住宅区,用以安置城市中日益增长的人口。建设平民新村甚至被作为上海市政府1935年社会建设的第一重要事业,由此可见市政部门对于建设专门住宅区、改善市民居住环境的决心。

而早在1923年,广州市由行政会议通过的《开辟观音山公园及住宅区办法》就是近代广州第一个关于花园住宅区的实施方案,其中首次在招领办法中对建筑密度、容积率及建筑成本作出规定。尽管由于各方条件所限,此案并未得到完全实施,但其中相对成熟的规划还是为此后林云陔在东山等地建设模范住宅区提供了重要参考。

1. 东山的开发与模范住宅区

开发东山地区,实际上是20世纪初广州城市扩展的一个备选方案。尽管这里最初的开发和扩展,更多是出于教会和资本家的自发行为,其规模也不及此后的河南岛大开发,但东山住宅区的兴建十分具有代表性,可以被视为这一时期广州城市扩展的一个缩影,因此很有必要做单独的探讨。

东山地区位于广州城东门之外,在清代属于番禺县鹿步司。最初,这里建有一些寺庙、书院、东较场以及育婴堂、麻风院等慈善机构。由于地理位置相对偏僻,大部分古建直到民初都得以保留下来。如东山寺原名永泰寺,明成化二十一年(1485)由太监韦眷所建。明宪宗敕赐"永泰禅寺",因此当地人习惯称之为太监寺。清顺治七年(1650),总兵班志富重修该寺,分割前殿为真武庙,寺与庙从此分离。真武庙位于广州城东门外的姚家岗(又名七星岗)一地,因此在当地又俗称为东山庙。所谓"东山"一词,最初仅指环绕东山庙的一块区域[①]。东山地区原本坐落着3个自然村。山河村居民以姚姓居多,房屋简陋,高低不一,在东山形成街市后迁居异地。在寺右村,姚姓村民700余人居住在村东,梁姓300余人住在村西,均以务农为生,其东面有河涌从白云山流至珠江。另有一村名叫猪屎寮,村民平时以种菜和晒猪粪、运销肥料为生。

19世纪至20世纪之交,广州大东门外分布有正东门大街、北横街、文明里、紫来里等街区。其中有两条主路,一条与东濠涌平行,经永胜街、荣华里、北横街至北较场;另一条从三拱门出发,经永胜寺直通燕塘,北抵白云山。这些街道上,各类铺面鳞次栉比,说明在清代后期,东山地区靠近广州城的一些地方,经历了一定程度的自然发展。对比19世纪50年代《广东省城图》和19世纪90年代的《粤东省城图》(见本书第27页),我们可以发现在19世纪中期至20世纪初的近50年时间里,东山地区的街区格局与景观并未发生明显的变化。其中仅在东较场至东山庙以南的沿江地带,初步形成了一定规模的街区。此外,由于这里大部分还是荒冢林立、人烟稀少之地,最初政府并未将其划定为住宅区。即便是在民国初年,东山一带的道路也缺乏系

① 雷秀民、李国材等:《广州市东山六十年来发展概述》,载中国人民政治协商会议广东省广州市委员会文史资料研究委员会编《广州文史资料》1965年第14辑(内部发行),第86-87页。

统规划，“殊不划一，极不整齐”①。

在政府将这个东门外原本僻静的山岗地带正式纳入开发范围前，外国教会、外国归侨和军阀官僚分别在不同时期对此地的建设中发挥过主导作用。鸦片战争之后，清廷中止了此前打击天主教的政策。随着第二次鸦片战争中《天津条约》的签订，清政府更是放宽了传教士在各省买田租地以及建造教堂的限制。外国教会最初在广州城中及南堤一代设有教会和礼拜堂。伴随中国人中信教者逐渐增多，到清末，其势力发展到广州城东门外。此地据珠江北岸，有东控猎德、中流砥柱（清朝后期珠江北航道上的一座重要的炮台——中流砥柱炮台所在地）等具有军事价值的地点，西握广州水路交通咽喉，南与康乐隔江相望，形成掎角之势。当时西方列强已经在广州划定了势力范围，英、法在沙面，德国在芳村，而美国就以河南康乐和东山地区为其传教工作的大本营。其中美国浸信会侵入最早，在此势力最强。

培道学堂隶属于两广浸信会的南差会，原先在光绪十四年（1888）建于五仙门一带。因此地烟馆、赌馆、妓院林立，建筑用地面积狭小，南差会遂决定在东山地区新建校舍。不过由于外国人不能直接购买土地，乡民不肯轻易出卖祖宗公地给教会，教会便利用华人教徒，并于光绪二十九年（1903）购地建校。此外，神道学堂初设在姚家岗顶，于 1919 年迁至东山，旨在培养传教人员；还有培正中学、培坤女子中学、培灵幼儿园等各个层次的学校逐步建立，也为此后华侨来此置业提供了一个重要条件。嘉南堂是由两广浸信会教友成立的组织。清后期，其负责人为张立才、张新基，他们集合教友数百人，在龟岗一带集资购地建房。此地原为南越王冢遗址，因此在施工过程中发掘出数百件古物以及无数半两钱。不久后，龟岗一地工程按照划分的数段路线开工。与此同时，何礼匡与冯活泉二人经营的福音村，由于在东山东北部，交通不便，当地虽开辟过道路，但大多数投资者依旧秉持观望态度。直到 1932 年大马路的开辟，这里才迎来发展机遇，并成为模范村。在广州拆城筑路时，东山居民左吉帆组织仁发公司，购买瓦窑街东边鱼塘数段，利用拆城泥土和城基石将鱼塘填塞建房，恤孤院路南段至小涌，面积约有四五亩。早在拆城之前的 1915 年，一位名叫黄葵石的华侨从美洲回国，以较为低廉的价格，在东山购得官荒 18 亩，成为最早在广州东山经营房地产的侨商。东山一带离市区较近，没有城市那般喧嚣，同时比乡村繁华，由于很多归国华侨在国外已经皈依天主教，作为教会聚集之处，东山地区可以很好地满足其宗教生活需求，加之这里学校众多，为华侨子女入学教育提供了极大便利。此外，来到东山的归侨多数出身四邑（台山、开平、新会、恩平），彼此间乡土人情关系较浓，也加强了当地居住的聚集效应②。

① 黄菩生：《广州东山住宅区沿革之研究》，《南大经济》1934 年第 3 卷第 1 期，第 35-40 页。

② 雷秀民、李国材等：《广州市东山六十年来发展概述》，载中国人民政治协商会议广东省广州市委员会文史资料研究委员会编《广州文史资料》1965 年第 14 辑（内部发行），第 90-95 页、第 100-101 页。

直到 1917 年之后，才有置业公司开始到此正式经营地产。拆城筑路的举措，使广州地价迅速飞涨，地皮经营随之成为当时盈利最为丰厚的行业。到 20 世纪 20 年代，东山小学、东山公园、农业专门学校等一批官办事业及公立医学校，国民大学等一批民办事业在此落地。同时伴随东山地价的抬升，众多军阀、官僚纷纷到此置办地产，投资过程中，这些显贵往往倚势凌人，时常与从事地产的归侨之间发生冲突，土地买卖也多非公平交易，其中不乏诈骗和压迫手段。山河村、寺贝底村在教会的购地风潮中屡遭欺诈，被迫低价出售土地，“失去土地的农民只好外出佣工，有些流浪远至广西，从此音信断绝”[①]。

拆城筑路直接促成了广州地价的上涨。当时在南洋的华侨利用第一次世界大战带来的商机投身树胶生意，加之战后国际金价暴涨，不少华侨因此认为，回国投资经营土地是一个更为明智的选择，因此纷纷回国，将 1919—1924 年变为东山地产开发的第一个盛期，时人称之为“炒地皮”。在民国初年，东山未开发的土地价格每亩不过 300 元，经过规划的地段也不过每井（当时广州对房屋面积的计算单位，1 井 ≈ 11.11 平方米，以下同）百元左右，竹丝岗一带每亩更是仅几十元。在陈炯明兵变被平息后，国民党以广州为国民革命根据地，愈发重视土地及税收的问题。1923 年，孙科在呈广东省省长的一份名为《拟将河南宝岗地方规划开辟》报告中，认为河南宝岗一带“接近居民，面积广阔”，且为“河南适中之地点，如辟为马路，改作商场，自必日繁盛”。

不过到 20 世纪 20 年代后期，前有北伐军兴，后有国共关系破裂，广州局势始终难以平静，并对东山地区的地产业与房价造成了冲击。1929 年后，世界性金融危机爆发，受银价下跌的影响，在外华侨感到十分恐慌，因此大批回国。回到广州的侨商重操旧业，再度到东山开发地产，东山地价逐渐回升至每井 300~400 元，房屋租金亦升至 70~80 元，这可以看作第二个盛期。眼见东山地区地产再度回暖，广州人口日渐增加，“非展拓郊外住宅区，则居住问题，未易获相当解决”。市政府多次制定筹建模范住宅区的规则与章程。为继续发展城市交通、扩充市内区域，住宅区定址东沙马路、马棚、竹丝岗、萝岗等处，“俾市民领略清新空气，不独精神愉快，且卫生上亦受利益”，并组织“筹建模范住宅区委员会”。

模范住宅区划定范围庞大，东至浩东东路、仲元路、浩东南路，南至百子路，西至生才路、冠慈路、马棚路，西北至东沙马路以内全部地块。由于工程浩大且资金有限，整个工程被划定为 6 段，分段施工。第一段四至界限为东至冠慈路、执信路，西至公医院、马棚路，南至百子路，东至马棚路，面积 90 亩；第二段东至浩东路、仲元路，西至执信路，南至百子路，北至朱思南路，面积 126 亩；第三段东至执信路，西、南均至冠慈

---

① 卫恭：《在东山“炒地皮”的几个方面》，载中国人民政治协商广东省广州市委员会文史资料研究委员会编《广州文史资料》1965 年第 14 辑，第 117-118 页。

路，北至荫南路，面积 42 亩；第四段东至仲元路，西至执信路，南至竹丝南路，北至竹丝北路，面积 125 亩；第五段东至执信路，西至生才路，南至冠慈路、荫南路，北至东山马路，面积 107 亩；第六段东至浩东路、仲元路，西至执信路，南至竹丝北路，北至东沙马路，面积 122 亩，由于是执信学校所在地，因此暂不考虑施工①。20 世纪 20 年代东山模范住宅区马路修建情况见表 1-3。

表 1-3 20 世纪 20 年代东山模范住宅区马路修建情况

路名	等级	长度（英尺、米）	宽度（英尺、米）
生才路（白云路）	甲	1 000（304.8）	150（45.72）
东沙马路	甲	2000（609.6）	150（45.72）
执信路	乙	3 500（1066.8）	80（24.38）
百子路	乙	2 100（640.08）	80（24.38）
仲元路	丙	2 600（792.48）	60（18.29）
浩东路	丙	1 600（487.68）	60（18.29）
冠慈路	丁	1 800（548.64）	40（12.19）
竹丝北路	丁	1 200（365.76）	40（12.19）
竹丝南路	丁	1 500（457.2）	40（12.19）
荫南路	丁	450（137.16）	40（12.19）

资料来源：广州市工务局：《筹建广州市模范住宅区一览》，载孙翔著《民国时期广州居住规划建设研究》，广东人民出版社，2016，第 87 页。

在经过城市设计委员会工程师陈必得等人的实地勘测后，第一段工程于 1928 年开工，“各种筹备，甚为忙碌”②，市民纷纷迁居东沙、竹丝岗者甚众，“从前寂寞荒凉之地，一变而为风景清新的住宅区”。东郊安老院以南荒地由此成为广州首个模范住宅区域③。到 1930 年，这里竣工的住宅已不下十余间，所有第一期计划内的马路、暗渠等均已建筑完毕，市府拟将模范区南便共和市及新旧市一带空地收管，继续第二期工程，竣工后“可与香港九龙并驾齐驱”④。

此外，1929 年，东山松岗模范住宅区及其道路工程由景升公司开工，并于次年竣工⑤。该模范区距东山车站仅 1 千米，而新修的两条马路位于安老院之南，广九铁路之北，东至自来水塔，西至仲恺公园。一条马路长约 807 米，宽 40 英尺（约 12 米）；

① 广州市工务局：《筹建广州市模范住宅区一览》，1929，第 1 页。
② 《市府筹建模范住宅区之进行》，《广州市市政公报》1928 年第 297 号，第 9 页。
③ 《着手建筑第一个模范住宅区》，《广州市市政公报》1929 年第 328 号，第 49 页。
④ 《扩大东山模范住宅区》，《广州市市政公报》1930 年第 361 号，第 36-37 页。
⑤ 《派员验收模范住宅区马路工程案》，《广州市市政公报》1930 年第 373 号，第 66 页。

另一条马路长300米,宽30英尺(约9米)。两路均东西向。东住宅区分甲、乙、丙三类,甲24间,每间48井,乙31间,每间30井,丙35间,每间20井,甲类建于第一条马路,乙、丙建于第二条马路。甲、乙房户向南,丙向北。为促进东山住宅区开发,工务局专门制定模范住宅区奖励建筑办法,规定在马路修成一个月至半年内,兴工建筑者,免建筑照费并减收建筑附加费①。与此同时,体育会及各类中小学等市营公办事业也纷纷在此设立。到1933年,除已开工各项工程纷纷竣工外,工务局还在规划马鞍山、青菜岗、石牌园林、北校场、飞来庙等住宅区,"可建屋宇数千间,广州老城区密度可借此调剂"②。

如前所述,在东山地区的前期开发中,外国教会及其影响力是一项重要驱动因素。根据1933年社会局的人口调查,当时东山地区有1 816户住户,人口超过11 600人。这其中,基督教徒超过500人,而居住广州一年以上五年以下者占到4成,因为很多居民是回国不久的华侨,东山也由此成为广州市归侨最为密集的区域。还有2成是在广州居住十年以上的居民,这些人大多是从广州市的其他地方迁入东山新住宅区的。到20世纪20年代后期,东山以东直至石牌,均有置业公司经营土地,而"该区一带落后农村,将取代往日的西关,一变而为广州最重要的近代住宅区"③。广州城市的设计者们眼见各国有"园林新市之组织"以改良都市环境,使人们既得城市之中便利条件,又可以享受清幽风景。而之前的模范住宅区面积有限,遂规划中山公园住宅区,面积650亩,可容纳万人居住④。在1937年的广州城市道路地图中可以看出,东山地区已经基本形成先前规划的格局形态。

经过十余年的开发,东山住宅建设区初见成效,一些社会名流也相继来此置业。其中既有在南京政府担任要员的胡汉民、谭延闿、白崇禧等人物,也吸引了诸如广州警察厅厅长魏邦平、广东空军司令黄光锐等广东军政界代表,广州东山由此成为远近闻名的西方花园洋房风格的住宅区(图1-5)。

在竹丝岗和马棚岗住宅区施工的同时,其间修筑起同心圆式的道路网,庞大的住宅区内,新修马路的总长超过31 000英尺(约9 450米),道路平均宽度也达到60英尺(约18米)⑤。小区整体也由此呈现出椭圆状。此外,工务局及施工公司在竹丝岗、马棚岗小区另辟道路,作为通往外界的干道,北连黄埔大道,南接百子路。

① 《松冈模范住宅区马路完成》,《广州市市政公报》1930年第366号,第29页。
② 《工务局展拓郊外住宅区》,《广州市政府市政公报》1933年第416期,第60页。
③ 黄菩生:《广州东山住宅区沿革之研究》,《南大经济》1934年第3卷第1期,第40页。
④ 《工务局计划中山公园住宅区》,《广州市政府市政公报》1935年第502期,第170页。
⑤ 《展筑东沙住宅区各马路》,《广州市政府市政公报》1932年第395期,第90页。

图 1-5 20 世纪 40 年代的东山新式住宅区俯瞰

（图片来源:《民用航空队半月刊》1948 年第 2 卷第 7 期,第 14 页）

2. 雨后春笋般出现的市郊新村

在评价广州的田园都市建设时,有学者认为,当时广州的城市管理者“通过新式模范住宅区的建设来引导广州早期田园城市发展”,从而实现其政治理想,并在一定程度上吸引了华侨投资,此举顺应了广州城市化的需要,极大地促进了广州社会经济发展。而这一时期广州田园都市的建筑,实质上是“服务于中上阶层的新型郊区化住宅建设”。由于社会发展过程中客观存在的局限性,广州致力建设的田园都市,不可能是真正意义上的、通往明日之路的“田园城市”①。不过,笔者在对更多史料进行分析后认为,此观点实有值得商榷之处。正如芒福德所认为的,一座城市如果不能控制用地的发展,就不能控制其自身的发展。从 19 世纪起,城市不是被当作一个公共机构,而是一个私人的商业冒险事业。因此田园都市思想中土地全部公有的做法,实际上标志着“对城市的经济和政府这两个概念的一个转折点”②。

所谓“新村”,与乡村并无太大关系,而是一种新型的住宅区,当时其中居民多为工人或贫民。在新村中,并不具备供其中居民生产的工具或场地,仅是居民居住生活的地方,这一点与乡村迥然不同。通过这种形式,城市中的经济生产逐渐集中于固定区域,变得更为专业化、种类化。平民住宅区的构想及建设,显然受到城市分区制的影响。如上海浦东职工新村,占地 6 亩有余,甲种造价 330 元,每月租金 3 元,乙种造价 350 元,每月 4 元,这样的租金比市内其他地区便宜近三分之一,被评价为“村舍新模范,社会新仪行”。不过这类新村对于使用者的经济条件有着较为严格的规定,即租住者月收入需在 40 元以内③,为的就是照顾到经济条件较为薄弱的人,尤其是贫苦阶层(图 1-6)。

① 孙翔:《民国时期广州居住规划建设研究》,广东人民出版社,2016,第 97-101 页、第 102 页。

② 刘易斯·芒福德:《城市发展史——起源、演变与前景》,宋俊岭、宋一然译,上海三联书店,2018,第 399 页。

③ 冯鸣钦:《上海青年会浦东劳工新村十周纪念感言》,《上海青年》1935 年第 35 卷第 35 期,第 15-16 页。

图 1-6 浦东新村中的甲、乙两种住宅

（资料来源:《上海青年会浦东劳工新村十周纪念感言》,《上海青年》1935 年第 35 卷第 35 期,第 16-17 页）

同样的情况在广州依旧存在。当城墙一夜之间被拆除,城市迅速向城外延伸。不过直到 20 世纪 20 年代,广州市郊的劳工住宅,“大都卑陋湫隘,不合卫生,易染疾疫,妨害健康,危及生命,又无休养及育乐场所,长此以往,影响生产效率及工业发展”①。这一时期,教会新村、劳工新村以及华侨新村在中国各大城市中被建立起来,尤其是劳工新村如雨后春笋般出现,这是一个值得注意的现象。这种现象一方面与工业的发展息息相关,另一方面更说明包括政府和城市设计者在内的很多人已经开始重视城市居民尤其是工人群体的身心健康与居住环境。在此之前,同省的著名侨乡——汕头,在西堤厦岭港、龙舌埔等地兴建了平民新村,在全国范围内亦有一定名气。政府明确规定所有无产阶级、品行端正者可入住新村。此新村拥有一个系统完善的公社,且赏罚标准明确②。这对广州新村建设来说也是一股强大的推动力。

劳工新村的建设,“实行村治,与慈善迥异,与营利有别”,并且“秉持友爱、互助、清洁、俭约、节制原则,改良劳工生活,养成闾里自治,逐渐推广,由此达到建设健全新社会的目的”,借此实现“宪政发皇、民族昌大”的宏大目标。劳工新村旨在为广大工人阶层提供便宜的租房住所,改良劳工家庭生活状况,并补授其子女的基础教育。新村中还具备卫生医疗设施,还要担负起训练劳工自治和四权的使用,使其养成善良的风俗习惯。在建造新村的过程中,市政部门充分遵循最新制订的建筑规章,如注意与附近工厂的位置关系,充分考虑居住及出行的便利程度,在空旷地带种植花木,用以美化环境,并于地势低洼处筑堤植树,以防水患。此外,这类新村的设计建造还将节约环保的因素充分考虑在内,如建筑材料宜利用废旧建筑物,以减少建筑费用。市郊新村的出现,对于生活在其中的贫民来说,是一种良好的福利。不过对其来讲,新村中所制定的严格的规章也是其必须遵守的。首先,人们被要求爱护公共环境卫生;其

① 巨壑:《劳工新村设施大纲》,《劳工月刊》1933 年第 2 卷第 1 期,第 81-82 页。

② 《汕头市平民新村章程草案》,《广东建设公报》1928 年第 2 卷第 11 期,第 42-45 页。

次，吸食鸦片、赌博、斗殴、偷窃以及迷信等一切伤风败俗的事物在新村中是绝对被禁止的①。

由于农村经济崩溃，大量人口涌入城市寻找生存之所。当时广州警界面积不过28 000亩，却容纳了近百万人口。住宅问题是首要的，扩充和改造住宅区就是最为理想而有效的解决办法。政府提出向郊外发展，远尘嚣、便交通、适卫生的目标。到1930年，已经建成松冈模范住宅区、西村第一平民住宅区、河南岛草芳闸外第二平民住宅区，并将东沙住宅区扩充至青菜岗、蚬壳岗，并增辟白蚬岗一带。东郊梅花村住宅区，屋宇建筑日多，市尘远隔，居民殊感不便。该住宅区1933年10月动工，1934年6月完工②。

为了杜绝新建住宅区中存在的乱象，1936年，广州市对住宅区的街道和住宅建设标准进行了设定。其中街道最低限度须铺设花砂碎石，正街宽度不小于16米，转弯角半径为5米，屋后横巷不小于8米，并需设置三合土渠道，与邻近总管接驳，在街道两旁每间隔30米建筑沙井一个。街道宽度达到16米，应设有3米宽的人行路；街宽11米，设人行路2米；街宽8米以下则不设人行路。拟建住宅地段不小于280平方米，住宅面积不小于该地段面积的一半；一层不得低于3米，其余各层不得低于2.5米；临街墙角外线与人行路边线距离不得小于6米；屋宇两旁距该地段边线不得小于2.5米。每户至少设水厕一个，每屋建化粪池一个，厨房须设烟道。住宅墙壁用耐久坚实物料砌筑，不得使用泥砖或有碍公共安全者③。

与此同时，时人纷纷撰文讨论平民住宅区建设的方略。建筑房屋最紧要的事即多留空地，因为要保证良好的光线和新鲜的空气，而房屋布局和居住人数也是重要问题，住宅高度不能超过道路宽度，户间宽度至少90步，窗宽不小于房间宽度的七分之一，每个成年人应保证400立方步空气的容量。孙中山认为，为了提高市民生活水平，应由政府设立大规模工厂，制造建筑材料，供市民以较低价格购买。还有人认为，当时中国的住宅政策应当分为积极和消极两条路线。消极路线包括禁止人民居住地窟和茅屋、取缔不符合卫生条件的旧式建筑、限制房屋居住人数等；而积极路线则有政府设法奖励私人团体建筑平民住宅，政府借建筑费于市民，为减轻其经济负担，还规定利率不得超过3厘。必要时政府和民间组织建筑社，政府应收买廉价土地作为建筑用地。在可能范围内，由政府直接出面，建造平民住宅租售给居民。“租也可，卖也可，惟在不谋利而已”④。

有学者在分析当时中国的家庭构成情况后，认为新村规格还是以集合住宅形式

① 巨鏊：《劳工新村设施大纲》，《劳工月刊》1933年第2卷第1期，第81-85页、第88页。

② 广州市政府编《广州市政府三年来施政报告书》，第63-64页，载张妍、孙燕京主编《民国史料丛刊》第192卷，大象出版社，2009，第95-96页。

③ 《广州市新式住宅区域自辟街道规则》，《广州市政府市政公报》1936年第526期，第35-37页。

④ 曹雄：《建造平民住宅的方策》，《广州市市政公报》1931年第381号，第4-9页。

为宜[①]。而根据统计，新中国成立后至改革开放前，广州尚存和平新村、冼家庄小区、幸福新村、西村新村、黑山新村、象岗小区、田心新村、邮电工人新村、纺织路小区、素社新村、云桂新村、南园新村、万松园小区、凤凰新村、五一新村、沙园新村等十余个大型工人新村，还有流花新村、大沙头小区、黄花新村等十余个单位住宅区。20 世纪 40 年代，广州市还在东川路、百子路之间建成华侨新村，共建房屋 117 间，分为甲、乙、丙、丁、戊五种，采用现代园林屋式，公开租给归侨居住或经商，并开辟沥青马路直通白云、百子路，市府向四联总厨借款 200 亿法币[②]。受到金融波动的影响，各项应用材料未能估价购入，市政府提议针对社会普遍投承，以免少数投承者操纵[③]。新村在广州市郊成规模地出现，极大重塑了广州城市的空间格局。

第三节　街区变迁及其推动因素

（一）西关老城格局的演替

明末清初，广州城市就已突破城墙界限，在几个城门外形成若干大小不一的城关，其中最著名的便是西关。当时在"十三行"码头的牵引下，广州城市向西拓展，西关地区得到进一步开发，由此成为一个店铺、商户林立的地方。此地濒临两江汇流之处，航运便利，一座座被称为"水脚"的码头沿濠渠而建，体现了内河航运的繁荣。作为当时广州最重要的商业地带之一，其房屋建筑和人口密度都十分惊人。宣统《南海县志》还记载清末西关街道"增益不止十之六七"，西关一带地名也接近 1 600 个，人口接近 30 万，其繁盛程度由此可见[④]。

民国初期，当地人普遍认为在广州实际存在三种不同样态的社会：东山是最洋气、最摩登的区域，老城范围次之，而西关仍旧保留大部分古旧之风。东面与西面，不论房屋样式、居民社会阶层、精神面貌以及生活场景都存在很大差异。如日常称呼，东山多称先生、姑娘、君等，西关则惯称老爷、太太、少爷等[⑤]。时人评价"往昔拆城筑路以前，城西风俗语言，与城北略异，殆成对峙之势，逮市政肇兴，城内各马路渐次星举，而西关仍守其旧式街道"[⑥]。

---

① 陈殿杰：《广州市分区制之研究》，《新广州》1930 年第 1 卷第 3 期，第 23-26 页。

② 《穗市府着手建华侨新村，共建房屋约一百十五间》，《开平华侨月刊》1948 年第 2 卷第 1 期，第 38-39 页。

③ 《广州建筑华侨新村因金融波动未开工》，《开平华侨月刊》1947 年第 1 期，第 39 页。

④ 张凤喈等修；桂坫等纂：《南海县志》卷 3，《舆地略二》，清宣统三年刻本。

⑤ 莫绚昉：《广州的西关小姐》，《十日谈》1934 年第 16 期，第 15-16 页。

⑥ 广州市政府：《广东市政报告汇编》，1928，第 7 页。

图 1-7 清末西关十八甫街景

（图片来源：大成老旧刊全文数据库——老照片）

从街区发展的角度看，西关地区人口、建筑密度过大（图 1-7），一旦某处发生火灾，不仅外界难以施救，就连附近的铺面街道都无法幸免，加之有匪徒趁火打劫，往往更易造成治安上的混乱①。

1920 年 1 月 5 日，位于西关长乐街 28 号的鸿升爆竹店，工作人员在装箱时，不慎将地雷炮从楼上坠落，铺面顿时燃起大火，当场炸死店员 2 名，并有五六名行人受伤。更为糟糕的是，店内爆竹、对联、纸料、油烛等物均为易燃品，加之当时西北风强劲，因此即使海军投入救火，火势也难以迅速控制，以致在广州老城任何一处的夜幕中都可以目睹到冲天的火光。在此次大火中，长乐街 1 至 37 号、兴隆大街 1 至 35 号全部烧毁，受灾最为严重。此外，显镇坊、白米街、溶花街、琼花直街、兴隆中街以及十三行共烧毁铺面 300 余间，损失达到 300 万元②。1921 年，西关一带再次发生大火，殃及靖远、同兴、同安、同文等 6 条街道。不过在西关的大火中，很多旧建筑被清除，从而为新的城市建设预留了足够的空间。广州市政府终于决定将这些路段铺户收用，改建马路，并拟定收用办法，由市行政委员会讨论表决。

根据地点的繁盛程度，划定范围内的街区被分为甲、乙、丙、丁 4 等，其中靖远、同兴西街为甲等，荣阳街、德兴西街为乙等，荣阳横街、同安街为丙等，同文街为丁等。各街南端在收用界限之内，连接二马路之铺另外定价，北端连接十三行，西连联兴街

① 《广州火警》，《申报》1894 年 5 月 3 日，第 1 版；《连日火灾》，《申报》1895 年 2 月 8 日，第 2 版。

② 《粤垣西关大火纪》，《申报》1920 年 1 月 11 日，第 7 版。

各铺列为甲等,东段豆栏东各铺列为乙等[①]。这样,十三行6条街道得以与沙基一并成为西关地区最早的新式马路。次年,市政府决定继续开辟西关马路,由长堤经沙基至粤汉车站,直通西村,环绕西关[②]。

1928年,又建成主城显镇坊、杉木栏、菜栏街,接驳十八甫与沙基之路。当时正在施工的路段,一为扬巷出长寿里,转玉器墟,至顺母桥之马路;二为顺母桥经晚景园,沿带河基至龙津桥之马路。两条马路一旦筑成,上西关由龙津桥起,向东西两个方向兴筑,向东筑一路,经芦排巷青紫坊,直出大围,向西筑一路,经上龙津,过龙津首、二约,至三圣社,转宝华街出观澜街,又可接驳观音桥马路。工务局更为关注下西关马路,十五甫至黄沙,由宝庆街直出多宝大街,南下至如意坊,修成后,可直接由观音桥到黄沙,中经荔枝湾,交通便利[③]。尽管如此,西关地区建筑密集的状况在短时间内仍难以彻底解决。这一年的12月15日晚7时许,西关上兴街一带又燃起大火,火势猛烈,直到夜里10时方才基本扑灭。此次大火,又吞噬了各类铺户数十家[④]。

1929年,为扩展西关地区的建成区,工务局提议规划西关西部马路。其中一条由十五甫、宝华市已建成马路起,经宝庆新街、多宝大街,至时敏桥,长约800米,宽18米;一条由时敏桥桥脚起,跨过粤汉铁路,到如意坊河岸,长610米,宽18米。马路用4英寸(约10厘米)花砂和6英寸(约15厘米)厚石铺底,并用沥青铺盖,两旁修筑80厘米直径的士敏三合土暗渠,用40厘米直径的瓦渠筒接驳两旁铺户。筑路工程耗费15万元,并赔偿占地搬迁费总计1万元。

新式马路的修筑,不仅改变了街区形态,更是促进本地区土地产权与社会关系变迁的一项要因。在那些工程中因土地征收而失业的铺客,如果持有铺底登记证明,马路修成后还可在此重新开业;如果是市政府令其迁徙,则应照赔偿产价1/3给予搬迁费。对于铺户全间被征用者,其失业铺客,即使尚未完成铺底登记,只要在此处营业5年以上,也可以得到产价3%的赔偿作为搬迁费。所有全割住户及全割铺户各项租客,均依照产价2%作为搬迁费。所有征地的相关者都可得到相应的补偿。另外,马路与各铺户之间的零碎土地也得到了妥善安置。一般来说,这些土地后方以及左右相邻铺主有优先承领权。工务局要求其于布告拆迁之日起60日内,将规定补偿5倍地价申报,限60日内承领完毕。而不及4英尺土地的租客,给价1/3饬令迁出,所有旧日租约和铺底权利作废。这样,十五甫宝华市得到每井500元的补偿,宝庆市、多宝大街、逢源西街每井补偿300元。本次马路工程援照十八甫各路的案例,将所有车捐全部用于维持路政。将来路成之后再建铺屋时,有铺底登记者,由铺客承担建费,

① 《广州西关筑路之讨论》,《道路月刊》1922年第2卷第2期,第43页。
② 《市政局决开西关马路》,《新闻报》1922年1月3日,第6版。
③ 《兴筑西关马路之形势》,《广州市市政公报》1928年第298号,第7页。
④ 《广州西关上兴街大火》,1928年12月18日,第8版。

无手续者由业主出资改建①。

尽管新式马路纷纷修通，相关基础设施却没有跟上工程进度。以致每当入夜，马路沿线变得黑暗异常，对车辆通行及行人过路“极为障碍”。公用局局长冯伟见此，在上下九至善存路，铺设100支烛光大号电胆，而十八甫至靖远路一段使用五头电灯②。1930年，由丰宁路经二围街、第六甫水脚、第六甫锦云里、青紫坊、芦排巷直达泮塘三圣社的马路继续施工，两旁铺户继续按照划定尺寸拆让，第六甫水脚跨过城濠新建一座铁桥③。同年，西关多宝街和宝庆新街马路通车，市民游览荔枝湾可以乘车直达多宝桥，直通黄沙如意坊马路。多宝路第二段也已开工，由多宝桥侧起沿河堤经荔香园直达泮塘涌，与多宝路形成丁字形，长3000英尺（约900米）、宽100英尺（约30米）。此路仿照巴黎式设计，内栽美丽花木，并设置人行座椅。其中荔枝湾为当时广州唯一的消暑地，每当夕阳西下，游人如织，扁舟一叶，荡漾中流，不亚于西子秦淮④。到20世纪40年代，西关地区已经形成纵以华贵、宝华、文昌，横以龙津、长寿、上下九等主要马路构成的道路网。西关与老城地区，以及上、下西关之间，都有马路直接连通。

对比1900年《粤东省城图》和1947年《再新大广州市马路图》，可以发现西关地区发生的深刻变迁：其一，西关地区城建区域明显扩大；其二，西关地区道路走向与基本形态发生了明显变化；其三，西关地区道路宽度较之前得到明显提升，各级道路衔接更为紧凑，道路体系更为合理。

（二）大沙头

与西关相比，大沙头的开发呈现出不同的路径与特征。光绪三十二年（1906），广九铁路动工建设。这条区际铁路，连接广州东南方向的东莞、深圳和香港九龙，为华南珠江三角洲地区重要的干线铁路⑤。宣统三年（1911），铁路全线贯通，总长150千米。由于涉及出境问题，线路被划分为华段与英段两部分，其中大沙头至深圳段为华段，由粤省自行督修；自深圳至香港九龙为英段。

大沙头是广九线的起点站。此地位于珠江北岸，由珠江上游夹带的泥沙沉积形成，四面环水，故名大沙头。清代，大沙头一带属番禺县辖制，是番禺县四司基层自治组织——册金局的财产。至清末，大沙头已由私产转为官产。大沙头车站的位置十分优越，由此可以径直由东门进城。车站南与东堤、沙面相对，西有广九线石围塘车

---

① 《广州市工务局提议兴筑西关西部马路》，《广州市市政公报》1929年第323-324号，第36页。

② 《安装西关各马路电灯》，《广州市市政公报》1929年第340号，第45-46页。

③ 《西关新筑马路工程之近状》，《广州市市政公报》1930年第351号，第22-23页。

④ 《荔湾辟筑美丽公园》，《广州市市政公报》1930年第361号，第36页。

⑤ 鉴于广九铁路在中国历史上的特殊地位，2019年4月12日，广九铁路工程入选由中国科协调宣部主办，中国科协创新战略研究院、中国城市规划学会共同承办的“中国工业遗产保护名录（第二批）”。载中国科协创新战略研究院、中国城市规划学会：《中国工业遗产保护名录（第二批）名单》，《今日科苑》2019年第5期，第84-91页。

站坐落，北与东山游艺会相连。随着江心洲逐渐并岸发展，横沙、大沙头、二沙头面积不断扩大，一河两岸，风景甚佳。不少疍家船艇因其交通便利，在此聚族而居。由于大沙头一带均为沙质土，这种土壤呈灰褐色，在冬天经过阳光照晒后，呈现出白色，且因富于腐殖质而肥力理想，也有疍民在此大量种植水稻。在地势略高处，疍民还建起木屋，营业商店。后来疍民联合起来，出资出力，在岛周围建起围基，以防范水患。至此，围基地带的房屋铺户日渐增多。

大沙头同样是花舫麇集之所。广东巡警局多次劝谕这些色情行业从业者改行为生，令其上岸居住，不许再寄居舟中。不过"若辈河面谋生已成习惯，一旦舍舟登陆，经营不易"，此事遂暂且搁置。直到宣统元年正月初七（1909 年 1 月 30 日），大沙头一艘花艇起火，迅速波及附近船只，从而引发一场大的灾难，此次大火"烧毙饮客、妓女、工伴三四百人，烧毁各种船艇三四十号"①。借此机会，广东巡警道督饬广州府及南番二县监督大沙头一带花艇，严禁其复业②。1915 年，省财政厅首次提出开发大沙头计划，内含车站（图 1-8）、堤岸、马路、铁桥、官码头等工程③。

图 1-8　民国初期的大沙头车站

（资料来源：广九铁路车务处编：《广九铁路旅行指南》，1916，第 122 页）

在面积有限的大沙头建设商业区还是住宅区，就此问题，广州市府与广东省府之间的意见出现了分歧。其中省建设厅技师胡栋朝认为大沙头紧临市区，水陆交通利便，商贾辐辏，加之马路宽敞，提出了商业区开发计划。将东堤、河南尾竹桥头等处的花舫迁至该岛河面，并由政府统一兴建商店铺户，使人口聚集增加，待到"人烟稠密，则商业自然畅盛"④。

---

① 《广州大沙头火劫详情》，《时报》1909 年 2 月 6 日，第 5 版。

② 《严禁大沙头复业之督批》，《时报》1909 年 2 月 15 日，第 5 版。

③ 《广东新辟大沙头办法》，《新闻报》1915 年 2 月 21 日，第 5 版。

④ 《胡栋朝条陈发展大沙头商业区计划》，《广东建设月刊》1932 年第 1 卷第 1 期，第 16-17 页。

根据广州市1926年的人口统计，全市疍民数量超过了10万；而根据管理疍民生计的广州海员工会与省河民船工会的意见，广州疍民人口的数字足有20余万①。其船艇在珠江上组成了“水上街区”，几乎占满了珠江航道②，被视为“没有土地支持的商业阶层，或无法上岸的疍家自主形成的城市空间，其起源于土地稀缺和阶层歧视之下，对物理空间最大程度的开发”③。当时，部分条件较好的疍民已经登陆生活，男人登陆做工，女人则以撑船为业，务农者很少。而生活在广州的居民已经认为“广州的疍户，和陆上的非疍族‘已进入同化时期’”④。梁溥将疍家登陆搭建的住处称为“陆上巢穴”，排列与水陆交界处⑤。陆上巢穴一般分为两种，一种仿照南方传统吊脚楼样式搭建，还设有梯或桥以便出入；另一种则是简易的篷以遮挡风雨日光，内部装饰仍如船艇，人甚至无法直起腰（图1-9）。大沙头被划为商业区用地后，广东省政府要求当地疍民在1个月内将所建茅寮木屋全部拆迁，“倘再违延，定即饬警督拆”⑥。

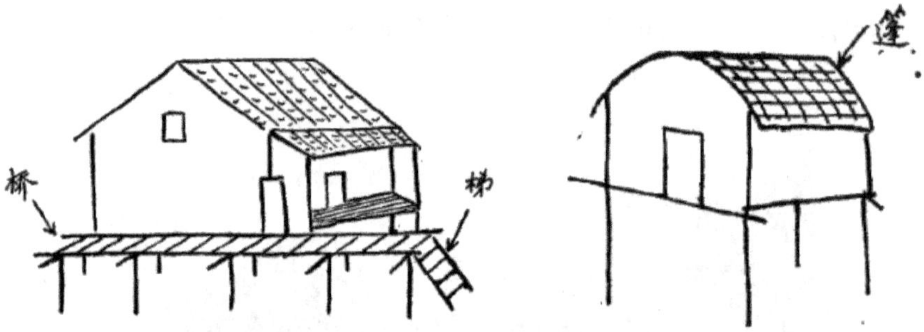

图1-9 疍民在珠江岸边搭建的棚屋

（图片来源：梁溥：《河南岛聚落地理》，《勷勤大学季刊》1935年第1卷第1期，第194-195页）

珠江广州段河道流经大沙头，则一分为二，从广九铁路车站附近的东濠桥起，到东山水上游泳会止，与大沙头一水之隔，形成一条长6 000英尺（约2 000米），宽300英尺（约100米）的河道。河上原本搭建一座木桥，供行人出入，却逐渐年久失修，木头朽烂，这时的大沙头“宛如孤岛，屹立江心”。1931年，广州市工务局利用疏浚珠江河道挖出的河泥，将大沙头北面河道填塞，使东山与大沙头连成一片。并在东堤展筑堤岸，与大沙头贞固街相连，“使大沙头荒落之区，立变为繁华热闹”。填塞河道使此地增加了约200亩土地，用于建筑房屋。为进一步繁荣大沙头及东山地区，工务局还

① 赵孟飞：《珠江的疍民》，《民锋半月刊》1939年第7期，第18-21页。

② 克鲁森·什特恩著：《俄船首航广州》，载伍宇星编译《19世纪俄国人笔下的广州》，大象出版社，2011，第53页。

③ 吴简池：《广州长堤空间史研究（1888—1938）》，硕士学位论文，华南理工大学，2018，第125页。

④ 区神骏：《广州疍民的婚姻风俗》，《时事月报》1930年第1期，第206页。

⑤ 梁溥：《河南岛聚落地理》，《勷勤大学季刊》1935年第1卷第1期，第196-198页。

⑥ 《限令疍民拆迁大沙头木屋茅寮》，《广东省政府公报》1933年第228期，第121-122页。

规划在大沙头东面建桥,与二沙头相连;在绥远炮台前筑桥,直通二沙头之中流砥柱,并在两桥之间新建一座水上游艺场①。

到陈济棠督粤时期,见大沙头一片平坦,前临珠江,并无山岗障碍,专管航空的黄光锐等人提议,在岛南端建设飞机场,而岛之西、北两侧仍种植水稻。广东省建设厅将大沙头商业区马路渠边石及填泥工程先行开工,工程由宝生建筑公司承办,需款35 100元,于1932年10月开投,待"此路一通,各类车辆得以出入飞行场"②。随着1935年瘦狗岭机场完工,大沙头飞行场逐渐废置。广州市政府遂将大沙头规划为娱乐区和住宅区,将马路线酌量修改。第一期工程向广东省行借款10万元,整理马路渠旁石,开展添泥工程。该处飞机场尚未搬迁,转函第一集团军总司令令其搬迁③。到这时,岛上已建有木屋600余间,常住居民超过2 500人,在岛东南端,茶楼铺户林立,颇为繁盛。其间小河贯通,纵横交错,灌溉甚便,且不需提防旱、潦之患④。

(三)城市发展与地价变动

广州城市的扩展与演替,使其土地价格发生了变动,并呈现出明显的区域性特征。其中十三行、十八甫一带,成为广州地价最高的地方。早在清代,这里就是广州老城及周边的核心地带,到1935年,其地价超过了每井2 000元。其次是惠爱路、永汉路一带,同样在清代,惠爱大街就是广州城内最宽、最为繁华的街道,这里大型商店林立,地价自然十分昂贵,每井地价有1 400~1 500元。南关比前二者地价稍低,与西关相同,清代的南关就是商业繁盛、交通便利之地,因此到20世纪30年代,其地价也升至每井1 100~1 200元。

西关分为上、下西关两部分,其内部地价略微呈现出差异性。其中下西关地区多属富庶之家,直到清末民初都很少出现房产买卖行为。自1931年以来,多宝、逢源、恩宁等马路接连开辟,并分建洋楼、割售土地,房地产买卖十分频繁,地价每井升至900元。上西关一带虽原为贫瘠之地,随着民市等马路陆续开辟,每井也增至300元左右。此外,西门一带原为旗人的居留地,自民初起,多数旗人生活无所依靠,只好纷纷将房产低价变卖,一度造成此地土地交易频繁,地价也升至每井500~600元;河南洲头咀一带自开辟洪德、大基头等马路及建筑内港后,地价也达到西门的水平。东关一带地价每井300~400元。小北门一带多为住宅区,随着人口增加,地价略有增长,每井价格在300~400元的水平。河南尾自珠江铁桥通车后,地价升至每井400元。此外,广州郊区地价的提升,是一个值得注意的现象。清末民初,广州远郊各处农地,每井地价仅20元左右,此后随着近郊各条公路线的完成,地价随之上升。包括东郊

① 《工务局规划填塞大沙头北便河道》,《广州市市政公报》1931年第376号,第32页。
② 《开投建筑大沙头工程》《兴工建筑大沙头马路》,《广东建设月刊》1932年第1期,第15-16页。
③ 《大沙头测量工程进行情形》,《广东建设月刊》1932年第1期,第80-81页。
④ 莫巨腾:《大沙头岛之沿革》,《农刊》1941年第1期,第8-9页。

的梅花村、竹丝岗、北郊的宝汉、上下塘，以及西郊荔枝湾与南郊基立、怡乐等新村，随着新式住宅的落成，地价被抬至每井 100~200 元[①]。

小 结

清代广州城由旧城、新城和鸡翼城三部分组成，城墙的总长度超过 10 千米。城墙的拆除对于 20 世纪初广州城市的发展来说，是意义重大的。它标志着市政部门开始超越中国传统城池营造理念，为城市化带来新的模式。原先广州城墙所包括的范围，既是新广州市的核心区域，又成为广州城市扩展的起点。

城市分区规划的完善，使广州城市建设逐渐步入正轨。受其影响，广州的土地价格呈现出一种近似同心圆式的格局，以老城为中心，由内而外渐次递减。由于交通网络的不断完善，那些设立站点或枢纽的地方，地价得到极大提升。频发的大火清理了老旧的住宅和铺屋，为街区改造腾出足够的空间，直接促进了街区演替的发生。西关、大沙头等地区纷纷得到开发的机会，在马路新修的过程中，广州市政府借此机会清理了大量原先被侵占的公地、官地，一定程度上规范了城市用地行为，城市规划由此更加合理。而除此之外，更大规模的开发也正在广州郊外轰轰烈烈地展开。

① 《广州年鉴（上一）》，《土地第三》，第 261-265 页，载张妍、孙燕京主编《民国史料丛刊》第 1012 册，大象出版社，2009，第 445-447 页。

第二章　港口兴建:广州城区拓展的驱动力

重振黄埔港口,是广州城市东扩的重要契机,充分体现了广州城市发展中的外向性特征。不过黄埔港计划并不局限于港口本身,而是要将其打造成一个包括港务区、工厂区、商业区、住宅区以及绿化带在内的各项功能分区的独立城市,并修建主干道,使其与广州市区相连。与此同时,由于广州老城地区人口、建筑密度过高,加之街道普遍狭窄拥挤,这座城市中心地区的发展空间已经面临饱和。虽然市政当局力行拆城筑路,却还是无法在短时间内缓解城市发展空间过狭的压力。世界性经济大萧条使广州的工商业举步维艰,为提振对外贸易,主政广东的陈济棠决定在河南岛实施包括内港建设、交通网完善与工业区落成在内的一系列重大工程,使长期呈现一派乡村景象、与广州老城相互独立发展的河南岛,逐渐融入广州城市的整体规划之中。河南与黄埔的大建设,使两地成为广州城市面向海洋发展的重要枢纽,更使广州这座城市开始具有更多现代海港城市的具象和意象。

民国初期,与广州老城地区相比,郊区的建筑及人口密度更低,很多地方此前并未经历过多的开发。因此在广州城市拓展的过程中,市政部门一方面对郊区现有部分进行改造,同时制订了更为细致的工程计划,进行大规模的新的创造。

另一方面,港口城市亦并非港口与城市之间的物理性叠加,而是港口经济发展到一定程度的结果。历史上受泥沙淤积、造船技术进步及货物贸易内容变化等因素的影响,广州港口与城市的空间之间的关系发生过多次变迁。自民国初期开始,城市沿交通干线由内向外扩展,城市用地规模也由此迅速扩大。作为港口城市最主要的对外交通方式之一,港口的发育条件,很大程度上决定着城市的空间结构与形态。早在20世纪初,孙中山就对中国实业经济的发展进行了宏大而不乏细致的摹画,其中第三计划的核心思想,就是要在广州兴建南方大港。因此后来广州内港工程落地河南岛,体现了广州城市发展的内在需求,极大促进了珠江南岸的繁荣;而黄埔鱼珠外港的建设,则经过了长达十余年细致规划,成为广州港口的主体部分。河南岛与黄埔,由此成为广州这座城市走向海洋的重要连接地带。

第一节　黄埔外港的兴起

(一)一口通商贸易与广州古港的式微

珠江从上游经过广州前后,起伏的山体与丘陵,在其流经地形成多道“水口”。所谓上水口,即珠江水流入的地方,在西北方向有石门山镇锁。此山在广州城西北15公里,“两山对峙,夹石如门,高二十余丈,前有控海楼,下有贪泉”[①];西南方向分别有海印、海珠、浮丘三座石岛作为三关。东南方向的下水口,即珠江水流出的地方,分别有赤岗、琶洲两砂岛镇锁。最后一道水口,还有石砺山作为屏障[②]。黄埔就位于琶洲与石砺山之间。早在隋代,人们就在扶胥村,即今天的庙头村,建造了南海神庙,这也被视为黄埔古港的起源。这里秋冬多西北风,春夏多东南风,主要生产大宗农产品,产鱼甚少,渔民多驶出伶仃洋打捞,一月往返一次。为调节水旱,当地乡民在黄埔一带建圩。圩东有座鱼山,其部分延伸到珠江边,因此被当地人形象地称为“鱼珠”,圩田也因此得名。这里“海阔水深,可容巨舶,前临洋海,后连大陆,港湾蜿蜒,山海环抱,港市形势,成自天然,水陆交通,尤为利便,实三江汇流之要冲,华洋水陆通商之枢纽”。黄埔古港西北距省城约14千米,东南距东江口10千米。江面宽500~1 000米不等,平均深度超过6米。其中黄埔之尾称为“长洲”,至此,“内海中分为二,长洲介南北两支之中,与沙路、鱼珠隔岸相望,由狮子洋入省直河必道于此”[③]。

黄埔原名“凤埔”,由于外国船员误读,黄埔之名得以流传。到清初,黄埔一带仅分布着几座人口稀少的小村庄。随着康熙二十三年(1684)清廷收复台湾,沿海地区的局势逐渐平息,原先厉行的禁海令终被撤销,各沿海口岸的对外贸易再次兴盛起来。眼见越来越多的外国商船来华贸易,清廷中不少官员开始认为,由于粤省相对僻远,在此实行一口通商,即使发生意外事件,对京师不足构成严重威胁。开设多座口岸进行对外贸易,一方面不利于“防夷大计”,也为清廷缉私加大难度。因此在乾隆二十三年(1758),清廷禁止洋船进入江、浙、闽三处贸易,只留广州黄埔一座对外口岸[④]。在外国商人们看来,黄埔洲至琵琶洲的锚地“是个优质又安全的停泊处,这里能够抵御南中国海猛烈台风的侵袭。附近没有任何重要设施可以让外国人破坏或者制造威胁,而且此地远在广州视野和射程之外。只要外国船只被限定在黄埔,它们就离地方行政中心和中央政治中心有着非常安全的距离。所有这些因素结合起来使广州

---

① 李福泰修,史澄、何若瑶纂:《番禺县志》卷4,《舆地略二》,同治十年刻本。

② 屈大均撰:《广东新语》卷3,《山语》,中华书局,1997,第125页。

③ 梁鼎芬修,丁仁长、吴道镕等纂:《宣统番禺县续志》卷2,《舆地志二》,民国二十年重印本。

④ 乾隆帝曾认为虎门等地有重兵把守,“较宁波可以扬帆直至者,形势亦异,自以仍令赴粤贸易为正本”。载王之春辑:《国朝柔远记》卷5,华文书局,1968,第265页。

自然而然地成了中国外贸的中心”①。

当时的广州与世界很多国家和地区都保持着高水平的贸易往来，包括欧洲的西、葡、荷、英、法等资本主义国家，亚洲的日本、缅甸，以及马来半岛、东印度群岛、马六甲等地。黄埔这一广州城外的地名，一时可以被视为中国对外贸易的名片。清朝前期，中国每年从广州口岸输出大量的茶叶、丝绸、棉布及瓷器等产品，输入香料、铅等物资。最初，粤海关原本通过广东口岸大量出口国产棉花，而乾隆朝爆发的棉花危机，使广州口岸的棉花贸易由出口转为进口状态。来自印度的棉花开始扩大在粤市场的占有份额②。尽管清廷颁布了禁止进口棉花的法令，但每年进入粤海关进口的棉花不减反增，这种状况，反映出市场需求对于广州港贸易的重大影响。

另外根据之前的资料统计，道光十六至十七年（1836—1837）间，前往广州贸易的外国商船数为 213 艘，而在乾隆二十九至三十年（1764—1765），仅有 31 艘外国商船前来广州贸易，70 年间增加了 5 倍多③。马士也曾说乾隆十六年（1751）外国商船在黄埔总数为 18 艘，不到 40 年时间，就上升到 86 艘④。不论这些数据是否精确无误，都足以说明广州对外贸易量的明显上升。

不过在表面的繁华之下，依旧隐藏着诸多令人不安的因素。正如范岱克所认为的，“即使没有鸦片战争强制终结了广州体制，中国贸易及其传统的经营方式也将受到更强劲对手和激烈竞争的严重威胁。140 多年来中国向世界提供茶叶、瓷器和丝绸，到 19 世纪末中国已经变成了消费经济。所有这些事件、趋势和问题在其威胁来临之前就已经清晰可见，尽管这是历史事实，但是清朝没有做任何准备使国家适应新的竞争环境”⑤。一口通商时期广州实行的对外贸易制度，不仅使传统官商难以生存，而且阻碍了私人海外贸易的发展，使中国在处理对外关系方面更加闭塞⑥。

鸦片战争结束后，中国各沿海商埠逐一被迫开放，广州在全国对外贸易的地位随之相对下降。当西方各强国持续加大资本输出，并不断获得在华贸易利权之时，清朝对港口贸易的直接干预能力大为减弱。到清末，沿海良港已多为外国人占据，“具备港市优越形势硕果仅存者，只有黄埔一处”。与此同时，外国人开始在中国各商埠兴建港口设施。道光二十五年（1845），英国人柯拜在长洲兴建第一个外国人开设的船坞，此后，外国人在广州珠江两岸建起无数货仓与码头。在 19 世纪中期广州开埠后，广州港区开始向珠江后航道方向延伸，在洲头咀、芳村、大涌口、白鹤洞、白蚬壳等处，

---

① 范岱克：《广州贸易——中国沿海的生活与事业（1700—1845）》，江滢河、黄超译，社会科学文献出版社，2018，第 17 页。

② 松浦章：《乾隆年间棉花进口危机》，马成芬译，《中国经济史研究》2019 年第 6 期，第 99 页。

③ 姚贤镐编《中国近代对外贸易史资料（1840—1895）》第 1 册，中华书局，1962，第 312 页。

④ 马士：《中华帝国对外关系史》第 1 卷，张汇文译，上海书店出版社，2006，第 90 页。

⑤ 范岱克：《广州贸易——中国沿海的生活与事业（1700—1845）》，江滢河、黄超译，社会科学文献出版社，2018，第 171-172 页。

⑥ 仲伟民：《茶叶与鸦片：十九世纪经济全球化中的中国》，生活·读书·新知三联书店，2010，第 273-306 页。

形成了一个面向外洋、背靠珠江的新港区。同时,港口的配套设施也不断得到改进。如省港澳轮船公司、太古洋行、怡和洋行共在穗建筑4座码头、20间货仓以及煤油仓库;光绪三十一年(1904)广三铁路通车后,在黄沙、石围塘建有驳船码头;宣统三年(1911),又在芳村建成一个包括货仓、码头、店铺在内的综合性临河商场区。广州港的重心也一直在沙面西南、江阔水深的白鹅潭一带。白鹅潭港务的繁荣不仅于此,在沙面成为租界后,停泊在白鹅潭的外洋船只一天天增多,原先沙面以东地区,反而成为广州港用以停靠内河船舶和装卸货物的次要部分①。

值得注意的是,珠江流域同样是一个泥沙沉积严重的水系,作为洪、潮混合区的三角洲河网区既面临洪水威胁,又容易受到暴潮的影响。海潮的顶托作用与珠江三角洲的造陆过程形成合力,迫使广州港多次迁址。在泥沙的沉积作用下,珠江下游至入海口江段淤积严重,到清中期,酱园等码头也淤塞于珠江泥沙之中,黄埔古港被彻底废弃。同治四年(1865),黄埔古港与海关同时迁往长洲岛,并沿用旧名,长洲岛开始被改称为黄埔岛。这里的水域远比原址更为宽广,便于船舶停靠,临港产业由此兴盛起来,聚集了大量的产业工人。尤其在光绪二十四年(1898)西江开埠通商、内河对外开放之后,外国船商云集珠江流域,开始热衷于经营内河航运。此后英国怡和轮船公司在大涌口占地132亩,设立货仓、码头;太古洋行与省港澳轮船公司合作垄断珠江大型船只航运,也在芳村一带设仓。相比而言,中资招商局轮船公司未能在广州建仓,只得在黄埔江心下锚,缺乏码头与货仓的支持,使其难与外资公司竞争②。国人由此深深地意识到,港口越来越成为广州经济发展的依托,没有独立发展的外港,广州难以成为真正的区域经济中心③。

不仅如此,广州在华南地区贸易港的地位也受到了强力挑战。由于上海更加接近茶叶、瓷器等大宗商品的产区,在区位和交通方面都占有巨大优势。如赣、皖、浙等省所产茶叶,通过水路可以直达上海;闽省武夷山的红茶,28天左右也可运到上海,运往广州则需6周,甚至2个月以上,茶商将上海作为茶叶出货港,其成本自然要比广州低了不少。因此到19世纪50年代初,上海就超过了广州,成为中国最大的贸易口岸④。

而英国在割占香港岛后,也处心积虑,欲将原本荒芜的这座岛屿建设成为一个世界大港,与中国华南地区的口岸争夺外贸市场。光绪二十七(1901),香港人口超过

① 《开辟黄埔港计划大纲》,《广东水利》1933年第4号,第1-5页。

② 程颙:《沙面租界概述》,载中国人民政治协商会议广州市委员会文史资料研究委员会编《广州文史资料》第44辑,广东人民出版社,1992,第39页。

③ 方书生:《华南近代经济地理》,载吴松弟主编《中国近代经济地理》第5卷,华东师范大学出版社,2015,第60页。

④ 仲伟民:《鸦片战争后茶叶和鸦片贸易与上海城市的发展》,《复旦学报》(社会科学版)2012年第5期,第123-129页。广州在全国对外贸易中的所占比重,由19世纪四五十年代的接近50%下降到60年代的25%。载陈代光:《广州城市发展史》,暨南大学出版社,1997,第324-327页。

28 万，又过了 6 年，超过 31 万，其中华人占 96%①。根据 1920 年的调查，港岛市区人口已达到 59.83 万人，其中华人 32 万②。香港的飞速发展，使广州的设计者们心中充满了危机感。他们曾多次公开地表示，广州“所以失海港之位置，全由中国人民之无识，未尝合力以改善一地之公共利益”“自民国建立以来，人民忽然觉醒，于是提议使广州成为海港之计划甚多，以此亿兆中国人民之觉醒，使香港当局大为警戒，该地当局，用其全力以阻止一切使广州成为海港之运动；凡诸计划，稍有萌芽，即摧折之”。到时，“不特南中各省之对外贸易，尽归该港掌握，甚至邮书电讯，于项汇驳，亦莫不须是邦，受其一度检查扣留，然后始能转往内地”。当时中国对外贸易经由香港一埠者，已占全国份额的 1/4 以上。“每年港政府所得之收入，动以千万计，其经济侵略能力之伟大，至足惊人；然此皆广州市固有之商务，政府之财源也，苟非港工建设落后，又何至挹此注彼乎”③。时人还算过一笔账，当时从广西北海、钦州运货到广州，每吨运费超过 7 元；比较而言，到香港则只需花费不到 5 元。以香港完备的航运建设，商船抵埠后 1、2 日即可卸货完毕，而这种装卸效率，却是当时广州港所难以达到的。按照这样的计算，如果广州完善现有码头设施，每年至少可为全市多赢利 400 万元④。

因此，越来越多的人开始认为，即使出于发展国民经济，以及抵抗外国经济侵略的考量，广州港口工程的建设也“实为刻不容缓之举”⑤。如果广州真能成为一个世界级港口，则“香港之为泊船载货站头之一切用处，自然均将归于无有”。时人还认为广州北连上海，东接日本，商贾辐辏，船舶如蚁，是不可多得的商港。“惟因水利之不修，致河底日浅，潮流益急，外埠巨舶，未能直行驶入，运输货物，颇感不便，一切通商利益，概为商港所独占”，广州被迫间接成为外国商品倾销的场所。如果市政府能极力经营黄埔，造成一深水港口，可容纳外国巨大船舶，沿岸再建造完善的码头及各种新式货仓，则不难与香港抗衡，“行之数年，香港繁华将复变为一荒凉之海岛矣”⑥。而且从外国商人的描述来看，我们发现，在香港城市化的最初时期，黄埔还具备某些香港并不具有的优势与潜力：

中国小镇黄埔是坐落在广州河畔无数岛屿中的一个，离香港 40 海里，离广州不到 8 海里。航道即使战列舰通过也没有任何困难……为船上人员装备很好的泉水甚至各种食品，在黄埔一点不难。小镇上新鲜肉类、家禽和蔬菜比香港便宜得多，而且质量更好⑦。

① 《杂录：香港人口总数》，《商务官报》1907 年第 16 期。

② 麦思源：《六十年来之香港》，《国立武昌商科大学商学研究季刊》1925 年第 1 卷第 1 期，第 1-17 页。

③ 罗季常：《改良广州市政计划草案》，《工学》1925 年第 1 卷第 4 期，第 71 页。

④ 《开辟黄埔港计划大纲》，《广东水利》1933 年第 4 号，第 3-5 页。

⑤ 程天固编《广州市工务之实施计划》，1930，第 61-62 页。

⑥ 罗季常：《改良广州市政计划草案》，《工学》1925 年第 1 卷第 4 期，第 71 页。

⑦ 科尔尼洛夫：《广州附近的黄埔船坞》，载伍宇星编译《19 世纪俄国商人笔下的广州》，大象出版社，2011，第 189 页。

清末时期香港的贸易额，也远不能与基础雄厚的广州相提并论，以致住在香港岛上的欧洲人，“无法夸耀其货币周转规模，它更多的是落在维多利亚城的头上。但还是要在这里从邻近的三角洲出口丝绸和茶叶这些丰富的物产”。因此最初，并没有多少中国富商愿意搬迁到香港来，“无限制的自由贸易并不吸引他们，非战争时期，贸易还是通过广州进行”①。这也为此后广州港口的振兴，注入了一针强心剂。

另外，鸦片战争后，在缺乏筑堤、测绘人才的情况下，清廷曾长期委托粤海关税务司代为办理一切广州港务相关事宜。到了光绪二十九年（1903），清廷在广州另设一个专门机构——理船厅。其职责范围甚广，包括发放船舶移舶准单、指定船舶停泊地点、限制油船和疫船停泊界线、量船及定船顺位、发放关牌、征收船钞、管理舶艇执照、考选引水局人员、管理海面河道交通等②。尽管如此，中方在处理广州港务时，依旧处处掣肘。

此后，1925年省港大罢工的爆发，对港英当局起到了极大的震慑作用。时任港督金文泰曾公开对黄埔建港及开辟商埠的消息表示忧虑，担心罢工如果持续下去，势必造成在港商人抛弃香港，纷纷迁至黄埔，香港将会不可避免地陷入绝境。为此，他多次召集港商中有名望者开会，以商讨对策③。如潮的工人运动极大地孤立了香港这座发展势头良好的商埠，对英国在远东的经济扩张计划来说更是沉重的打击。

而1936年粤汉铁路的全线通车，则再次刺激了广州港口扩建的进程。此路连接了华南和华中两大区域，全长超过1 000千米。贯通之后，从广州可直达“九省通衢”的武昌，向来以汉口为输出及输入港的鄂、湘、赣三省，输出输入货物也大都改道经粤汉路由广州出口或进口。换言之，由于粤汉铁路的通车，内地经由本埠出口贸易及外洋经由本埠转口贸易迅速增长，广州港原有的吞吐能力无法适应航运业务的需求，航商要求筑港呼声很高，这一切都预示着广州重振港口的机遇已经到来。

（二）黄埔外港工程的规划与实施

早在20世纪初，在广州这座当时中国南方最大的城市中，就多次传出消息要大建港口。1918年，《字林西报》就援引路透社的“可靠消息”，宣称广州将要推进港口建设④。而出身广东的孙中山，将这里视为革命的策源地，对于改造广州港口的相关问题，更是彰显出勃勃的雄心。由于广州通海之路的水深变化的特殊性，计划将整治河道作为首先要进行的工作，在伶丁岛上游左侧建两处水底范堤，其一由海岸到东新坦头，其一由坦尾到伶丁坦顶，合此两堤与1.2米高的东新坦，实际成为一连续海堤。虎门到黄埔的珠江江面，须使东江出口集中于一支，用其最上水道，在鹿步墟岛下游

① 阿·弗·维舍斯拉夫采夫：《香港与黄埔》，载伍宇星编译《19世纪俄国商人笔下的广州》，第145页。

② 程天固：《建设广州市内港意见书——与黄埔外港相辅而行》，《广东水利》1930年第1号，第21页。

③ 《香港怕广东开辟黄埔商埠》，《工人俱乐部》1925年第248期，第2版。

④ Port improvement at Canton. *The North-China Daily News*（1864-1951），September 18，1918，6.

与珠江合流。其他在第二闩洲以下与珠江汇流各支，须筑与寻常水面同高的堰以截塞水流，到雨期作为宣泄洪水之水道。具体到操作中，"首先，自江鸥沙A点处筑起一道堤坝，至猎沙岛低端对面的加里吉打滩边。用此坝堵截江鸥沙与加里吉打滩中间之水流，转入深达36英尺水道，通过自然水力的作用，使珠江水道得以浚深；在珠江右岸，即海心沙B点另筑一坝，至中流第二闩洲下端为终点；在珠江左岸，即漳澎尾沙下C点筑起一座堤坝，至中流，以第二闩洲下端为终点，借助两坝所束水流之力，刷去第二闩洲，并炸去河底岩石；将江右岸与海心沙中间水道，堵塞于D点（即瑞成围头）。其次，在漳澎常安围上游E点筑一坝，至第二闩洲上端中流，此举使珠江左岸水流截断，中央水道流速增加。再次，在珠江右岸长洲岛与第二闩洲之间的适中处F点起筑一坝，至中流滩顶，以截断河右边水流。最后，在鹿埠墟岛下端G点起筑一坝，至中流，与F号坝相对，F、G两坝集中珠江上段水流，G号坝同时导引东江，使流向与珠江一致"[①]。从1933年出版的《广东省黄埔港计划大全图》中可以看出，当时黄埔港区规划十分严整，道路错落有致，各个分区交相呼应，功能完善。

由此可见，孙中山的计划主要集中在划分港区区域以及清理河道两项工作之上。这7座江坝建成之后，可使黄埔至虎门之间的水道得到修整，冲刷河底水深可达40英尺（约12米）以上，可更好地适应大吨位海轮的驶入和停泊。

在省港大罢工期间，黄埔建港问题再度受到人们的关注，广州市市政委员长伍朝枢就港口合适的建筑地点、通海之河道如何修浚，以及经费共需若干等问题，致函广东治河处，希望治河处制定出建港计划[②]。1926年，广东建设厅任命治河处瑞典籍工程师柯维廉制订了一部建港计划，由于当时广州市区以东面为扩展的主要方向之一，是沿着前航道和广九铁路，因此黄埔外港理想的位置就在前航道。珠江北岸的程界等地距广州仅十余公里，不过水深过浅，建港前需要首先浚深，这样一来，无异于增加了施工难度。如选址位于黄埔深水湾西端、距广州市区稍远的北帝沙、狗仔沙一带，由于江阔水深，施工难度适中，有利于接驳临近的广九铁路，且与此前治河处颁布的整理河道计划不相冲突。因此柯维廉以两地作为理想的港址，计划也由此被称为"北帝沙、狗仔沙计划"[③]。不过柯氏的计划一出，受到各界的质疑，在市内各部门并未获得太多支持，该项计划也不了了之。

这一时期广州修筑港口，实际存在明确的现实需要。一方面，在世界经济大萧条出现后，为摆脱、转嫁经济危机，英、法、美等西方主要国家一边高筑贸易壁垒，一边在世界各地低价处理过剩的产品。1929年秋后，广州进口的纺织品、汽油、水泥、火柴等产品有所增加，农产品方面，面粉和大米也持续保持高位，因各国关税增高，出超逐

① 孙中山：《建国方略》，牧之等选注，辽宁人民出版社，1994，第160-163页。
② 《函治河处请计划广州建筑港口适宜地点见复由》，《广州市市政公报》1925年第205号，第751页。
③ 柯维廉：《广州黄埔外港初步计划》，《广东水利》1930年第2期，第23-30页。

渐减少。广东当局对洋货采取专税计划，使其无利可图，并加强对粤省市场的全面统制，对烟、酒、盐采取专卖政策。另一方面，伴随国民政府形式上统一全国，此前大规模军阀混战在很多省份逐渐平息，包括粤省，从而为这一时期广州的城市化进程提供了一个较为安定的社会环境。陈济棠看准世界性经济大萧条的时机，在 1933 年全面推行"三年计划"，试图振兴广东经济，以维持其粤省的统治。优越的自然条件为广州的发展提供了良好的物质基础，如该地盛产蚕丝、甘蔗、烟草、黄麻等经济作物；加之手工业、商业发达，且作为外侨之乡，也可以更好地利用侨资与侨汇的优势。①

直到 1937 年，对于港口具体选址，有人提议在大虎筑港，但此地距离广州太远，河涌、山陵之隔甚多，且湾岸狭小；有人提出在沙路筑港的方案，其地在后航线南岸，距广州较远，适宜兴建住宅区。另外，对于新洲筑港的方案，这里虽然距广州较近，可轻易连接河南岛，但将来联络珠江北岸则十分困难；而狗仔沙、北帝沙一带土松地狭，浮沙深至 15 米，同样不适宜作为港口选址，最终，基本符合所有条件的鱼珠被选为黄埔港址②。此地距离广州距离适中，交通相对便利，最为重要的是占据了水文上的天然优势：从珠江入海口到伶丁岛，水深约为 14~18 米，伶丁岛上游水深 5~7 米，由此到达虎门有 24 千米的距离；从虎门起到莲花山脚的第二闩洲，长 32 千米，此段水深反而加深，又达到 10~18 米，而第二闩洲有数百米区段，水深仅 5~6 米，过第二闩洲，水深再次加深，平均约 9 米；由此再上溯约 16 千米，到了第一闩洲，就是黄埔港的范围。而在 20 世纪 30 年代黄埔新港的实际规划中，黄埔港总体面积达到了 1 823 290 亩。港本部包括鱼珠、长洲、沙路三大部分，其中陆地面积 64 860 亩，水域面积 14 960 亩（表 2-1）③。广州港口分区水体面积见表 2-2。

表 2-1 黄埔新港规划界限

方位	界限
东南	以番禺、东莞两县东江口河面中心为界，由狮子洋沿东江上至瓦窑入大陂江口，以大陂江中心为界，经南岗、榕华至岗站，上至莲潭墟南村河汊
北	由莲潭墟前南河流出水口，顺河南入南村，折向西北沿江而上，经大份烧岭而至大村西大路，顺大路向西直至铜锣而至莲花岗，经姬堂、上堂而过岐山，经庄壶岭南至北帝岗北，直过大灵山之北，经赤岭之南，而至蒲江之南桥西，而至龙眼洞、马鞍东之桥面，与广州市界连
西	由马鞍岗东边横架龙眼洞出水之桥上顺流而下，至广九铁路桥即沿桥东之大路，直至东圃而达珠江，至北帝沙上游，折向东南，沿北帝沙之南，直至新洲咀折向西南，至花园岗关口，再折向东南，经平安市河面顺流而下，与后航线相遇

① 程浩：《广州港史》近代部分，海洋出版社，1986，第 224-226 页、第 250-251 页。
② 《开辟黄埔港计划大纲》，《广东水利》第 4 号，1933 年，第 75 页。
③ 同上，第 79 页。

续表

方位	界限
南	由狮子洋番禺、东莞两县界转弯处,斜向西南绕七沙尾入大河,沿河斜向西北,复转西南,经大朗头西至草堂,复转向西北,至细墟东约五米,由细墟南流出之涌口折而入涌,经细墟隔山之南顺流而上,沿细墟至白云边大路至白云边至新造南,至白泥塘涌口入海与后航线遇,沿后航线而西,经海心岗之南,而至大坦沙之南员岗沙之北河南折向西北而至小洲村及西江村南边出海涌口外广州市界合

资料来源:《开辟黄埔港计划大纲》,《广东水利》1933 年第 4 号,第 75-76 页

表 2-2 广州港口分区水域面积

区域	面积(亩)
黄埔外港	2 106
洲头咀内港	3 656
黄埔深水湾	336
船澳	372
内河船澳	1 758
沙路及长洲湾	4 184

资料来源:《开辟黄埔港计划大纲》,《广东水利》1933 年第 4 号,第 80-81 页

在勘探工作开始前,工务局、治河委员会及黄埔港土地管理局还对黄埔新港进行了预期定位,认为若将此港规划为第二或第三等港,无形中将使其变为外货的倾销场,这与修造黄埔新港的初衷无疑是相悖的。而从自然条件来讲,鱼珠深广的港湾可容巨舶,有天然或人工屏障,有相连大陆、港市及陆路运输,有相通河流,以便利水运,距离洋海较近,且可利用水力冲刷人力疏浚①,具备了发展为头等良港的条件。因此在黄埔港总共 4 期的规划中,第一期以 5 年为限,计划于蟹山、珠冈村、鱼珠炮台、牛头咀前岸,由鱼珠墟之东至鱼珠炮台之南,筑钢板桩堤岸 4 200 英尺(约 1 280 米),建货仓 6 座,每座长 600 英尺(约 180 米),宽 120 英尺(约 37 米),可容纳一艘大洋船,以此构成商港的雏形;第二期发展黄埔港为世界三等港及一商埠,以 10 年为期,为此需保持进口水道在盛潮低水位 6 米以上,使吃水 18 英尺(约 5.5 米)之轮船可以随时通行,吃水 23~25.25 英尺(约 7~7.7 米)的船只可在涨潮时往返,同时在港内筑铺户、设市场、辟港业区,以为贸易及运输之地;第三期计划将黄埔港发展为世界二等港及一座小城市,以 15 年为限,为使水位保持在 8.2 米以上,需挖泥 7 924 000 立方米,以使吃水 25 英尺(约 7.7 米)的船舶可随时航行, 30~32.25 英尺(约 9.1~9.8 米)者可在涨潮时往返,还计划在此拓展港业区,开辟住宅区、小商业区及轻工业区,建港市政府;第四期工程以 20 年为期限,计划将航道挖深至 9.1 米,使吃水 33~35.25 英尺

① 《开辟黄埔港计划大纲》,《广东水利》1933 年第 4 号,第 75-80 页。

（约 10-10.7 米）者可趁涨潮时往返，同时使港内各区完备，以此将黄埔港打造成为世界头等港及一座大城市。

黄埔外港的工程预算开支巨大，仅第一期施工预算就达到 668 万元[①]，需要大量资金的支持。不过政府手中并无足够的资金，因此采取了债券集资的方式来解决这一问题。

实际上，早在 1925 年省港大罢工期间，省港罢工委员会就联合全国总工会、国民党中央执委会及商会各团体共同组织了"中国各界黄埔商埠促进会"，希望联合内外同胞共同促成黄埔商埠，以振兴本国市场，谋求经济之独立。为吸引香港各大洋行到此建铺，广州市政府又发行彩票，以集资 100 万元为目标，彩票面额每张 10 元，设置头等彩额 30 万元，二等彩 15 万元，三等彩 10 万元，四等彩 7.5 万元，五等彩 5 万元，除去费用，还可盈余 20 万元。不仅如此，彩票还与股票相结合，"一、二彩除彩银三分二，三、四、五彩除五成，余外三分一，作为股本"。即使未能中彩，仍可以得到一张面值 5 元的股票，彩民由此成为黄埔港工程资金的来源之一[②]。然而，这些渠道募集的资金还是无法满足黄埔新港的建设，仅征收第一期私有土地就已经花费 100 万元，治河委员会在此之外，还有治河工作料理，余款有限，遂向广东省政府请求每月拨 20 万，以 5 个月为限[③]。在 1937 年黄埔港工程正式开工前，国民政府又决定发行美金公债，用于支付工程经费[④]。

当时的洲头咀内港，已经建有部分货仓、码头，不过这些设施多为太古、渣甸等外国公司私用，公用者还非常少见。因此在当时的内港工程中还规划建造 4 座货仓，每座面积 96 井（约 1 066 平方米），共需工费 24 万元。不过货仓可容纳货物 10 万吨，每月储货平均 2 万吨，以每吨租金 3 元计算，此项每年租银可收入 72 万元。以收入的三分之一用于维护管理，还有 48 万元的盈余，加之堤岸码头每年可获得 18 万元，则实际收入共可剩余 1 571 500 元。这样，工程款项与近、远期收益问题也得到了解决。而当时人们都认为，随着 1933 年珠江铁桥竣工，黄埔外港工程如火如荼地进行，广九、粤汉铁路接轨也正在谈判之中，"河南一岛成为水陆交通之要冲，其繁盛更未可限量也"[⑤]。

通过发行债券、征收附加费、出租港口仓位这些措施，黄埔新港建设的启动资金终于得以基本到位，接下来需要考虑的就是港区的规划问题。由于对港口和河道工程素有经验，荷兰建筑公司也被邀请参与黄埔港设计工作[⑥]。在正式提出的建设计划

① 《广州筑港计划拟分四期按步施工，期以五十年内完成》，《申报》1933 年 2 月 28 日，第 8 版。

② 《广州黄埔辟埠之规划》，《申报》1925 年 12 月 22 日，第 5 版。

③ 《议决黄埔港第一期收买民地经费分期拨付》，《广东省政府公报》1931 年第 166 期，第 71-72 页。

④ 《美工程师顾德烈来华襄助广州开辟黄埔港》，《时报》1937 年 5 月 28 日，第 7 版。

⑤ 《内港开辟工程述况》，《广州市市政公报》1930 年第 363 号，第 37-38 页。

⑥ 《函交涉署据工务局呈荷兰公司如能襄助改良黄埔港口及珠江河道计划甚表赞同》，《广州市市政公报》1926 年第 214 号，第 20 页。

中，整个黄埔港被划分为两大部分，即港业区和黄埔市区，二者用途有所区别，但管理中则一同对待。港口内部分区规划细致，港业区内设货仓、转运仓、码头船澳、船坞、修船厂、露天储物场等①，黄埔道路模仿美国华盛顿道路规划，拟定为长方形与斜角线并用，其中广州市区往返黄埔皆为东西向，港湾往返内地多南北向。

港业区是黄埔港的核心区域，位于黄埔公路以南，分外港、内港、黄埔深水湾、澳船及内河船澳五部分，其中外港泊船岸线长 1 500 米，内港 3 000 米，黄埔深水湾岸线长 1 600 米，船澳岸线 2 768 米，内河船澳堤岸长 7 775 米。农林区面积达到 9 600 亩，约占黄埔港总面积的 15%，广州市计划在这一区域内遍植林木，营造一个田园都市。此外，飞龙岭、石狮岭、白旗岭、状元山一带，北枕群山，地势开阔，一片绿荫，环境清幽，被广州市政府规划为甲种住宅区，也是最高端住宅区；以沙路之平地、沙鱼洲、大吉沙、龙船沙、洪盛沙、长洲五岛为乙种住宅区；丙种住宅区一处在中山公路以北、广九铁路以南，一处在龙步村、宦溪村附近。三种住宅区总面积超过 20 000 亩，占到港口面积的三分之一。

大、小商业区则被拟定在雷峰山、新溪一带，以中山公路与住宅区为界，以黄埔公路与港业区为界，占地 5 800 余亩。重工业区专为大工厂和企业而设，因其排放煤烟等污染气体且机声嘈杂，择地价低廉、相对封闭偏远一区；轻工业区宜靠近重工业区，不宜与住宅、商业区混杂，设在瓦壶岗以西、鱼珠墟、连石溪村以北，石岗、连溪珠村、宦溪村一带。这些地区位于广州市区西侧，东西有蟹山、瓦壶岗、飞鹅岗、长鱼头等山峦为屏障，加之四季多北风，东、西风甚少，工业废气不易吹到城市中去。且长鱼头以西为停车场，将来各工厂可铺设铁轨直达，鱼珠墟以南为黄埔深水湾船澳码头，原料成品进出口便利。两大工业区共 5 500 亩，占比 8.5%。港市行政区为行政机关所在地，虽只占到港区面积的 1%，却将办公楼宇聚于一区，办事便利，格局宏伟，规划在沙南村以南地区。公园及游乐场规划面积 13 780 亩，占比超过五分之一。此外，港市内甚至还规划有公共坟场②。

港口项目正式动工前，广州市工务局首先在黄埔以及周边地区进行了细致的测绘工作。工作人员用平行直角法测量水道基线，每桩距离近 10 米，延至贴近江岸打一平行桩，直到双江右岸为止，长度近 1 400 米，均打桩两排，以备测水深时作平行线观测，每到转点处设一旗帜，作为复测根据，同时施行平水测量，测各桩之高度，但珠江涌口至白猎涌口一带江岸弯曲，果树荫蔽，不能引长直线，所以转点多而工作迟缓。而且珠江、茅岗两乡土人，未明辟港意义，常毁拔桩旗，阻挠测绘、建设工作。黄埔湾下游东接虎门，潮水起落高低不一，需安装水尺测量潮水起落高度。工务局于是在中山支路尾对岸狗仔沙头的水位最低处安装 1.2 米长的水底标尺，每日上午、中午、下

① 《开辟黄埔港计划大纲》，《广东水利》1933 年第 4 号，第 76 页。

② 《开辟黄埔港计划大纲》，《广东水利》1933 年第 4 号，第 76 页。

午3次观测最高、最低潮水高度。以鱼珠堂南海神祠高度起，测得标尺的零高度约103英尺（约31米）。珠江北岸地形低湿，每日涨潮时，种植禾苗、蔬果的大片沙田被淹没，测量工作时常被迫中止。猎德、程界、棠下一带小涌繁杂，曲折如蚓，潮水高涨，半日始退，圆村等地地势稍高，山林果树茂密。黄浦湾北岸为黄埔港港区地址，东至南岗墟，南至新造墟，西至东圃墟，北至吉山乡。经过此次测算，测得港口西部，东至横沙涌，南至江岸，西至石岗涌，北至飞鹅岗，面积4 721亩，自鱼珠墟起，沿江北岸至双江涌口，长1 708米。港口北部，南接飞鹅岗、雷峰山、白猎围一带，北至广九铁路以南之横沙、茅岗，东至乌涌旧墟，西至西华村及中山公路，面积6 475亩。鱼珠墟至下沙牛头涌一带均属沙田，山岗附近土地多为红砂泥，鱼珠炮台山至牛头咀岗倾斜入江土质，均属黄沙，蟹山、狮山、鱼珠山俱为砂成岩，质地粗糙、松散，草木不生，实为童山。中部包括自白猎涌起，经横沙涌口、乌涌口至双江涌口止，沿江北岸及离岸百余米的范围，长1 000余米，面积超过2 000亩①。由此可见，为确保黄埔港区的建成，广州市为其圈占了巨大的空间。

1937年，黄埔港建设工程正式开工。很快，鱼珠岗东面珠江北岸建起了一座400米长的钢板桩顺岸式码头，在打桩时，工人们发现码头地第一层为稀薄浮泥和泥浆，深达3米，不适宜用作建筑货仓地台。因此在施工时需将桩边泥浆移至岸上，并填以鱼头石、沙鱼头石以减小横向压力。堤岸位置的确定，是以盛潮时低水位的18英尺（约5.5米）为标准，在此深度下，不见河床浮泥，即可省去挖掘、转移河泥的工序，将钢尺桩打入河床30英尺（约9米），就可保证其坚固不动。为防止附近河床存在不测之深处，在河床与挖掘深度之间留出7英尺（约2.1米）的距离，以免河底距桩底少于预定之数，而导致桩底外崩溃②。同时，填高堤岸内的土地，以免水患，沙鱼洲北岸以北第一沙，原距水面10~18英尺，为不留阻碍航行之隐患，挖至盛潮低水位下25英尺，使其与钢桩堤旁港深度相同，挖出149 176立方米的泥沙，用来填筑堤内土地。

与此同时，港口其他附属设施也开始建设。灯塔、红绿指示灯相继完备，增加了锚地泊位，为提高装卸速率，堤岸还设立了移动式起重机。为保证货物周转便利，堤旁兴筑起轻便铁路，建起货物检验和转运场，并留出空地作为露天储物场和煤栈③。

黄埔港码头是船只航行与装卸货物的区域，如何规范这些行为，早在黄埔港建设计划提出之前，粤海关理船厅就专门制定了《港口条例》，对抛锚界限、行船规则等内容进行了详细规定，为港区内部细致划分提供了依据。其中在划定黄埔抛锚界限时，规定载有爆炸、危险品及石油的船只，其甲段泊界间于鱼珠珊及定艚第四海岛之西北端；“入禁海之船”，其泊界在大鳌沙头东南边对下；以上之外种类的船只，均下锚于

① 《黄埔港测量及调查概况》，《广东水利》1932年第3号，第86-90页。
② 《开辟黄埔港计划大纲》，《广东水利》1933年第4号，第83页。
③ Canton Harbor Work Planned: Wharf, Berthing Areas To Be Increased, *The China Press*, August 1, 1934, 13.

定艚河道起，至鱼珠珊及海心冈两处止，并听从工作人员指示[①]。

（三）广州城市联通海洋

清末民初，黄埔地价每亩仅30元，直到20世纪30年代黄埔港建设计划出台后，土地价格才开始上涨，此时"虽山岗之地，每亩亦百余元"[②]。作为重要的物资转运枢纽，港口与其腹地之间需要有交通线路的连接。省港大罢工之前，由于广州内港水道狭窄，前来广州港贸易的5 000吨级以上的轮船，只能停靠至黄埔，并由小船"过驳"运输进出广州的货物。为加强广州至黄埔之间的陆路运输，1925—1926年省港大罢工期间，受雇于香港码头的工人们配合罢工，纷纷回到广州。当时，由于开辟黄埔的声浪很高，这些工人被组织起来在广州老城以东修成一条中山公路，长约6千米。此路最初为泥路，后由工务局改建为花砂路。1927年，修缮后的中山公路通车。这条公路西连东山百子路，东接黄埔方向的蟹山炮台（当时已改为中山纪念公园），长约15公里。中山公路沟通了广州市中心与港口区域，中山公路的建成通车，使黄埔与广州的货物中转多了一条运输通道，而此前更多靠黄埔的小船过驳，对于广州港的发展亦有重要意义，是近代广州港对外拓展的重要一步。

中山公园一侧有一条小涌，当时的计划是不能直入珠江口的大海轮可以停泊于此，由此将客货经中山公路运至广州。不过此涌浅窄，如遇潮水低落，横水艇亦不能通行。工务局因此拟建筑鱼珠公路，由中山公园附近直达鱼珠墟江边，长约900米，并在江边建码头一座，可以便利商贩往来黄埔与鱼珠，还可以接驳海轮客货。由于该处水源清澈，为增加人流量，市政府还在鱼珠开辟了一座大型游泳场，从广州市中心乘车至此，只需要半小时[③]。

在中山公路外，市政府还在广州城区到黄埔港之间计划了数条干线。第一年修通东西第一路干线，由百子路起经石牌省府合署，到黄埔商埠北段；第二年修通第二干线，由广九路局南边马路起，经大沙头娱乐场，至省府合署南边之圆村、程界至黄埔南段。同时还开辟省府合署南端至珠江边为南北第一干线，第二年由棠下以西，铁路以南起往南至珠江边止，第三年由石牌以东、铁路以南起，南至珠江边岸[④]。

1936年2月，为促进黄埔港口繁荣，广州市政府偕同工务局提出黄埔大道的修筑方案。黄埔大道设计全长21 500英尺（约6 553米）[⑤]，筑路工程由南华公司投得，工程费用11万7千元，1937年3月31日签订工程合约，4月10日正式开工[⑥]。公路共分为3段，分别是市内—东沙马路、东沙马路—石牌以及石牌—黄埔段。原先规划

① 《广州口船只停泊起下货物章程》，《广州市市政规章集刊》，1930，第95页。

② 《黄埔港测量及调查概况》，《广东水利》1932年第3号，第89页。

③ 《开始兴筑鱼珠马路》，《广州市市政公报》1930年第364号，第33页。

④ 《令分期扩路利便省府合署及黄埔港交通》，《广东省政府公报》1933年第240期，第61-62页。

⑤ 《粤筑黄埔大道》，《新闻报》1936年2月18日，第7版。

⑥ 《黄埔大道定期兴工》，《时报》1937年4月1日，第7版。

宽度为 30 米，施工时先修筑 10 米，并划出一条支路通达黄埔，"以利交通"[①]。这其中，东沙至石牌段范围内是大片的农田和坟地，施工前需要将其尽数迁移[②]。

黄埔大道横贯东西，并与多条道路交叉。其中与执信路呈斜十字形，高程相差 13 英尺（约 4 米），工务局专门设计了两种方案并道。其一为旱桥式，黄埔路由桥而过，执信路由桥下穿过，采用此方案后，从黄埔路前往执信路需绕道而行，且建筑费用稍高；其二为斜坡式，两路交叉点筑成斜坡，此方案建筑费用略低，但不甚美观，且斜坡式陡然转弯，容易增加行车危险[③]。此外，公路从石牌乡以南穿越，附近也有民田数百亩，且地势颇低。每当大雨，此地时常被水淹没，因此在修筑黄埔大道时，专门加建桥梁、涵洞数座，以保证全线交通顺畅[④]。

而黄埔港公路的规划，还涉及这一时期广州铁路的建设。铁路经营发挥着调剂国民经济的重要作用，既开辟了利源，还可以使原本相对荒凉的地方得到开发。因而广州市政府认为，如果新线路一时不易兴工，则更改方案、修建汽车公路，"以济其穷，自为当务之急"；而在公路与铁路衔接之处，应以铁路为主，公路为辅，这样才能两有裨益。两线平行，只会攘夺铁路运输，"甚非重视交通之意也"。如在原先设计方案中，广九铁路线分别在 3.14 千米和 4 千米处，与中山、黄埔两条公路相交。其中两条公路线路最近处仅相距 150 米，这种设计显然有碍行车顺畅。广九铁路管理局随即提议取消中山公路跨轨，将 4 千米处道口关闭，改为两路在铁轨 3.14 千米处相交。黄埔大道与广九铁路线设计改为 90° 直角相交，以便闸门开闭。此外，由于广九路沿线有东郊市场、市郊公路、跑马场、飞机场等设施，如果设置道口过多，势必影响火车的行车速率，因此在最新的设计中，建造一座长 160 米的连接匝道，以精简铁路道口[⑤]。因此总体来看，由于铁路网的构建短时间内难以实现，汽车公路则能够发挥自身灵活的优势，广州市遂将尽先修筑在与铁路衔接或支分各线作为准则，并计划将其推行至广东全省[⑥]。

到 1936 年粤汉铁路全线通车时，广九、广三、粤汉三条铁路虽然也同时到达广州，但在实际效用上，都无法直接推动广州城市的交通发展。其中广三线止于石围塘，被珠江阻隔，且线路设备较为简陋，运力较弱；广九与粤汉也未能接驳，广州作为铁路枢纽的优势并未完全发挥。同时根据《广九铁路接轨营业合同大纲》第 36 条第 95 款的规定，非中、英两国政府允准，不得筑路与中、英段竞争利益，不得开筑支路，

---

① 《工务局建筑黄埔大道工程近况》，《广州市政府市政公报》1934 年第 461 期，第 69-70 页。

② 《工务局布告限期迁移黄埔大道坟场》，《广州市政府市政公报》1936 年第 529 期，第 123 页。

③ 《工务局建筑黄埔大道与执信路交叉处》1934 年第 462 期，第 66 页。

④ 《工务局增建黄埔大道桥》，《广州市政府市政公报》1936 年第 542-543 期，第 90 页。

⑤ 《广九铁路管理局为中山黄埔两路横跨轨道相距甚近并为一处案自应照办希广州市工务局查照的公函》（1934 年 6 月 30 日），广州市档案馆藏，档案号：0033-003-000 097-018。

⑥ 《令知修筑汽车路应力避与铁路线平行》，《广东省政府公报》1931 年第 148 期，第 147-149 页。

如此更加限制了广九铁路的运输力。

这样的情况一直持续到了 1937 年。是年 4 月，粤汉铁路黄埔支线通车，广三路拟增开车次，并拟办公路、轮渡联运[①]。同年 8 月，西村站支线完成接轨，路基、桥梁、涵洞等工程竣工，粤汉路黄埔支线通车[②]，这条当时中国最为重要的铁路干线，与华南最大的港口得以接驳。到了 1938 年，广北联络线竣工，粤汉、广九线终于在石牌接轨。加之正在建设的天河机场，广东当局正按计划将广州打造成一个陆、海、空运的枢纽。因而从这一角度来看，这些新式交通工具方式的引入，也在很大程度上得益并服务于黄埔新港的建设。一个明显的例子是粤汉铁路的通车，使广州港口的腹地范围扩大，甚至逐渐对广东以外的水运地区产生影响。如 1937 年 2 月 11 日至 3 月 26 日，由武昌东站起运广州的米谷就有 4 342 吨，这些米谷产地多为汉水流域、鄂西、湘西一带。除去驳船、驳费、装卸、运费等项，每吨成本较水运低 1.16 元。而在汉口米市，每百斤米谷 4.96 元，广州为 7.86 元，除去进价及运费 0.55 元，还可获利 2.35 元[③]。不过这种红利仅持续一个多月的时间，4 月 1 日起，为了调剂市场，广东省政府宣布南洋大米免税入粤，消息一经传出，武昌市场米价暴跌，米商纷纷请求取消托运[④]。而作为重要米谷产地的芜湖等地，纷纷推举商会代表赴南京请愿，阻止洋米免税入粤[⑤]。

第二节　洲头咀内港拔地而起

（一）广州内港-外港格局的设计及其考量

与其他沿海港口城市不同，广州还是重要的内河港口，能够顺利获得内地补给品、船只必备用品和包装所需物料的供应。不仅如此，珠江上游地区还能够提供很好的制造包装箱具的物资，广州腹地也能够提供大量船只修理以及建造货仓所需的原材料，广州还有数量巨大的手工匠人群体，能为贸易提供包括修缮商馆、修理外国船只等工作在内的服务。其他中国沿海港口也许有某些便利条件，但广州幸运地拥有全部的便利条件[⑥]。

与黄埔港相比，实际上洲头咀内港工程开工更早，取得的建设成果也更为明显。除了久负盛名的黄埔口岸，事实上，在广州城对岸的河南岛也曾建有多座码头，并拥

---

① 《粤汉路黄埔支线桥洞全部已次第工竣》，《改进专刊》1937 年第 21 期，第 139 页。

② 《黄埔支线八月通车》，《时报》1937 年 6 月 29 日，第 3 版。

③ 《运输米谷由武直达赴粤情形》，《铁路杂志》1937 年第 2 卷第 12 期，第 110 页。

④ 同上刊。

⑤ 《各地米商赴京请愿》，《时报》1937 年 3 月 28 日，第 3 版。

⑥ 范岱克：《广州贸易——中国沿海的生活与事业（1700-1845）》，江滢河、黄超译，社会科学文献出版社，2018，第 5 页。

有发达的内河航运。伴随造船技术及航运技术水平的不断提高，到明清之际，避风条件就不再是航道选择、港口码头选址的最重要的因素了，而更多考虑在靠近广州城市的珠江岸边选址。清顺治年间，人们在河南跃龙里一带兴建了盐埠码头和仓库，此后又在鳌洲增建一所三层九间的金家仓。乾隆年间，通过改埠归纲，使所有场盐均由公局商人统一运赴广州，存于金家二仓，再由水客运销，鳌洲由此成为食盐行销中心①。第一次鸦片战争结束后，英国人为了扩展在广州通商口岸的权益，也曾妄图强租河南岛洲头咀一带为租界，不过在英人入城通商和租地等一系列问题上，广州城内官绅与城外乡民寸步不让，而清朝政府亦不甘心任英国在这些地区随意活动，因此英人自始至终也没能在河南岛上租地立界②。到了20世纪20年代，随着新时期国际贸易的发展需求，广州内港的建设势在必行。现在来看，省港大罢工对广州港口发展有三大促进作用：部分争回粤海关自主权、促进黄埔筑港开埠以及建起当时首个由中国人自行管理的广州海港检疫所。

与《建国方略》之中的描述相比，后来实际制订的工务计划，对于广州港的设计与施工丰富了更为系统的内容。在程天固等人的蓝图中，广州将在十年内建成一个庞大的港口系统，而在这一系统中，包含了黄埔外港和河南内港两大部分。

在这里，我们需要解答这样的一个问题：在当时已经规划了规模庞大的黄埔港的广州，为何还要先行深入内河修建内港呢？实际上，这一问题与当时广州外贸发展的实际需要紧密相连。原来根据当时广州的行政规划，黄埔已经被划入广州市区的范围，“经营黄埔的目的，就是在使广州的工商事业繁盛起来”。而此前，广州城外的码头可以停靠排水量3 000吨以下的小海轮，在内港落成后，3 000吨级以上的轮船可以直接溯江直接驶进广州，而外港则用来接纳排水量更大的远洋轮船。

由此来看，以内港作为外港的“尾闾”，黄埔港面将无壅塞之忧，两座港口将在功能上建立良好的互补关系。河南岛所具备的优势同样无可比拟，这也是其被选为大建设首要方案的原因。长期以来，这座江中大岛地广人稀，临近珠江航道，加之岛形扁狭，江岸线平缓悠长，数万亩的土地足以使这里容纳一个大型商埠。且就地势来看，“就纽约之满哈斯坦（即曼哈顿）岛当不是过，此诚广州市区展拓之最优地点，亦今后广州新生命所自出也……”而且广州当时“惟河南一处，与市内繁盛地区最为接近，且居民密度，不亚河北”③。故而从区位条件讲，河南岛显然具备更大的优势，这里

① 黄佛颐编纂、仇江等点注：《广州城坊志》，广东人民出版社，1994，第710页。

② 如在鸦片战争期间的道光二十一年二月（1841年3月），英军就曾驾驶兵船直抵广州，以开战威胁督抚同意六项条件：“一要两年后进粤省城，而要在河之南岸建立夷楼，三要在十三行开河截段，四要设立天主教堂，五要设立夷衙，六要在天津建屋通商。”此后英人擅自到河南岛上勘地分界，粤民怒不可遏，人们即时在省中城厢内外，“议以每铺户捐铺租一月，凑得经费银三百余万两，并与议书一封，逆夷一见鼠窜而去云”。载齐思和等编《鸦片战争》第3册，神州国光社，1954，第410页。

③ 程天固编《广州市工务之实施计划》，1930，第5-10页。

更临近珠江航道，适合建设港口。

（二）内港工程的实施

1929年，广州工务局正式决定开辟内港，这是一个包括填筑新地、修建新堤及修建港口马路、铁路、仓库等项目的综合性工程。经过时任市长林云陔和工务局局长程天固等人的实地考察和反复论证，广州内港被选定在河南岛西顶端的洲头咀至中流砥柱一带[①]。此处地理位置十分独特，西、北江在广州上游合二为一，又在白鹅潭、洲头咀一带分为前、后航道，形成向东南开口的“Y”字形的河道，北岸为沙面、白鹅潭，西岸为芳村，东岸为洲头咀。内港港区距离珠江南、北两岸各400米，北岸东起珠江中心航道，西迄大沥围以西河边，南岸东起花地河边，西迄大尾围以西河边。这一带水文条件较为理想，河宽、水深等状况都很适宜。在1934年《广州港口图》（图2-2）中，我们不仅能确认广州内港分布的若干码头及仓库，更能在此基础上了解广州内港与城市的区位关系，以及各中资、外资企业在广州竞争、合作的格局。

通过对白鹅潭等处的考察，工程人员还发现，此地河床积沙“日渐增高，以致水浅，不足停泊5 000吨以上之商船。挟来之砂砾，实属多量。若不从事浚深，则河流两岸，将来再有沙洲浮现，水量排泄，将愈不适宜”，所以必须浚深珠江。经过考察，广州市政府决定购买天津英租界所使用的常备挖泥机两台，每台价值约15万元，并在洲头咀到中流砥柱之间修筑码头数座。这些机器除修筑内港外，还可以用于疏浚河道[②]。工务局的人员还会同外国工程师租用盘艇，并从治河委员会借得海上钻机一套，开始穿探白鹅潭一带河底质状，此后又在洲头咀一带钻探[③]。在测量时，为取得更为精确的结果，测量人员使用探水尺或水砣，基底附着较宽铁板，深入河底以探河底深度，又用组铅线横亘水面，每隔相等距离加以标识，同时记录探水时间，以此测得河流宽度、深度[④]。

港区水域滩石密布，致使河水深浅不一，巨石既有伸出河面者，亦有潜伏水下者，粗略估计这些巨石的总量超过12万立方米。更为棘手的是，“河底淤积，日甚一日”，对将来浚河筑堤均有妨碍。为此施工方采取两套方案，首先是爆破河底石块，使河床深度齐一；其次是修筑堤岸，在水深较大处采用钢板舂建筑堤基，在石底河床采用纯三合土灌注堤岸[⑤]。为此，美国马克敦公司承担了炸石任务，并将炸碎礁石用起重机起出，运往内港用以填筑堤岸。为不影响珠江上的正常航运，特地将附近省澳轮船码头迁往别处停泊[⑥]。

---

① 《工务局决定开辟广州内港》，《广州市市政公报》1929年第335、336号，第43页。

② 《工务局决定开辟广州内港》，《广州市市政公报》1929年第335-336号，第42-46页。

③ 《开始钻探海珠河底以便筑堤架桥》，《广州市市政公报》1930年第341号，第47页。

④ 《工务局呈请派员复测内港填泥工程》，《广州市政府市政公报》1933年第423期，第54页。

⑤ 《进行建筑中之广州河南新堤》，《科学的中国》1935年第3期，第26页。

⑥ 《爆炸海珠礁石工程近况》，《广州市政府市政公报》1932年第408期，第54页。

在河南新堤未筑成的时候，堤岸西不能接内港，北不能连铁桥，东不能连通岛上各乡马路，"省河南北，仍觉隔膜"。于是建筑新堤的工程可以被看作是内港工程的核心。筑堤工程于1930年8月正式开工，工程由港商华益公司以每英尺220元的价格竞得，市政府要求他们在16个月内完成堤岸填筑工作。由于河南岛几何形态十分特殊，东自游龙坊、西至朝音街一段，呈一个内弯的巨大弧形，其中弯入最深之处近90米，所以华益公司决定将这一部分作为重点进行填筑（见图2-1）。起初，河南新堤岸线计划由洲头咀东端起修至海珠铁桥南岸桥脚一段，长达1 300米，后来程天固等人看到新堤筑成后，地脚尚未坚固，恐有变动，遂决定先使用花砂路面，以节省费用，待到所有工程完竣之后，再改筑沥青路面。此外，工程还计划开辟一条新堤马路。此路长约1 150米，自电力机厂起，至仁济街止[①]。

图2-1 河南新堤施工场景

（资料来源：《进行建筑中之河南新堤》，《科学的中国》1935年第5卷第3期，第26页）

由此，整个河南岛的道路系统被连贯起来：四条横马路贯通堤岸，第一条宽约25米，接德和大街，分海天四望街；第二、三、四条均宽约18米，分别连接后乐园马路、永兴中街和永兴上街。二马路由北而南长约900米，北接海天四望街，南至永兴上街，四条横马路与之相接，构成近似"日"字形的道路网格。

海珠堤岸东起长堤点灯局，西至仁济街口，全长约3 800英尺（约1 158米），呈反弓背形，凹入最深之地位于迎珠街口，约100米。此段河面虽宽，但礁石错列，水流湍急，为此，需爆破海珠公园东端至西堤太平南路之间的2 500英尺（约762米）礁石。该工程于1932年1月开工，1933年10月竣工，由马克敦公司承包炸礁工程；荷兰公司负责填筑海珠堤岸第一段工程，从潮音街口至海珠公园西端止，长1 120英尺

① 《广州都市未来之计划》，《工学》1924年第1期，第40页。

（约 366 米）；第二段工程由联兴公司承包，由海珠公园东段至游龙坊对面附近，长约 1 000 英尺（约 305 米）；第三段由华益公司承包，下有石质，先行炸石，再打桩。河南堤岸先筑洲头咀东端至海珠铁桥南岸桥墩止，全长 7 300 英尺（约 2 225 米），共填泥 95 000 华井（约 341 万立方米）。

由于内港工程规模巨大，广东省政府、广州市政府都认为无法单独承担工程款项，于是官商合作、官督商办成为最理想的方式。工务局致函广州总商会，由政府和商会各承担洲头咀内港费用的一半，即 13 500 元。不过当时受国际经济大萧条的影响，商务凋敝，粤省还在努力劝销军库券，只要从已筑成马路工程之下动用余款，"亦为商民负担，按月借支，专为筑港之用，将来堤成售地，所得价值尽先拨还"①。商会一方亦并非直接投款，而是由市政府出面向全市各商会发行公债 32 万，周息 8 厘，待两年后工程完成，将新地所沽地价拨还公债。政府之所以愿意出面为此工程作为担保，则是由于规划的内港区域土地估价达到 283 万元，所以市政府认为工程竣工后收回公债，亦并非难事。

此外，在内港工程规划中，市政府充分考虑了其背后的经济收益问题。决定将这里变成一个新的贸易中心，于是规划在堤岸与二马路之间留出 9 大段地皮，用以建筑货仓、铺户和商店，面积达到了 8 089 华井（约 81 000 平方米），以每井 350 元的价格向社会招租，仅这一项就可收入 283 万余元。

尽管填筑海珠工程需要使用的大麻石块、石角、铜板钢桩以及美国松板木阵陆续运到，但由于款项限制，内港修筑工程只能分步骤进行。工程中的截弯取直方案，需要向江中弯入处填泥，这项工作耗费物资巨大，筑堤工程每米建筑费约 450 元，仅此项就需要 643 500 元。经工程人员测量，填筑新地工程面积达到 10 865 华井，另外施工水域水深接近 7 米，共填泥 228 100 立方井，这项工程也需要 57 万元工程费。为完成大规模的填筑工作，华益公司还专门从德国订购了大量设备器材②。仅 5 天时间，海关宿舍对岸的堤岸就已经沿新堤线向西打入钢桩 144 条，按照原计划，这些钢桩应打入 18~19 英尺（约 5.5 米），方可将桩顶打至原定水平，但因河底为泥沙质，测量河底水平时稍有出入，整体平顺，无倾斜之弊③。故而在实际操作中，均未打至规定水平，打入深度只有 13 英尺（约 4 米）左右。

填筑海珠工程开工后，潮音街口起至海珠公园码头开始拆卸，但由于前期宣传不够，码头业主不甚明了，于是有人呈具市府、工务局请求修复。因此工务局发布公示，明确商码头至海珠公园端内均属收用范围，而商码头在新堤西端闸水堤坝，应先拆再补④。

① 《开辟广州内港商界认费问题》，《广州市市政公报》1930 年第 355 号，第 112 页。
② 《兴筑河南堤岸》，《广州市政府市政公报》1933 年第 423 期，第 88 页。
③ 《呈报建筑内港堤磡工程案》，《广州市市政公报》1930 年第 373 号，第 67 页。
④ 《海珠筑堤经将码头拆卸》，《广州市市政公报》1930 年第 364 号，第 33 页。

施工期间，工人操纵起重机、吊重机、熔接器、气锤铁钻等众多机械在珠江岸边日夜忙碌。为使工程顺利进行，广州市政府决定，对装载建筑材料及工地用具的船只实行进港免税待遇，并为参与工程的外国公司优先发放护照①。在此过程中，由于航道出现了一些变动，还发生了一些小插曲。1931年，一艘名为"金山"号的香港货轮撞毁内港木质航行标识，而该标识为工程所设，需待岸线工程完成后才可拆去，双方为此争执不休。船方虽辩解称，退潮时有不利风向干扰，难以稳妥绕过，并非疏忽造成，但实际上此标识距离对岸芳村近400米，视野开阔，船只可以回旋自如。工务局将情况转呈市府，经过与驻穗英领事交涉，最终决定由华益公司索赔1 000元②。

在1930年粤海关理船厅颁布的《港口条例》中，对广州内港的抛锚界限进行了详细规定。如船只载有石油、火药等易燃易爆物品，其泊界介于菜涌及凤凰岗、石泡两处，当船只靠近珠江南岸行驶时，由港口管理人员登船指定下锚地点。在泊界河道内不得鼓轮疾驶，以免涌起波浪，发生危险，或损伤岸上之物。而未搭载危险品的船只，其泊界南至绥靖炮台，西至螺村涌及泮塘铁路桥，东南至石涌、川龙涌。

外籍小艇在广州段珠江航行，速度不得超过10海里（1海里/时），且需由该国领事馆向理船厅报备。拖轮允许在省河中段以西、绥靖炮台之南，由洲头咀划一道直线至沙面英国埠头之东，直到螺村涌之西航行；拖轮允许拖船6艘，2艘旁拖，4艘尾拖，长度不得超过70英尺（约21米），宽不超过15英尺（约4.6米），如超过此标准，则准拖4艘，大号米船准拖2艘，载客渡轮则只可拖1艘。从拖轮船尾起至最后船尾，长度不得超过200英尺（约61米），一排尾拖之船不得超过3艘；拖轮在省河北边，允许从石涌、洲头咀到沙面英国埠头直线之内，顺水行驶不得多于2艘，且须从旁拖带。大号米船及省港渡轮每次只准拖1艘。逆水行驶准拖4艘，其中尾拖2艘，旁拖2艘，要求与省河南边相同。

有趣的是，为了迅速使港口管理人员了解每艘船只的实时状态，理船厅还发明了一套旗语，不同样式的船旗具有不同的意义：如"Y"字旗意为呼唤装灰船、"N"字旗意为呼唤泊吏，"O"字旗是寻找挑夫，"E"字旗则是寻找海关关员、"G"字旗是因船上出现病患而呼叫医生、"B"字旗代表船上载有危险品、"HN"字样的旗帜表示船只失火、"Q"字旗表示入禁海船，如将H旗降半旗，则表示将要清关出口③。这一条例的实行，为省河航运管理提供了细致的依据，同时为洲头咀内港的开辟奠定了基础。

广州市政府原定于1934年10月1日前，将省、港、澳三地轮船迁泊内港，因工程未竣而延期至1935年3月④。此时，洲头咀内港已有二等码头2座，主要湾泊省、港、

① 《填筑海珠近讯》，《广州市市政公报》1930年第366期，第33页。

② 《金山轮撞毁内港标志交涉近讯》，《广州市市政公报》1931年第379号，第41页。

③ 《广州口船只停泊起下货物章程》，《广州市市政规章集刊》，1930，第100页。

④ 《财政局提议关于省港澳轮船迁泊内港一案应否再行酌于展期以便商人请公决案》，《广州市市政公报》1934年第495期，第22页。

澳轮船；三等码头 2 座，湾泊往返梧州、高廉、雷琼等地的大轮船；四等码头 7 座，专门停泊火轮、拖渡或单行轮拖；五等码头 22 座，用来停泊运输贩卖四乡果蔬的小船；另有六等码头 22 座，以湾泊过海电船（图 2-2）。广州市财政局还新设了一个内港管理处，负责处理码头、货仓的一切管理事务①。

图 2-2　20 世纪 40 年代的广州内港码头

（图片来源：《民用航空队半月刊》1948 年第 2 卷第 7 期，第 9 页）

洲头咀内港的停泊费征收标准相较于此前广州港口的相关标准也进行了相应的变化和调整。大型轮舶停泊内港需要依照登记排水量征费，未满 100 吨者收费 5 元，100~500 吨，每增百吨加收 2 元，500~1 000 吨者，每增百吨加收 3 元，1 000 吨以上者，每增千吨加收 10 元。船舶未满 50 吨者，则按月征收停泊费，未满 1 吨者收费 5 元，未满 10 吨者收费 8 元，未满 50 吨者收费 15 元。一次缴纳全年者，则按 10 个月计算。而占用码头也需要支付租金，一等码头每位长度 130 米，月租 1 500 元；二等码头每位被 100 米，月租 1 250 元，三等码头每位长度 60 米，月租 660 元②。

广州内港建设工程规模庞大，工期漫长，难免阻碍和影响附近商铺及码头的正常运行。如南大油厂，原先在洲头咀大街 53 号经营油铺，并有自营码头，在内港兴筑开工后，由于原先水埗区域填塞，损失很大。为使商号铺位直达内港新堤码头，以便上下货物，南大油厂提出新建轻轨的请求，获工务局批准。但工务局提出三点要求：首先，铁轨高度不得超过地面 1 英寸（2.54 厘米）；其次，工务局需要收回沿线土地时，应及时拆除铁轨，不得延误；最后，轻轨施工过程中如有损毁地面状况，由油厂负责修缮③。

① 《广州市内港管理处暂行组织章程》，《广州市政府市政公报》1934 年第 463 期，第 33-34 页。

② 《广州市内港码头堤岸租赁及停泊征费暂行章程》，《广州市政府市政公报》1934 年第 463 期，第 35-37 页。

③ 参见《南大油厂因建筑内港影响营业请广州市工务局准予暂筑轻便铁路以利商业的状》（1934 年 11 月 21 日），广州市档案馆藏，档案号：0033-003-000 142-001；《广州市工务局关于南大油厂在内港新填地铺设临时铁轨须遵照三事办理一案的签呈》（1934 年 12 月 3 日），广州市档案馆藏，档案号：0033-003-000 142-002 等。

到 1937 年，洲头咀内港的工程大部完成，但大小船只仍未迁往湾泊起卸，港内地段报呈建筑房屋，亦属寥寥无几，遂形成荒弃。市局为繁荣港口起见，拟订计划三项：首先是为了应对各轮商公司，尤其是港澳轮船以缺乏码头、仓库为由抵制内港建设，计划加速建筑码头及货仓 8 座；其次是在目前填泥爬平路面的基础上铺砌全港路面，并兴筑沿岸近海马路；最后是兴筑太平铁桥。市局认为，由于海珠铁桥不贴近于内港导致省河南北隔断，这是该港未见繁荣的最大原因，遂决定在大基头至西濠口之间花费 150 万元建设太平铁桥，使河北与内港连接[①]。这三项计划中的前两项在 1937 年的上半年完成，修筑铁桥事宜也在 1937 年秋动工。而以振兴广州城市经济为目标的洲头咀内港建设工程，最终还是在日军侵略的炮火下被迫中止。

第三节 河南岛的新面貌

正如在第一章中所述，广州的市区范围于 20 世纪 20 年代被初步确定下来。其中北郊以白云山为界，西郊以增埗对河为界，西南郊以贝底寺、石围塘为界，南郊以河南、黄埔为界，东郊以东圃墟及沿棠、下车陂、涌北、上以水土围为界。随着新式马路的先后开辟，市内交通逐渐便利起来，城市人口渐趋集中。在意识到交通系统需要通盘考量后，广州设计委员会派出调查员分途履勘，开始制订道路系统计划，并绘制系统图，意在使市区得以平均发展，不致偏重一隅[②]。

在 20 世纪最初的 30 年间，广州共经历过 4 次较大规模的城市建设：第一次是清末新政时期，主要工程是沿着珠江北岸修筑起长堤，这个集交通、防洪等功能于一身的工程东起大沙头的广九铁路线，西至黄沙的粤汉铁路线；第二次是民国市政公所时期，广州大行拆城筑路，从而使城市格局发生了巨大变化；第三次是民国市政厅时期，广州市又在街巷密布、人口密集的西关地区陆续开辟了数条新式马路。而相较之前的三次工程，陈济棠主粤时期，市政部门制订实施的开发河南岛的大计划，将投资与工程规模都提升到一个新的高度。这一计划实际是一项包括了交通网完善、工业区建成等项目的大规模城市改造计划，当时就被誉为广州城市“新生命的自出之所”[③]。

从 20 世纪 20 年代起，容秉衡、梁溥等学者就考察过河南岛的地理概况及聚落分布形势，并撰写了《河南岛概况》和《河南岛聚落地理》[④] 两篇文章。不过在此后的研究中，河南岛大建设在广州城市发展中的作用却被相对忽略，学者们将大建设本身看作一个孤立的事件，集中关注于建设工程之上，未能看到当时公务人员在设计工作中

① 《河南内港建设又一说》，《香港华商月刊》1937 年第 2 卷第 5 期，第 10-11 页。

② 《市府公布本市道路系统图》，《广州市政府市政公报》1932 年第 410 期，第 58 页。

③ 程天固编《广州市工务之实施计划》，1930，第 8 页。

④ 容秉衡：《河南岛概况》，《农事月刊》1926 年第 4 卷第 7 期，第 41-44 页；梁溥：《河南岛聚落地理》，《勷勤大学季刊》1935 年第 1 卷，第 182-197 页。

更为宏观、系统的思考①。事实上，当时在珠江南岸掀起的大规模建设，背后既有国际港口贸易兴盛的外在刺激，也受到城市扩展的内需推动。河南岛实际上成为广州城市通向大洋的一个连接地带。

（一）河南岛开发的各项条件

1. 河南岛的自然与人文环境

珠江三角洲地区水网密布，河道纵横。西、北两江经此流向大海，西、北、绥三江在佛山三水汇流，在南海县（现南海区）石门流入广州境内，江水流向西南形成大通滘，又流向东南，形成大黄滘。此后江水又屈向东北，流经省城南面，又向东北流经东驳台，又屈向东北分流绕二沙尾复合。再往后，沙河、石溪、东圃等河水相继注入，直到黄埔新洲，海船可以寄椗②。其中珠江干流自白鹅潭起分为两支，其北一支流经今天的二沙头、琶洲到新洲，形成所谓的珠江前航道，也是主航道；另一支水流则南下经过今天的南石头、洛溪大桥到达官洲，并在新洲与前航道汇合，形成后航道。总的来说，前航道水位较浅，后航道则较深，而两条水流包围实际上形成了一座大岛，此岛位于珠江主航道以南，故名河南岛，而由于河南岛面积实在太过于庞大，以致长期以来被视为一座广阔的陆地，因此广州人习惯称其为河南，即今天海珠区的主体。与此相对应，老城地区被称为河北。

河南岛是一个人杰地灵的地方。民族英雄邓世昌曾在此长大，被称为“粤诗之祖”的杨孚也出生于此。屈大均在其著作《广东新语》中，还记载了这样一则故事：相传杨孚“常移洛阳松柏种宅前，隆冬蜚雪盈树，人皆异之，因目其所居曰‘河南’。河南之得名自孚始”。众所周知，岭南地区天气温暖，降雪的现象在此并不常见，“而孚之松柏独有雪，气之所召，无间远迩。雪其为松柏来耶，为孚来耶？予诗云：‘能将北雪为南雪，为有苍苍自雒来。松柏至今虽已尽，花田尝见雪花开。’花田者，河南有三十二村，旧多素馨，花时弥望如雪，故云”③。这段神奇传说的真实性已不可考，却仍可以说明此地历史悠久。

广州地区的风水先生们都曾认为河南岛是一块“藏龙之地”。其中龙头在东海官洲，龙尾在乌龙岗龙尾道，所以在南汉时期官洲就被划为陵园，到清代还有前朝太子墓被发现，相传可以吸东海龙气，引入广州兴王府，龙尾道亦设天坛祭龙。据当地人讲，“赤岗东七星顶，曾有赤龙现身，龙鳞片片可见”，直到清末仍以“鳞石”为名。

① 杨颖宇、黄素娟等人的研究，不同程度地涉及20世纪初广州城市规划问题与河南岛大建设的内容。参见杨颖宇：《近代广州第一个城建方案：缘起、经过、历史意义》，《学术研究》2003年第3期；黄素娟：《乡村基层权力与城市扩张——以民国时期广州河南开发为例》，《开放时代》2017年第6期。

② 毛鸿宾、郭嵩焘等修，桂文璨等纂：《广东图说》卷2，载《中国方志丛书（106）》，成文出版社，1967，第42页。

③ 屈大均：《广东新语》卷2《地语》，中华书局，1997，第42-43页。

赤壁高十余丈，满饰“鳞石”，也曾是广州的一大奇观[①]。

清代，河南岛隶属番禺县菱塘巡检司管辖，广州城外建有无数都堡作为防卫设施，河南岛上有河南堡，“在城南五里内，有小村七十三”[②]。其中窑头村（后改为“瑶头”）是河南岛上最大的村落，在这里“由瑶溪远眺松岗，山翠如黛，棹转溪曲，烟水更幽。忽睹红霞抹天，下映碧水，则桃花新放也”[③]。定桂在其所作《河南村居》中也描述了此地闲适自由的生活环境：

旧拓地三亩，新栽竹四围。幽居少行役，此乐与谁归。水浑浮较翦，地狭养镰刀。谷雨田鸡唱，花风野马劳。新茶初摘叶，冷饭饱餐桃。地住闽中客，乡音近学操[④]。

在岛西北部的沿江地带，则是另外一番景象。这里伴随广州商贸的发展而日益兴盛，清代以来逐渐开辟为街巷，并建起商铺、行栈、货仓及酒楼，形成新兴“街市”。当时的街市大致以海幢寺为中心，洲头咀、南岸、鳌洲、龙溪乡、安海、龙导尾、白鹤洲、漱珠岗等地也得益于盐仓和行商落户[⑤]。时人记述在漱珠桥畔酒楼临江而坐，红窗四照，花船近泊，初夏则比目、鲟龙，当秋则石榴、米蟹、海鲤，泛瓜皮小艇，与二三情好薄醉而归，即秦淮水榭，未为专美矣[⑥]。从这里还能看到“漱珠桥外一凭眺，湾环溪峡通双洲”[⑦]的盛景。在这些小商店和茶楼之间，“番摊”和赌博成为远近闻名的特色。珠江南岸还生活着很多客家人。他们原本受雇于当地小机房，各自行织土布为生，后来在宝岗一带开山掘井，建土房而居[⑧]。这从侧面说明河南岛上传统手工业的兴旺。

此外，河南岛上有一大族——潘氏。乾隆年间，其族有人因“忤权贵归，居林下数十年，足迹罕入城市，所居近万松山麓”，名曰南墅，有亭台水木之胜。清代也是河南岛上佛法昌盛之时，岛上寺院数量同样可观，其中海幢古刹，号称有僧三千。进入民国，其势虽大为衰落，但仍有信徒在龙尾导能仁新街创设觉苑念佛堂，并时常举行宏大的佛事[⑨]。该寺规模极大，山门内植榕树、菩提，大可十余抱，阴浓如盖，秋冬不凋。柱槛窗栏，皆以铁梨木为之[⑩]。

---

① 《广州及周边地区的景观沿革——释〈广州杂抄〉下卷》，载曾昭璇：《岭南史地与民俗》，广东人民出版社，2015，第132页。

② 毛鸿宾、郭嵩焘等修，桂文瓅等纂：《广东图说》卷2《番禺七》，载《中国方志丛书（106）》，成文出版社，1967，第45页。

③ 杨永衍：《添茅小屋诗草》，载黄任恒编纂、黄佛颐参订，罗国雄等点注：《番禺河南小志》，广东人民出版社，2012，第21页。

④ 潘定桂：《河南村居》，载黄任恒编纂、黄佛颐参订，罗国雄等点注：《番禺河南小志》，广东人民出版社，2012，第5页。

⑤ 黄素娟：《从省城到城市：近代广州土地产权与城市空间变迁》，社会科学文献出版社，2018，第283-284页。

⑥ 《番禺县续志稿》，载黄佛颐编纂，仇江等点注：《广州城坊志》，广东人民出版社，1994，第701-702页。

⑦ 方浚颐：《二知轩诗钞》，载黄佛颐编纂，仇江等点注：《广州城坊志》，广东人民出版社，1994，第702页。

⑧ 《广州及周边地区的景观沿革——释<广州杂抄>下卷》，载曾昭璇：《岭南史地与民俗》，广东人民出版社，2015，第123页。

⑨ 《广州河南创设觉苑》，《扬善半月刊》1933年第1卷第8期，第136页。

⑩ 沈三白：《浮生六记》，载黄佛颐编纂，仇江等点注：《广州城坊志》，广东人民出版社，1994，第696页。

总体来说，河南一地距城较近、地势开阔、交通便利的优势，使其具备较为明显的发展优势。早在鸦片战争之时，河南就成为英国人的觊觎之地。鸦片战争结束的次年，“英夷欲勒租其地，创建洋楼，居民不与。其国领事径于四月初旬丈量地势，插旗志界。居人大骇，会合四十八乡，得众三千余，趋入洋行会馆欲与英领事理论”[①]。英人的阴谋最终才未能得逞。清末以来，河南岛西北端出现了一些新的建筑，并进行过小规模的道路改造。清末生活在河南岛的曾广衡提到，自家宅院初建时“还未成西街”[②]。广州虽然常年历经战乱，但由于河南偏处一隅，宁静的乡村景象得以保存下来。由于位置偏僻，南石头村前建有惩戒场，1912 年 6 月由镇南炮台改建，面积约 47 亩，外场海岸建码头，建洋楼，洋楼为办公室；内场为警察所、犯人室、运动场、作业工场。场中央东、南、西、北分建 4 楼，可容纳监犯近千人[③]。

河南岛的自然条件同样优越（表 2-3）。这里农业发达，“土风多酒肆，民业半茶农”[④]，到了清代，该岛的腹地依旧保留了传统的乡村风光，黄璞称“河南有田不树秧，河南有女不采桑。处处种茶供租税，家家卖茶为稻粮”，“清明前，春分后，茶叶青青茶叶秀，茶叶织织茶叶幼”[⑤]。

表 2-3　河南岛的自然条件

地形、地质	由红色岩系准平原和珠江冲积平原两部分构成，前者主要分布在岛上北部和西北部，地下水位较低，天然排水良好，因此能改造成有用的土壤；岛南端河港分歧，地势低下，土地卑湿，地下水位很高，排水不好，近河之处，间有被水淹没。总体来看，七星岗为最高处，西南最为卑下，中部多平原，土质肥美，为园艺最盛之区
水文	无高山峻岭，而多涌流，密如蛛网。有天然河流，有人工开凿水道
气候	与广州无异，每年 5—10 月，天气炎热，空气湿润，多雷雨。无降雪，3、4 月多春雨，天气潮湿异常，极易诱发流行病，为一年最不畅适之时

资料来源：梁溥：《河南岛聚落地理》，载《勷勤大学季刊》1935 年第 1 卷，第 182-197 页；容秉衡：《河南岛概况》，载《农事月刊》1926 年第 4 卷第 7 期，第 41-44 页。

河南岛还是广州地区最主要的花卉种植与销售基地。每到夏秋之际，鹤洲一带的临江地区，茉莉盛开，香飘数里。时人曾谓“南河多居民，家家种花田。其间广千亩，香气成云烟”。在 100 多千米之外的东莞，人们称素馨为“河南花”，也是对这种

① 陈徽言撰，谭赤子校：《南越游记》，广东高等教育出版社，1990，第 189 页。

② 《广州及周边地区的景观沿革——释<广州杂抄>下卷》，载曾昭璇：《岭南史地与民俗》，广东人民出版社，2015，第 99-100 页。

③ 黄任恒编纂、黄佛颐参订，罗国雄等点注：《番禺河南小志》，广东人民出版社，2012，第 70-71 页。

④ 胡方：《过窑头》，载黄任恒编纂、黄佛颐参订，罗国雄等点注：《番禺河南小志》，广东人民出版社，2012，第 21 页。

⑤ 黄璞：《河南采茶歌》，载黄任恒编纂，黄佛颐参订，罗国雄等点注：《番禺河南小志》，广东人民出版社，2012，第 228 页。

花卉原产地的最好说明。“珠江南岸,有村曰‘庄头’,周里许,悉种素馨,亦曰花田。”拂晓之时,妇女前往花田采摘,趁天未大亮,只能看到花而不见其叶。其中稍白者,就是其当天开放的。在采摘之后,为避光保存,将其盖上湿布,其中已开之花就地置之,每当此时,买花客涉渡珠江前来,“一时穿灯者、作串与瓔珞者数百人,城内外买者万家,富者以斗斛,贫者以升,其量花若量珠然”①,一派热闹的场景。

2. 广州城市发展的刺激

20世纪二三十年代,广州市政府之所以选择河南岛作为开发的主要方向,与清代至民国广州城的发展趋势有密切关系。正如前文所述,明末清初,广州城市就已突破城墙界限,在几个城门外形成若干大小不一的城关,其中最著名的便是西关。作为当时广州最重要的商业地带之一,宣统《南海县志》记载清末西关街道“增益不止十之六七”,西关一带街道地名也达到1 600个,人口更是接近30万,西关之盛由此可见一斑②。而广州城内作为广州的行政中心,其人口密度及商业繁盛程度仅次于西关。此外在当时的广州,城市空间布局的发展也存在不平衡的现象,城内及西关地区虽然人口、建筑密集,在城外很多地区还保留着乡村景象。待民国肇兴,广州城市改造就被提上了日程,虽然在1918年,广州市政公所着手拆除城墙,并在原址上修建新式马路,但广州城内及西关等地区的空间密度依旧巨大,新式街区的出现也难以满足城市发展的需求。加之广州城及其周围区域已无太多余地可资利用,在这种情况下,广州城市的扩展已展现出新的趋势。

与当时珠江北岸业已建成的新式骑楼街区相比,江对岸的河南岛仿佛与世隔绝,这里的街市依旧保留清代的样貌。民居以平房为主,街道狭窄,且十字路较少,同之前西关的情况相似,一旦发生火灾,很容易殃及周边建筑。如光绪十年(1884),河南太平坊一家香店失火,殃及左右铺户,“十余椽尽成焦土”③;光绪十五年(1889),南岸大街泗隆纸料店失火,消防人员闻警后竭力施救,而各营兵勇更分投严缉匪徒。此处与省垣隔河相对,当时正值黑夜,“其光分外通红,远近人家无不异常惊骇”④。

这种现象一直持续到民国建立之后,且没有太大改观。如1928年12月16日,河南和乐街6号发生大火,延烧东一街、新民五街等处,烧毁房屋125间;1929年11月13日发生在大涌口至二涌口的火灾,由于此地木屋众多,很大程度上助长了火势,共烧毁木屋1 200余间,损失数十万⑤。即使后来广州市政府在河南开始建设新街市之后,除几条主干道外,其余内街“仍极湫隘,空气亦感浑浊,且每遇火警,扑救尤

① 徐逢吉:《花田》,载黄任恒编纂,黄佛颐参订,罗国雄等点注:《番禺河南小志》,广东人民出版社,2012,第213页。

② 张凤喈等修,桂坫等纂:《南海县志》卷3《舆地略二》,清宣统三年刻本。

③ 《火灾类志》,《申报》1884年12月24日,第2版。

④ 《粤东火警》,《申报》1889年10月4日,第2版。

⑤ 《广州河南大火焚屋一千余间》,《申报》1929年11月15日,第7版。

难”；1933 年 4 月 24 日，永兴街一带又燃起规模空前的大火，焚烧店铺 68 间，直接损失超过 70 万元。此地位于河南凤安桥以西，铺户鳞比，后方临一小河，这些店铺大多经营木料行业。各地救火车前往施救，但由于这一带尚未辟成马路，新式救火车未能驶近火场，只能在远处接驳水管喷射，眼睁睁看着无数商铺与存放涌畔的木材尽付一炬[①]。时人由此得以痛感在河南建设新式马路、规划布局合理街区的重要性。

另外从当时的大环境来讲，到 20 世纪 30 年代，中国境内大部分地区的军阀混战已逐渐平息，粤省局势亦稍稍安定，这就为广州城市化的推进，提供了一个较为理想的社会环境。1929 年全球经济危机爆发，为摆脱、转嫁经济危机，英、法、美等西方主要国家一方面高筑贸易壁垒，一方面在全球各地以较低价格处理过剩的产品。很快，广州进口的纺织品、汽油、水泥、火柴等产品有所增加，农产品方面，面粉和大米的进口也持续保持高位。后因各国关税增高，出超逐渐减少。对此，1933 年，陈济棠坚决推行所谓的“三年建设计划”，试图振兴广东经济，以稳固其在粤省的统治。加之广东自然条件优越，盛产蚕丝、甘蔗、烟草、黄麻等经济作物，手工业、商业发达，为城市的发展提供良好的物质基础。加之具备作为外侨之乡的优势，可以更好地利用侨资、侨汇等资源[②]。当时主政广东的陈济棠看准时机，对各类洋货采取专税计划，使其无利可图，并加强对粤省市场的全面统制，将烟、酒、盐等商品置于专卖政策之下。与此同时，他还致力于为本土行业寻找发展突破口。如机织土布业，此业以河南岛输出最盛，行销国内各省市及南洋。不过，“而今粤地土布运销外洋，较诸行销内地反加重成本，最后一线生机全赖南洋各地”，广东土布业“遂成奄奄一息之象，政府正宜设法救济，乃海关仍旧征收土布出口税，实为土布出口一大打击”。这些状况，都在刺激广州加强港口建设，便利土货出口，并裁撤苛捐杂税，以“减轻成本，俾得与外货互相角逐”[③]。

（二）河南岛开发的考量与规划

城市扩展的内部需求，加之港口贸易的外部刺激，都成为河南岛大建设得以施行的重要推动力。对于城区扩展和港口建设工程的选址，城市设计者们进行过科学的思考与反复的论证，在此过程中，程天固扮演了十分重要的角色。1929 年，程天固第二次担任广州市工务局局长，同时兼任城市设计委员会主席。在此期间，河南岛大建设的工程设计都由其主持。在《广州市工务之实施计划》中，程氏提出“都市设计，半据于人事之变迁，半基于天然之地势”的观点，从地貌条件来说，广州地势“北阻于山，西尽于水”，未来城区的扩展只能朝东、南两个方向进行。而程天固认为“东郊旷

① 《广州河南火警》，《新闻报》1928 年 12 月 18 日，第 7 版；《广州河南大火，焚去店铺六十余家共损失七十余万元》，《申报》1933 年 8 月 2 日，第 11 版。

② 程浩编著：《广州港史（近代部分）》，海洋出版社，1986，第 224-226 页、第 250-251 页。

③ 《粤土布商对重叠抽税之呼吁》，《申报》1936 年 9 月 20 日，第 10 版。

地虽多，究离市心过远”[①]，遂以位置“偏远”为由，将东山开发放到了次要方案上。

另一个重要问题是，河南岛曾长期存在所谓“桥内”与“桥外”的双重权力格局。大体以汇津桥、利济桥和云桂桥为中界，桥内36乡是以瑶头为中心的村落，桥外近河一带则以揽路尾南洲公局为地方中心。民国建立之后，近河一带的街市被划入了广州市区的范围，而内陆乡村基层权力先后掌握在乡团联团和区公所的手中。因此当广州市推行发展河南计划时，盘根错节的乡村权力关系极大地牵制着市政权限的扩张，其中最大原因在于当时的番禺县并不愿放弃河南的管辖权。而在1929年9月，广州市政府宣布，将河南划定为特别区，“以便措置”[②]。这样，河南岛与番禺县之间的联系进一步被剥离，同时为广州市在此大兴土木提供了条件。

工业是国家发展的重要支柱产业，尽管大多数城市先于工业而出现，但近代城市的高速发展，归根结底是产业革命及工业化不断推进的产物。广东是中国最早出现近代工业的地区之一，尤其是广州，更是集中了主要的近代工业设施。程天固认为就工业区域的选择而言，应设立于水陆交通最为便利之地点，工厂所需水量很大，故应设于海湾和沿河流之地。另外，考虑到污染问题，工业区不能建于城内，应寻找城市的下风向，因此决定在符合条件的河南沿岸大沙头、黄埔、花地及广九军路一带建立一个大的工业区，与正在规划的西村工业区相呼应[③]。

我们还可以看到，在大建设规划的过程中，程天固等设计人员可以根据实际情况，因地制宜修改施工图纸。由于当时并非岛上所有地区都具有同样的开发价值，因此大建设工程主要集中在岛的西部地区。同时，岛的南部普遍地下水位很高，排水不好，近河一带，被水淹没之处甚多[④]。河南岛中部的生物多样性状况十分优越，20世纪50年代，中山大学生物学系的研究人员在这些地区进行过大规模调查，结果在此地发现双星藻科水绵属植物共57种和1个变种，其中37个为广东省内新发现的物种，14种甚至在当时全国范围之内都未曾发现[⑤]。众所周知，藻类植物在重金属吸附、有机物治理和菌藻共生系统等方面均有显著效果，由此本着因地制宜的理念，程天固等人认为河南岛南端“河港分歧，地势低下，土地卑湿，一时实未易发展为市区”，他们决定在孙中山生前整理河南水道计划实施之前，将这一地区的港汊整理开导，“务令灌溉尽其力，田地得其宜，则该处一带之地，可以成为市区内良好之农业区”[⑥]，并尽量不去破坏现状。另外，就卫生方面而言，河南岛上乡村地区远远不如城市，一些富

① 程天固编《广州市工务之实施计划》，1930，第8页。

② 《广州市划河南为特区》，《新闻报》1929年9月20日，第8版。

③ 罗季常：《改良广州市政计划草案》，《工学》1924年第1卷第4期，第54-58页。

④ 梁溥：《河南岛聚落地理》，载《勷勤大学季刊》1935年第1卷，第182-197页。

⑤ 朱婉嘉：《广东双星藻科植物资料：Ⅰ广州河南岛的双星藻科植物》，载《中山大学学报》（自然科学版）1979年第4期，第114-119页；朱婉嘉、钟恒：《广东双星藻科植物资料：Ⅱ广州河南岛的水绵属植物》，载《中山大学学报》（自然科学版）1981年第2期，第74-79页。

⑥ 《广州市城市设计概要草案》，《广州市市政公报》1932年第401期，第129-139页。

有的村落尚有沟渠，贫困村则不具备这些设施，任由污浊之水自由流行。不过这里空气清新，且“多自然运动场，各村皆有其自然之风景，湖光山色，溪水林树，亦各擅其胜”①。

（三）开发河南岛计划的实施

由于土地辽阔、交通区位优良，自然条件适宜，具备了这几点优势的河南岛顺理成章地在20世纪20年代迎来了绝好的发展时机。而总体上讲，作为城市化初期广州最早、规模最大的城建工程，大建设本身主要围绕三大方面展开，包括工业区的营造与交通网络的完善，以及前文已探讨过的内港兴筑工程。

1.工业区的落成

大规模的城市建设浪潮离不开充足的物资供应，其背后需要有发达的制造工业提供支撑。到全面抗战爆发前，广东省就已初步奠定了以广州为中心的工业布局，最为突出的表现是在广州西村和河南形成了两个大工业区，其中西村以化工为主，而河南则汇集了一批新开办的轻重工业企业，包括纺织厂、士敏土厂、钢铁厂和造船厂等。在河南岛的整体规划中，七星岗一带，风景秀丽，流水平缓，林木葱郁，夹江开辟林荫大道，经过南石头、漱珠岗等地，亦开辟为园林，洲头咀到南石头等地，交通利便，且与内港及粤汉、广三两铁路车站接近，划为工业区；江岸房屋贴近工业区者，划为商业区；士敏土厂、芳村到鸭敦关一带，贴近珠江，利于装卸货物，辟为批发货栈；其余各地段划为住宅区，由市民自行建筑②。

士敏土是英文cement的音译，学名混凝土。是一种由石灰、石膏和黏土按比例混合制成的新型建筑材料，其出现极大改变了现代建筑的方式和结构。当时广州市大量进行的工程需要士敏土，而广州的士敏土厂分为西村总厂和河南分厂，前者由广东省政府管理，后者则广州市政府和广东省建设厅合办，其中建设厅全权负责人事和财务。在经营过程中，不仅频发分权掣肘、管理不便的现象，亦有虚糜经费之嫌。更重要的是，西村厂采用新式磨机，所出士敏土每吨成本为18元；而河南厂设备陈旧，不仅产品质量粗劣，成本还达到了惊人的25元。长此以往，不利于企业的发展，于是在1933年，省政府将河南分厂并入西村总厂③。

与此同时，以广东造纸厂为首的另一批工厂也被规划进驻河南岛。在筹备期间，省政府曾拟定韶关、三水和广州南石头三处为厂址候补地。当时新闻纸均以杉木为原料，而位于北江上游的韶关正是杉木产地，但区位略逊，由此产品需要先经粤汉路运抵广州再行转运，且单靠这里并不能满足杉木的全部需求，还要从东、西两江的产

① 冯锐：《广东番禺河南岛五十七村乡村调查报告》，东南大学教育科乡村教育及生活研究所编印，1930，第21页。

② 《广州规划展拓河南区域》，《申报》1930年5月15日，第8版。

③ 《议决合并河南及西村两士敏土厂》，《广东省政府公报》1933年第223期，第104-105页。

木地进行补充。三水位于三江之口，经过实勘，只有魁岗、军都两地可以建厂，前者是沙积地，易于崩塌；而军都山地势过高，面积狭窄，如果建厂，需要将山头铲平，这样下去耗费甚巨。这样只剩下了南石头这一个选择了。此地紧临南河道东岸，地处三江汇流之地，可为内地舟楫、海洋船舶提供停泊之所[①]。选定厂址后，造纸厂很快建成，南石头厂区占地300余亩，不过这里原是大片墓园，为此厂家还额外支付了一笔迁葬费，其中长棺每穴10元、金塔7元[②]。

同时期在河南设立的还有纺织厂，市政府择定河南士敏土厂东、西两旁土地为厂址，东边土地原先租给厚祥公司营业砖窑，西边亦是士敏土厂租用的临时生产厂房，两块地皮分别在1931年和1932年被收回，资本额46万余元[③]。不过由于这里刚刚被开发起来，尚不通公路，于是由建设厅通知工务局开筑专路直达厂前。工厂如雨后春笋般出现，加剧了广州市的用电量。城市供电系统面临很大压力。经过调查，广州市内用电高峰集中于每日7至10时，为应对用电紧张，河南电力分厂设立起来[④]，每当用电高峰来临，分厂与电力总厂交替供电，以缓解压力。

在工业区的其他方面，工作、生活在这里的众多工人难免时常生病，由于送医路远不便，于是在工业区中设立了医院，相关配套设施也逐渐完善。此外，在赤岗等地亦有少量工业企业分布。此地位于黄埔涌口以西和赤岗鹭江沿岸一带，濒临珠江前航道南岸，利于原料采集和产品输出。而大多数工厂将厂址选定在河南岛西部地区的原因在于，这里不仅靠近珠江后航道东岸和北岸，交通相对便利，更紧临聚居区，成为民国时期广州城区在河南的最新延伸。而随着工业企业的纷纷落户，这里不仅地价飞涨，还在此建设了很多模范住宅区，一些市民甚至集股在这里开辟了凤凰岗、小桃源等模范村落，大片居住区也逐渐开始成型。1932年，工务局将位于南华路海幢寺门前空地改建为公园，之后工务局仍觉这里人烟稠密，不足供市民娱乐，于是又在河南中部另选定一地，开辟一处公园，以资调剂[⑤]。

2. 道路网完善与街区拓展

清末，随着珠江平原涨沙的不断形成，人口密度逐渐增大，商业也随之繁荣起来，白鹅潭东侧沙地成为广州商民住宅区新的开发点。其空间结构同位于西关角的住宅区相类似，即以南北向主街和东西向辅街形成正交的棋盘状街巷网络。同样在清代，伴随珠江河岸的北移，河南岛沿江地段形成了与河岸平行的长街，它们是串联原有江

① 《省营纸厂择定在南石头设立，备价收用该处民业》，《国货月刊》1934年第4期，第20页。

② 《布告筹建南石头纸厂收用墓地展期报迁领费》，《广东省政府公报》1934年第268期，第89页。

③ 罗听余：《广东纺织厂之缘起及其将来》，载《工学季刊（北平）》，1995年第1期；《收用河南士敏土厂西边地段》，《广东省政府公报》1931年第243期，第110页；《收回河南士敏土东厂地址》，《广东省政府公报》1932年第207期，第39页。

④ 《建设河南电力分厂》，《广州市市政公报》1932年第423期，第90页。

⑤ 《工务局拟增辟河南公园》，《广州市政府市政公报》1933年第425期，第69页。

边村落而形成的，如紫来、福场、冼涌等，同时为了方便大量码头地区的货物上下，形成了多条垂直江岸的“水巷”和“通津”，这为此后河南岛城区的扩建提供了良好的基础。

到20世纪20年代后期，河南岛总人口就已超过10万①。此后，伴随着工业区和内港工程的推进，河南岛已“渐成要冲之象”。不过总体来看，当时河南岛的发展呈现出极不平衡的格局，城区及人口仍主要集中在西北部的临江区域，除此之外的大片区域，仍长期保留着“茶田行尽又花田”的田园景象②。

大规模的开发，使河南岛上的乡村迅速经历了城市化的过程。为更好地促进河南地区乡村与城区发展顺畅接轨，广州市市长专门拟具了《促进河南农村建设计划》。在这一计划中，包含了四大步骤。第一步为社会式教育，即由市政府组织在各村进行劝导演讲，使乡民了解农村建设的必要性，并由各村院组织民众学校及合作团体；第二步为由河南农村建设促进会指导的识字教育工作，以此使乡民得以学习到现代日常生活的基本常识，作为民众心理建设的基础；第三步为生计教育工作，由农林局负责普及农业科学，使农民具备基本的生产技能，以改善农村经济制度与农民生活；第四步为卫生教育，由卫生局宣传家庭与公共卫生的重要性，推动广大乡民加强锻炼，强健体魄，由此能更好地投入经济建设③。

城市发展之所以能够统筹规划，少不了错综复杂的交通线路将各个区域连接起来。广州市对河南岛进行大开发之前，岛上主要的运输方式还是原始的人力肩挑，通常是用一根木杆挑着物品，物件多时就用竹器装载，绳索捆绑。村落之间的马路多用花岗岩石块铺设，其中达到村落或市镇之间的马路，一般用石条横铺以覆盖全路，宽约2米。小村落之间的通路则是直接用石块铺成，一般只能覆盖道路的中央，而且大多凹凸不平④。

这种交通条件，显然已经无法适应日益增长的运输需求。鉴于此，从20世纪20年代后期至30年代前期，市政部门在河南岛西部沿江及周边地区修筑了河南马路、洪德路等主干道及若干支路：省府合署原来选址在东山竹丝岗、马棚岗，但由于此地不甚适用，又无多余土地发展，遂改定于河南草芳村荒岗。该地地势高爽，面积广袤，背面还建有100英尺（约30米）宽的大道，直通珠江铁桥，南有干道直通黄埔，交通便利，形成一个新的文化中心⑤。借此势头，广州市政部门又在河南岛上修筑了河南马路等主干道及若干支路。

洲头咀至白蚬壳一带是华洋码头及货仓所在地，在洲头咀被规划为内港地界后，

① 容秉衡：《河南岛概况》，《农事月刊》1926年第4卷第7期，第41-44页。
② 潘飞声：《茶田采春》，载黄任恒编纂：《番禺河南小志》卷2《古迹》，广东人民出版社，2012，第68页。
③ 《市长提议拟具促进河南农村建设计划及预算请公决案》，《广州市市政公报》1932年第403期，第14-15页。
④ 梁溥：《河南岛聚落地理》，载《勷勤大学季刊》1935年第1卷，第188页。
⑤ 《省府合署地址经已划定》，《广州市市政公报》1930年第364号，第31页。

此地重要性顿时得到提升，而南石头一带手握广州西南方向关钥，但其地形亦尤为重要。在此之前，洲头咀一带只与南石头分局、太古洋行招商局等地之间通过轮渡连接。市民往来只能凭借小艇，这样一来转折费时，颇有不便，因此为加强南郊交通，工务局计划兴筑从河南二马路两端奉安桥接驳的一条马路，名为白蚬壳马路，全长 6 500 英尺（约 1 981 米），宽 60 英尺（约 18 米）。施工过程中，先行开辟一条宽 20 英尺（约 6 米）的花砂路，此路所经之地多属田亩，其地主正早有改田为宅之意，于是工程很快得以推进。道路通车后，洲头咀一带逐渐发展为铺户之区，与对岸的芳村、白鹤洞等地互相辉映①。就这样，在原先遍布的农田、林地之上，新的街市逐渐形成，一条条新式马路形成纵横的格局。珠江南岸各条主干道，分别以珠江桥头路口和黄埔为起止点，而非像沿江区域支路那样采用棋盘式，其余小路，则采用蛛网式布局。在兴修河南新马路的过程中，为了保证街道及临街建筑采光条件的理想性，工程师们对路线进行了大胆的改造，不按照广州道路系统图中南北正向，而采用西偏北约 30 度走向的设计②。这种设计，深刻影响了该地区道路系统的格局，直至今日（表 2-4）。而在 1947 年《再新大广州市马路图》中，我们可以清晰辨认这一现象。

河南三马路于 1932 年 7 月 28 日开工，因风雨天气停工 37 天，加上寒假、元旦放假，工期总共耽误了 45 天③，到 1933 年 4 月 5 日完工。其中盐涌路至石角段 800 尺（约 259 米），盐涌路段 300 英尺（约 91 米），岐兴中路至石角段 800 英尺（259 米）④。不过在人行路施工中，由于路面铺设后未用石辘碾压，一经降雨，很快就有多处三合土砖塌陷，致使路面坑洼不平，通行困难⑤。

表 2-4 1926—1933 年河南岛上通车的新式马路

名称	路线	通车时间
同福路	因同福大街得名，分东、中、西三段，全长 2 750 米，宽 18 米，为骑楼式商业街	1926 年
南华路	拆除龙溪西约、龙溪中约、福麟街、紫来街、洗涌、跃龙东街之后建成此路，全长 2 300 米，宽 11 米，为骑楼式商业街	1926 年
洪德路	拆除洪德大街后建成此路，长 640 米，宽 16~30 米	1928 年
纺织路	因纺织厂得名，长 680 米，宽 12 米	1928 年
河南马路	从大基头到鸡鸭滘，长度不详	1929 年

① 《工务局拟兴筑白蚬壳马路》，《广州市市政公报》1930 年第 355 号，第 113 页。

② 《广州规划展拓河南区域》，《申报》第 20520 号，1930 年 5 月 15 日，第 8 版。

③ 《养记请广州市工务局补给建筑河南三马路期间因风雨停工及工假日期共四十五天的呈》（1933 年 3 月 20 日），广州市档案馆藏，档案号：0033-003-0161.1-007。

④ 《养记请广州市工务局派员验收河南三马路已筑妥盐涌路石角八百尺等路工程并发给工料费的呈》（1933 年 4 月 5 日），广州市档案馆藏，档案号：0033-003-0161.1-008。

⑤ 《广州市工务局命养记遵照对于河南三马路之人行路应先辘实路基方准筑路面的令》（1933 年 1 月 5 日），广州市档案馆藏，档案号：0033-003-0071.2-012。

续表

名称	路线	通车时间
河南二马路	一段经洪德马路、龙溪三约、龙溪中队、同福新街、福麟里、福场大街、冼涌到墅口，长约 1 260 米，宽约 18 米；二段由十条横马路构成，从江边直达内街，长度、宽度不详	1931 年
河南三马路	从河南三马路至刘王殿马路，正对海珠铁桥，长度、宽度不详	1933 年

资料来源：广州市地方志编纂委员会：《广州市志》卷 3，广州出版社，1999，第 178 页；《建筑河南二马路办法》，《广州市市政公报》1929 年第 339 号，第 28 页。

“广州市中贯一水，遂判为河南、河北两区，平时为水所限，交通至感困难。市民之来往，物品之运输，既形不便，市区之发展，遂成畸形。河北则事事发皇，陆离璀璨，河南则冷落如昔，毫不进展。夫河南之去繁盛中心，本属甚迩，徒以限于一水之隔，无法打通，以致河南马路，虽已次第完成，而其兴旺之势，不能上追河北。”此前，由于“其地多细流，小艇可以四通八达”，岛上水运较陆运更为便利，直到 20 世纪 20 年代，珠江南岸居民如果想要离岛出行，大多依靠鳌洲横水渡这种古老的方式。广州的城市设计者们意识到，欲使两岸一齐发展，就需要沟通河南与河北老城之间的交通，“则珠江大桥实不可不速事兴建”[①]。

事实上，早在清光绪年间，在珠江上架设大桥的构想就被提了出来。不过直到 1929 年，各项条件方才具备，铁桥终于得以开工。工程由美国马克敦公司承建，桥身全长约 183 米，宽约 18 米，桥面底距水面约 8 米，大桥北岸接驳维新南路，直达中央公园，南岸桥头直临南华马路，尽管工期略有延误，仍于 1933 年 2 月 15 日通车。今天的海珠铁桥见图 2-3。

图 2-3　今天的海珠铁桥

（图片来源：作者自摄，2020 年 10 月）

① 程天固编：《广州市工务之实施计划》，1930 年，第 137 页。

海珠铁桥将珠江两岸的交通线连接起来，使广州市的交通网得以大幅扩容。为了不影响珠江行船，还特别采用了开合式桥身设计。如有大型轮船通过，桥面可在5分钟内完成展开并收起的动作。与此同时，《海珠桥水陆交通暂行规则》等一系列法律法规也逐步生效[①]。在海珠铁桥落成后，桥上不可避免地成为闲人坐卧、张贴广告及放置杂物的场所，阻碍交通的运行，同时有碍观瞻。因此解决铁桥日常通行及人群聚集的问题同时成为摆在市政府面前的要务[②]。

由于广州珠江南、北两岸岸线十分漫长，因此尽管有新桥的建成使用，两岸交通却仍有不便之处。在这种情况下，1933年8月，一座经过全新设计的桥梁——西南铁桥开工建设。第一期工程自牛牯沙向黄沙方向建设，连同A、B附岸墩共6座桥墩，至1935年，A墩完成70%，1号墩完成80%，2号墩完工85%，其余部分也均完成60%以上。与此同时，内港堤岸业已完工，为了开路建仓，工务人员又将与江滩相连的堤岸填为平地，共填土方74 315立方华井（丈）。完工后，省港澳轮船码头即可迁至内港。

西南铁桥原计划采用单层设计，其中车道宽度40英尺（约12米），两旁人行路各宽10英尺（约3米），桥身分三段建筑，南北两段为固定式，跨度各190英尺（约58米），桥头北端长堤路面升高5英尺（约1.5米），使桥中身保持约6米净高，以供船只来往。此设计优点在于不损害太平南路的原有格局，并可省去两岸斜坡建筑费，而修筑海珠铁桥时，该项花费就达到30万元。而经过对比，若采用双层设计，两层车路均宽20英尺（约6米），而下层设有人行路，桥北与原有路面齐平，上层路面高出下层路面20英尺，中段采用升降式，两岸各建20英尺宽的斜坡连接上层路面。此设计斜坡仅占单层式面积2/7，上层路面为快车道，与长堤马路分离，不会妨碍交通[③]。经各种权衡后，铁桥建设最终采用了后一方案。

广州市在市内主干道的修建过程中，尚由城市设计委员会规划制定出次要道路，“以便市民建筑房屋时有所依据”。根据1929年的方案，广州市计划修筑第一、二、三期共数十条马路，河南地区以上年广州市政府公布的全市道路系统图为设计标准，通过设计图纸与实地测量相结合的方式，并在筑路的同时，充分考虑到地形高低，以及道路与建筑的关系[④]。

（四）对河南岛大建设的评价

20世纪二三十年代，广州市在工务局的主持下，大兴土木于河南岛，此举并非孤立进行的，其背后既有对外贸易发展对港口建设的刺激，更受到广州城市发展内在需

① 《广州市珠江铁桥之概要》，《南大工程》1933年第1卷第1期，第121-122页。

② 广州市政府编《广州市政府三年来施政报告书》，第145页，载张妍、孙燕京主编《民国史料丛刊》第192卷，大象出版社，2009，第177页。

③ 《工务局建设本市两大工程近况》，《广州市政府市政公报》1935年第502期，第170页。

④ 《规划本市次要道路》（1933年9月22日），广州市档案馆藏，档案号：0033-003-000 244。

求的推动。由于地形限制,当时广州城市扩展以南向为最佳选择,这就使河南岛成为首选。此外因为此岛当时聚落和人口分布状况并不均衡,而土壤、水文条件亦千差万别,给城市规划者带来了巨大挑战,市政府和工务局人员因地制宜,在道路网、内港港口及工业区、住宅区建设等方面取得一些成果。而随着海珠铁桥的落成和岛上多条马路的通车,原先发展基础较好的河南西北部开始被纳入了广州城市道路的总交通网,河南地由此成为广州城区的一个组成部分。而随着洲头咀内港的不断完善,更使河南地实际上成为广州城市通向海洋的重要连接地带。

广州作为陆地中心城市,必然首先在土货进口上打破对香港的依附,广州背后的大片内陆腹地,则成为民国时期城市重新崛起的基础。在论及口岸与腹地经济发展的差距时,常常看到的证据是因为内地不具有口岸的商业和经济环境,而广州中心未成为洋货转运内地的货源地的一个原因是:大规模经营的外国商人致力于大宗交易,不熟悉也不关注内地贸易情况,而小商人又觉得单纯的货物转运对他们用处不大,甚至认为对于内地运输情况不了解,滥用准单会招致麻烦。一般认为,在特定情况下,市场流通成本是重要的因素,这一时期,“中国大局不靖,或入内地,或不能流销,欲拈出来转往别处,又要纳税,不似香港自由来往,且汇单市金操诸香港”①。

河南岛交通网和街区的开发体现了广州城市发展的趋势,在城市需要迅速扩展之时,是此岛提供了充足的空间。经过此番的大建设,原先聚落集中的岛西北部,人们在原有基础上,改造旧路,兴建新路,主要道路网也汇聚在这一区域。正是从 20 世纪 30 年代上半期起,岛上景观也发生了显著的变化:

河南市街附近的蔬菜地及空地,已渐建成房屋,附近的村落,已渐并入街市范围之内了,新港公路接市街马路由小港接岭南大学黄埔村而达新洲,现已完成,新洲市街,亦已开辟马路,染了市镇的景象了……②

珠江南岸还初步形成西部工业地带和东部、南部农业地带,加之内港与工业区相辅相成,使这里昔日宁静的局面被逐渐打破,随之带来了全市人口的逐年激增。1928 年,广州市人口超过 81 万③,1930 年为 85 万,到了 1932 年,这项数据就超过了 112 万。另根据 1935 年 8 月广东省会公安局组织全市人口调查,河南岛上已有近 3 万户居民,人口也超过了 15 万④。

广州市对于河南岛开发,同时使这里变成了土地投机者的天堂,海珠铁桥等一系列工程助长了许多不良的市场行为。对此,程天固等人也有所察觉:“在新市区未开发之先,而一任土地投机者之抬高地价,并预作种种不规划之建设,其于日后一切新

---

① 邹兆奇:《广东工商业盛衰的关键》,《黄埔商埠月刊》1927 年第 9 期。

② 梁溥:《河南岛聚落地理》,载《勷勤大学季刊》1935 年第 1 卷,第 190-197 页.

③ 《广州市之人口数》,《银行周报》1928 年第 12 卷第 32 期,第 69 页。

④ 《广东省会警区现住户口统计》,第 3 页,载张妍、孙燕京主编《民国史料丛刊》第 766 册,大象出版社,2009,第 183 页。

规划之实施,妨碍殊多,苟不设法补救,则实非河南之福”。因此,市政部门计划将河南建设全盘厘定,并严加取缔所有私人物业营建。“至于私人垄断土地,以谋不当利得之企图,更须设法防止”[①]。且在对港口一带进行填筑后,“所拟地价,每井底价毫银1 000元,以资竞投,市区之乐利可图,民众之怀疑自释。逆料下次开投工程时,组社集资,争先恐后者,大不乏人云”。当时生活在广州的人们都认为“海珠铁桥落成后,交通便利,工务局为繁荣河南,陆续开辟马路,以便车辆、货物往来。故年来商业较前繁盛十倍,市民移居河南者,亦日渐增多”[②]。“还有些人在近郊建造起新村来,以前新村只有基督教立的基立村,20世纪30年代又在旁边建起了素社新村”[③]。

不可否认,急进的大建设不可避免地损害了很多人的既得利益,在广大市民之中,也有不少人对当时的市政工作秉持不理解的态度。如在道路施工过程中,经常需要拆除规划路线之上的建筑,这项工作也遇到了不少额外的阻力。在河南二马路的施工过程中,工务局派员在沿线划定拆除范围,并要求原有道路两旁铺户限一个月内自行拆除,但实际遵照拆卸者只在少数,这样下去终究会影响工程的推进,于是限5日内“各将应拆尺寸从速清拆,一经逾限,定即派人代拆,将料抵工”[④]。在修建河南公园时,也遇到了同样的问题,要求限期搬离的两旁铺户以小本营业、难堪损失为由,请暂缓拆卸,市府难以照准,只得由工务局查明实情,商讨补救办法[⑤]。

与此同时,对于道路线路设计方案的合理性,也有不少人提出了质疑,其中最具代表性的例子就是对于南楼存废的争论。早在1929年河南南岸马路施工时,南楼就在拆除范围之中,工务局对于马路规划与治河处对于河南岸线的规划并不完全一致,加之当地的各铺户、摊馆均无动于衷,纷纷持观望态度。工务局遂联系出动消防队,将南香饭店、高升茶楼、祥和当铺及鳌鱼洲街口一带的店铺之墙壁、玻璃门及铺面等强行拆毁,被拆商民李亦梅等人不服,毅然上诉,工程陷入了僵局。市府通过审理该事件,认为“该马路路线既应直达海傍,而南楼又为治河处计划所必割,则初定路线即不应舍直就曲,而将南楼保留”。且工务局所发蓝图,与治河处规定南楼以南所割之线,“不过一隅数尺之地,其影响南楼全座者甚微,原路线保留南楼对交通上厥有数点妨碍,车辆须绕越南楼而出,水埗所行路线较长,颇欠便利”。如果此处路线设有两个弯道,则来往车辆,十分容易发生冲突,且由于南楼停车场过于狭小,“时有过挤之患”。市府由此认定,此前工务局长的规划“未免只顾目线,于交通关系多有窒碍,因此令局将路线更正,并予督拆处分”[⑥]。

① 程天固编《广州市工务之实施计划》,1930,第185-186页。

② 《工务局拟增辟河南公园》,《广州市政府市政公报》1933年第425期,第69页。

③ 倪锡英:《广州》,中华书局,1936,第37页。

④ 《限五日内拆卸河南二马路旁铺户》,《广州市市政公报》1930年第348号,第页。

⑤ 《河南公园范围内铺户碍难缓拆》,《广州市市政公报》1930年第341号,第47页。

⑥ 《广州市府呈复办理更正河南马路线督拆南楼一案经过情形案》,《广州省政府周报》1929年第86期。

小 结

对于广州这座港口城市来说,港口的发展对于城市本身的影响力不容小视。同时,我们还应该看到,黄埔港口的振兴,少不了 20 世纪二三十年代东山地区发展的支持;而清代河南岛西北部街市的发展,以及内河航运的长期兴盛,同样为内港建设奠定了物质基础。20 世纪 30 年代,军阀陈济棠以广州为大本营,建立半独立的军事政权,与南京的中央政权分庭抗礼。掌粤期间,陈根据孙中山的建国方略精神,提出了一套建设新广东的设想与思路,主持制定和实施了三年施政计划,在建设广东的现代化方面取得了可观的成效。尽管这种由地方势力策划的城市和工业建设存在缺陷,如封闭自保、措施激进等,一定程度上反而阻碍了广州地方经济的进一步发展,甚至有学者认为这是当时广州城市建设计划并未获得太多成功的重要原因[①]。加之财力不足以及战事的影响,广州市在实行黄埔港建设计划时,仅在港口工程中取得部分实效。而在河南大建设过程中,岛上原有的双重权力格局,连同广州市与番禺县之间不可调和的分歧,使广州市的实际支配范围难以扩展至河南岛全境,除开辟南岸马路和南华路警界外,市政厅并未取得太多成果。

不过尽管如此,从整体上来讲,黄埔与河南的大建设,对于广州城市发展的价值依旧难以抹杀。大建设不仅促进了广州城市环境的变迁,更展现了中国作为相对落后的农业国家,探索实现近代化方向的努力,堪称 20 世纪前期中国城市为解决发展瓶颈进行尝试的经典案例。广州由此成为当时中国市政建设的一个标杆,甚至一度被誉为"模范城市"。其不仅为广州近代工业发展奠定了基础,带动居住人口的迁移,也为城市的后续发展预留了更多的可利用空间,提供了理想的基础设施条件[②]。更重要的是,在当时广州港口建设计划中,明确提出要在黄埔建起一座独立的、田园般的新城市。此外,在广州城市的内部,同样在悄然中发生着变化,极大改变着这座城市的面貌。

① 黄素娟:《从省城到城市:近代广州土地产权与城市空间变迁》,社会科学文献出版社,2018,第 284 页。

② 直到新中国成立后,广州城市的建设用地依旧主要向东、南两个方向发展,建成区面积也由 1949 年的 36 平方千米,扩大到 1954 年的 56.2 平方千米;市区人口也由 1949 年的 103.9 万,发展到 1957 年的 168.9 万。载广州市地方志编纂委员会编《广州市志》卷 3,广州出版社,1999,第 71 页。

第三章 水资源利用：广州城市近代化的一个侧面

广州城市的不断拓展，还在极大程度上促进了城市水资源利用方式的革新。由于生活用水与工业用水需求猛增，一些远离江岸的新市区无法利用井泉江河之水，加之生活用水问题与公共卫生问题息息相关，广州城市供水的工作开始得到重视。通过自来水厂、水塔以及大口径供水管道的应用，使原本属于自然资源的水，完成了商品化的过程。作为城市水循环系统的重要部分，相比此前渠涌的营造及维护，广州市政部门利用先进技术，改善渠筒材质，调整渠道斜度，并疏浚全市大小沟、渠、濠、涌，提高城市的排水功能，曾一度消失的"六脉皆通海"的水环境格局得以重现于世，广州城市水循环系统及其功能也由此得到完善。

在世界城市发展史上，水资源的利用都是最为重要的问题之一。早在公元前4世纪，罗马城的人口就超过了百万，为确保城中每处居民都能获得足够的生活用水，人们建造了完善的引水渠系统。16世纪起，英、法等国先后将城市供水系统作为市政建设的重点，伦敦、柏林、巴黎等地先后开始使用自来水[①]。而作为亚洲较早使用自来水的国家，日本深谙洁净、便利的水源对人类健康的重要性。明治二十八年（1895），日本国内爆发了霍乱。在此次疫情的防治过程中，京都等大城市开始安装输水效率和密封性更为突出的铁质管道，以取代此前长期在石瓦材质水井中取水的做法[②]。

"广为水国，人多以舟楫为食。"[③] 仅从其地名之中，我们就不难得知水资源在广州城市营建史上扮演的角色。除常见的"江""河""湖""海"之外，"滨""港""浦""洲""溪""沙""湾""涌""汇""滘"等字眼，在广州地名之中也随处可见。历史上广州城中居民曾长期挖掘深井获取生活用水，或引诸江河、小溪。直到20世纪初，随着城市化的推进，广州城区加速扩展，加之新技术与新理念的使用，共同促使广州城市的水资源利用及其管理方式发生大的转变。从更深层次来说，供、排水系统运行方式的变迁，亦是广州城市拓展与空间变迁的一个表现。

---

① 伊恩·道格拉斯：《城市环境史》，孙民乐译，江苏凤凰教育出版社，2016，第142-149页。

② 小野芳朗：《水の環境史：「京の名水」はなぜ失われたか』》，PHP新書，2001，第48-70頁。

③ 屈大均：《广东新语》卷7《人语》，中华书局，1997，第250页。

第一节　20 世纪前广州城市水循环系统的变迁

（一）湖泊、溪流的变迁与淡水供给

“六脉皆通海”是人们对广州城市水环境格局的形象描述。优越的水热条件，滋养了广州地区发达的水系，人们为了利用这些淡水资源，开建渠、涌，以连通城外的溪流。另外，出于城防与交通货运的考量，广州城墙周围被开凿出了城濠。而在这些河、溪、渠、涌之中，每逢低洼处，还有大小湖泊点缀其间，与其他流动水体共同构成了广州城市丰富多样的水环境格局。

具体而言，广州水系由甘溪、文溪、越溪等溪流，仙湖（西湖）、兰湖、菊湖等湖泊，以及六脉渠和城濠等主要水体构成，这些丰富的自然要素，共同构建了广州复杂的城市水环境。而这些要素在作为系统的水环境整体中，也是随着时间的推移而动态变化的。有学者认为古代城市水系具有供水、交通运输、灌溉与水产养殖、军事防御、排水防洪、防火、躲风避浪、造园绿化、水上娱乐及改善城市环境十大效能[①]。而从包括广州在内的中国城市的发展历程来看，生活用水的供应及城市废水的排放，是城市水循环系统最主要的功能。

溪流与湖泊，长期以来是广州城市淡水供应的重要来源。广州城市供水系统中的水源由三大部分构成：珠江河水，汇入甘溪的白云山上泉水和濠涌中的水，以及地下井水[②]。溪流的上游为蒲涧、甘溪、金钟塘，中游为菊湖、文溪[③]。文溪下游又经过潴留，形成仙（西）湖，最终注入越秀山麓[④]。

甘溪与文溪，都曾是广州城市用水的最主要来源。甘溪因汇集登峰走廊的山泉水，水质甘甜，颇受广州居民喜爱。陆胤主政广州时，“海流秋咸，胤又蓄水，民得甘食”[⑤]。这说明早在 1 700 多年前的三国时期，广州城外的溪水就是城中居民日常用水的主要来源。越溪在广州城东北 3 千米的菊湖东侧，“会东溪至北，山水咸，导以给民”。由此说明，相对甘甜洁净的溪水之所以成为广州城市饮用水的主要来源，也主要是由于受潮汐作用的影响，广州部分地区的地下水会变得咸涩不堪，无法饮用。

广州城中曾有两座湖泊，其一曰仙湖，此湖在古瓮城西，是南汉时期刘龑所开凿的，到宋代被称为西湖。其水北接文溪，东连沙澳，与药洲连接为一，“长百余丈，岁久淤塞”。宋朝时，经略陈岘疏浚之，又移刘龑故苑奇石置其旁，并在池中多植白莲，因易名白莲池而湖亡。其东偏，今有仙湖里遗焉。明代羊城八景中，尚有“药洲春

① 吴庆洲：《中国古城防洪研究》，中国建筑工业出版社，1995，第 1-10 页。
② 刘卫著：《广州古城水系与城市发展关系研究》，华南理工大学出版社，2016，第 169 页。
③ 李福泰修，史澄、何若瑶纂：《番禺县志》卷 14《建制略一》，同治十年刻本。
④ 曾昭璇：《广州历史地理》，广东人民出版社，1991，第 64-65 页。
⑤ 陈寿撰：《三国志》卷 61《吴书十六·潘濬陆凯传》，中华书局，1975，第 1410 页。

晓”在列，而仙湖之所以被称为药洲，原因有二，曾昭璇认为其一较为可信，即南汉曾聚集方士在此炼丹[①]。宋代在西城建城后浚池，除文溪外，西濠、兰湖、流花诸水均可流入，因此湖水总体来源扩大，不过入流极不均衡，西少东多，因此西侧逐渐淤浅，东部得以保留。明成化年间，又将文溪引入东濠，西湖来水逐渐断绝。到清代，西湖退化成学署内一大池塘，在清末民国之交改为公共性园林，其中的九曜石以及历朝碑刻，也作为重点文物被保护起来。

另一座名湖是兰湖，此湖又名兰芝湖，是北江在岸堤后洼地潴水形成的。兰湖是广州地区唯一的天然湖泊，其成因是由于在泛滥平原上，沿河堆积沙质较多，当洪水泛入丘陵边缘时，由于静水沉积效应，此时多为泥粒。每次洪水过后，江边堆沙，山脚堆泥，久而久之，附近的小北江江岸变高，近山处反成洼地，兰湖成为雨天积水的湖泊。实际上到清代时，湖体已消失不可见，原址却保留下了兰湖里的地名。当时的广州城中有两座洲，一为粤洲，此洲在玄览台西，是白云山之泉水所注生成；一为药洲，在越王台西南一里，即刘龑所凿之仙湖。“二水既广，复与番禺二山青苍映带，每当春秋佳日，登临者不出三城之外，其观已足。今也三城连而为一，三山亦失其二，番与禺仅存塿〈土娄〉，而洲与湖之烟波浩渺皆不可问矣”。王于一还说：“世之变也，志风雅者，当纪其亡而不纪其存。呜呼，吾粤之所亡者，今岂惟二湖二洲之胜概而已哉”。[②]民国时期，广州市民还可以亲眼所见兰湖大雨成湖的壮观，并在大片沼泽间，种植茭笋、莲藕、菱角等物。兰湖的一部分在新中国成立后被重新开挖，即为今天的流花湖公园。

除仙湖与兰湖，越秀山下还有一座菊湖。早在宋代羊城八景中，此湖即有一席之地，名为“菊湖云影”。而菊湖的成因，则是由于早在三国时期，广州旧城为临海之地，每当秋季来到，受海潮影响，海流变得咸涩不堪，无法饮用。陆胤指挥城中居民在洼地积蓄文溪之水，以供秋冬季节使用。可见菊湖是人们出于淡水取用的考虑人工开挖而成，作为城市的备用水源。到元代，菊湖已湮灭不复，人们将城北水库放干，以地入官。

（二）作为主要用水来源的井水

“广之井泉率咸卤”，古人曾如此评价广州井水的水质。而从水质来讲，广州老城地区可分为三大区域。一是城墙范围内。这一范围地下主要分布着古生界变质岩，由基岩侏罗纪砂页岩结理流出，其下又含水石灰岩层，经过多次地壳运动，砂页岩层碎裂严重，故岩体中可大量吸收雨水，并通过裂隙过滤，从井中涌出。越秀山中就有越王台、越王井等知名古井。二是宋东城—德政路—海月街一带。这一范围主要为第三纪红色岩系，“古珠江在古代珠江平原的红色岩系范围中成立，这种岩石疏松

① 曾昭璇：《广州历史地理》，广东人民出版社，1991，第 75 页。
② 屈大均：《广东新语》卷 4《水语》，中华书局，1997，第 138 页。

易碎，经侵蚀后形成高低起伏的岗地，地基稳固，有丰富的井泉”。位于此区域中的光孝寺中就有珂井、罗汉井等名井。三是广州古城东西两侧，包括东山—德政路—农林下路，以及西关沿龙津路—东华路—长寿路—上下九路一带，由珠江泥沙淤积而成，泥质砂砾岩，故水质较差①。

广州城池的位置曾经历过几次变迁，其范围均集中于今天的越秀区一带。从地质学上讲，这里主要呈现的是台地景观，其中红色岩系疏松易碎，容易受到侵蚀，形成和缓起伏的岗地，井泉水在破碎的岩缝中流动时溶解了大量的矿物质，水质由此变得十分甘甜。

据当地民俗学者曾昭璇回忆，其在广州的老宅位于同福西后街与同福西约之间，西临今天的宝岗路，家中花园有大井，供冲洗、淋花之用，两个厨房旁边均掘有水井，深约 4 米②。而在今天越王宫遗址以下 5 米的文化层中，考古人员也发掘出多口竖井，这些水井的修造时段从六朝开始，以宋、明居多，这也是历史上广州居民曾大量饮用井水的有力证据。

事实上到清代前中期，水井几乎遍布广州城内所有区域。当时还盛行一种瓦状陶圈井，井深至风化的生土层，这种设计可以保证井水免受外界污染。从筑井材料及其方法来看，广州的水井可以划分为三类。第一类井为砖井，主要分布在南越宫苑遗址以及文溪越溪周边。第二类井为木壁方井，主要分布于南越宫苑西边，以及坡山东北，文溪以东、东澳以西地带，这也是地下水资源水质较好的区域。该区域的地下水，从白云山上通过岩缝流入两处：一是白云山—观音山—六榕寺—米市街—石室一线，一是观音山—德政北路、南路一带，这里地下为红色砂岩地区，在南越国时期是贵族的聚居区。第三类井为土壁井，分布于中山二路东山马棚岗一带以及农林下路③。

（三）城濠与渠涌的变迁

饮用水源与广州城市格局的形成与变迁，彼此之间都存在密切的关系。而作为人为开凿的水道，城濠与渠道的修筑，本身就属于城池营建的一部分。广州渠道以六脉渠为中心，不过历代六脉渠的称呼虽然沿袭了下来，但各渠走向、深浅及发挥的作用却大不相同。在元代成书的《南海志》中，记有“古渠有六脉，草行头至大市，通大古渠，水通南濠为一脉；净慧寺街至观堂巷、擢甲巷、大古渠、新店街、合同场、番巷，通大古渠，水出南濠为一脉；光孝寺街至诗书街，通仁王寺前大古渠，水出南濠为一脉；大钧市至盐仓街，及小市至盐步门，通大古渠为一脉；廉访司至春风桥，水出桥下为一脉；子城内，水出路学前泮水为一脉”之语④。六脉渠之外，广州还建有四条城濠，这些

① 刘卫：《广州古城水系与城市发展关系研究》，华南理工大学出版社，2016，第 178-182 页。
② 曾昭璇：《广州历史地理》，广东人民出版社，1991，第 163 页。
③ 刘卫著：《广州古城水系与城市发展关系研究》，2016，第 178-182 页。
④ 广州市地方志编纂委员会办公室编《元大德南海志残本·附辑佚》卷 8，广东人民出版社，1991，第 57 页。

城濠围绕城墙而掘，既有交通、蓄洪的功能，遇有战事，还可以充当城墙的屏障。广州古濠的历史可以追溯到宋代。当时各濠分别各自入海，其中东、南二濠还与西濠分流入江。广州北面城墙由于紧贴越秀山，以山为天然屏障，因此并未建濠。据宣统《南海县志》记载，“粤东固泽国也，会城之南环以珠江，自赵宋时开珠江以引江水纳于隍中，东南由永兴桥入，西南由太平桥入，逶迤北折会于归德门而止”。说明早在宋代，广州就已建成基本的排水系统，这也是此后广州城市完善的排水系统的基础。

明代，人们将东、西、子三座宋城连为一体，使广州城池的格局基本得以定型。因此明代也是广州水循环系统发生较大变化的另一个重要时期。后来水浅近城，逐渐淤平，在此之上建民居。通过名叫洗马涌的小河涌连接珠江河道，涌口为澳口，澳口的南岸村在明代还是涌口所在地，到 20 世纪后期已距河 250 米，说明河道变窄，且河水变浅，兰湖积水外排，小北江变浅，排水不畅，水流在河道左右冲撞，造成了“蛇形曲流”的形态[①]。当时，在东莞县人谭清海[②]的建议下，疏浚并重新开辟了部分渠道，“西一脉水绕坡山，由南濠尾穿西关而出；小南一脉，水绕荷塘背，由文溪至府学前渠而出；大北一脉水绕兰湖，由贤关里，穿城角而出；正南一脉，水绕清风桥、龙藏寺、仙湖街而出；小北一脉，水自白云来，合万里桥水，循天关而出”。地方志中称其为“明六渠”。嘉靖五年（1526），通过大规模的工程，人们引东、南二濠之水汇于西濠，合西濠入珠江。“由十四铺达柳波涌，以返于江。而太平之濠废，万历中复太平濠，塞十四铺新河，仍留桂兰里以下，即今大观河是也，此后数十年来濠身日淤，乃相地势，东南起濠口，西南尽柳波，涌塞者通之，断者续之，涸者浚之。舟航难达者高之，濠之广以丈六尺为率，民不知劳，吏不相扰，数日之内，波澄堤固。洋商请以西关外公产房宇一区为公所，供其栖息，以供每岁疏浚之费”[③]。有学者认为今天所称的玉带濠，实际上是指原先广州城南面东、西水关之间的一段[④]。

最迟到明代，南濠一带已淤积成沙。由于广州西关、南关一带商业日繁，而后来所筑新城又并非直接临江，南段西侧有沙滩，东侧更有沙洲发育，整体地形上西阔东窄，二者在面积上相差近乎两倍，今大德路与一德路之间的距离，比文明路与万福路之间的距离成倍，即是证明。到清代前期，广州城濠尚可随潮入舟，但淤积已十分严重。道光《南海县志》记载，“归德门外濠畔街，富贾巨商，列肆栉居，舟楫运货，由西水关入，止林蒸桥，络绎不绝”[⑤]。其址今已成为街区，河址在今海珠广场，并在此处汇入珠江。

---

① 曾昭璇：《广州历史地理》，广东人民出版社，1995，第 61 页。

② 谭清海，广东东莞人，字永明。“尝走京师，上疏言事，不报。乃仗剑走边塞，纵观形势。戚继光为总蓟镇，筑隘减戍，皆用其策”。载王元林主编《东莞历史名人》，广东人民出版社，2013，第 400 页。

③ 潘尚楫修，郑士宪纂：《南海县志》卷 4《建制略一》，道光十五年刻本。

④ 曾昭璇：《广州历史地理》，广东人民出版社，1991，第 191-192 页。

⑤ 潘尚楫修，郑士宪纂：《南海县志》卷 4《建制略一》，道光十五年刻本。

乾隆五十六年(1791),时任两广总督福康安主持查勘六脉渠存废情况。结果勘得“其一道自北首十九洞起,至药师庵止,为横渠。但状元桥至东水关渠身尚存,自大石街经狮子桥至状元桥悉系民房跨占。一道自状元桥起至文明门止,自天官里口至文明门各渠身全为民房压盖,原址无存。一道自文溪桥起至贡院前止,居民跨占,渠身全塞。一道自莲塘街起至华光庙止,而莲塘街至抚署花园门首渠身虽存,亦已淤塞,由卫边街至七块石、清风桥底南首华光庙等处,则居民建屋其上,悉用砖石铺盖。一道为九曜坊渠,称为右一脉,在学政署、东文场地基之下,由桂香街至三圣宫止,悉在居民门首,是时仅存五渠”。此后,福康安下令疏浚所有渠道①。

清同治年间,由于第二次鸦片战争中的广州“墙屋毁塌,渠道壅遏尤甚”,布政使王凯泰对其大加修治,“或循故道,或开新沟”,从而疏浚出大渠六条:“一督署前渠之北流者,由洛城街至莲塘街,合抚标箭道横渠东流入五福巷,出铜关;其南流者,行华宁里、卫边街民房、中过七块石桥,抵清风桥,径流水井,由义隐书院入学署后园,贯九曜池,过九曜庙桥至仙湖街、仙童桥下出城,入玉带河。一抚署右渠之北流者,从连心街、莲花井街至九眼井,转西流九龙街,过大北直街、西华一巷,过财神庙出北水关外濠;其南流者由雨帽街下桂香街、贤藏街至孚通街、三圣宫下出城入玉带河。一百灵街尾渠,由城根出北水关入濠;其南流者,阴渠由官塘街、擢甲里、杏花巷、西濠街过石桥,出大水关入玉带河。一旧仓巷渠之北流者,由梯云里北行,至司后街,入谭家祠,转高家口,东流入豪贤街、天官里民房后,合万安里明渠,出铜关入濠;其南流者,从惠竺寺旁过仓边街,南流行黄家馆、毓秀新街,出文溪桥下,径长塘街至贤思街、土地庙下,出城入玉带河。一观音山下渠,由龙王庙左东流入将军大鱼塘,出贯容家园中,合高社十八洞南流之渠,又合十九洞渠,出黉桥,东流过小北直街,至飞来寺,合状元桥下渠,出铜关入濠。一龙王庙右渠,南入粤秀街,穿东墙入和康里,出抚标箭道,东过莲塘街,汇督署北流之渠,东入五福巷、双槐洞、崔家巷、狮子桥、九如坊、丹桂里,抵状元桥下,出铜关入濠”。时人谓“六脉渠通而内城无水患”,②足以见六脉渠的重要性。

清代广州城中,民间私占公地建房的现象十分猖獗,渠道由此损毁严重。官府虽历次出面取缔,亦效果不佳。在同治九年(1870)和光绪二十年(1894),广州布政使分别主持疏浚六脉渠,并立碑为界,以此阻止民间私侵,但结果是城中居民在渠边疯狂盖房,连碑石都被其移走作为基石,甚至有时官地都难以幸免。光绪十一年(1885),藩署曾下令清拆署前的非法房舍,不料城中居民竟群起抵制,官府对此更无招架之力。非法侵占土地的现象使城内公用土地严重不足,一些繁华的街道的宽度仅余2米,沿街铺位却深至数米。更为糟糕的是,土地供求关系紧张,还会加剧卫生、消防等一系列安全隐患。

---

① 戴肇辰等修,史澄等纂:《广州府志》卷64《建置略一》,光绪五年刻本。

② 戴肇辰等修;史澄等纂:《广州府志》卷64《建置略一》,光绪五年刻本。

与渠涌相比，城濠的开凿与变迁，则更体现了广州城市的发展趋势，具备更为丰富的使用功能。为加强城防、便利交通，人们在广州城周筑有城濠（如第三章所述，城北由于越秀山存在而未挖濠）。光绪《广州府志》中有言，“绕城东者，自小北门桥下起，过天关，南过正东门桥，又南过东水关，又南达于江，是曰东濠。其绕城西者，自大北门流花桥起，南过北水关，又南过正西门桥，又南过西水关，又南过太平门桥，又南达珠江，是曰西濠”。其中西关的繁盛与西濠有很大关系。嘉庆年间，西濠仅宽15米左右，而对照濠畔已湮没成街的低地一同计算，历史上西濠最宽时很可能超过了60米。宋代，由于此地城高池深，船舶还可由此驶入兰湖避风。人们曾经在这一带发掘出古船桅与海船配套设施就是最好的证明。西濠出口段的变迁更为复杂。由于其出口位于航运便利、贸易繁盛之地，人们争相填濠占地，城濠退化为明渠，又淤塞成暗渠。嘉南堂、新华、新亚等七八层的新式建筑，几乎都是建于西濠故道上。而更为奇特的是，西濠两岸高差呈现出越往北越大的奇特现象①。从第六甫到上九甫一段由平原掘出，濠面与街面之间高差不大，沿岸水脚码头很多，采用人工开掘，并用城墙和围堤固定。而新中国成立后，尤其在中山路、下西关一带，其地势相差达到一层楼高，上下石阶梯甚至要分为两段。

清水濠自东水关起，西至定海门桥，又西至文明门、青云桥，原本是一条天然水道，南汉抗宋时曾大加疏浚，到宋代又经过系统整治，被改造为古宋城的人工濠渠。而自青云桥又西过正南门，又西过归德门桥，又西出西水关达西濠，是曰南濠。其中南、西濠属南海县，清水濠与东濠属番禺县。“清初南濠湮，尚可喜掌粤时曾疏浚，寻复湮”，康熙二十二年（1683），在布政使郎廷枢主持下疏浚南海，“复通舟楫”，此后的乾隆、嘉庆、道光朝，东、南濠也历经数次小规模修缮②。

事实上，最迟到清代，广州的工匠们已经可以利用渗井技术进行城市排水、排污。近年在上下九、农林下路、龙津西路等处，也时常发掘出这一时期的渗井遗址③。其中上下九考古工地还曾发掘出干铺青砖法制造的渗井遗址。而之所以选择渗井，则是由于城市人口增加，城市水体受到污染，部分地区地势低洼，排水困难，难以直接排入河渠，而深埋渗排涵洞的作法，则是利用地下不同隔水层的特性，将污水排入较深的地下。

第二节　城市饮用水的商品化

（一）广州自来水系统的延伸

由于处于降水量丰沛的地区，广州城市用水总体来说较为便利。不过，珠三角每

① 曾昭璇：《广州历史地理》，广东人民出版社，1991，第175-176页。
② 戴肇辰等修，史澄等纂：《广州府志》卷64《建置略一》，光绪五年刻本。
③ 刘卫：《广州古城水系与城市发展关系研究》，华南理工大学出版社，2016，第197页。

年冬、夏季风交替时间不稳定，这成为一个不利因素。每当台风和暴雨洪涝发生，西江、北江水量猛增，每当这时，广州便受到极大威胁。尤其当洪水受到海潮顶托，无异于火上浇油，水势上涨更快，广州西关一带首当其冲，难免“尽成泽国”①。受此规律影响，地下井水往往会变得苦涩不堪，难以饮用，这种现象被称为“咸潮”。另外，随着广州城中生齿日繁，用水需求日渐增加。早在清光绪八年（1882），就传出广州将成立净水公司的消息②。尽管这一消息很快不了了之，但广州开办自来水的契机正在出现。光绪二十年（1894），广州爆发了严重的鼠疫，疫情的传播使卫生意识开始在居民中逐渐普及，用水卫生问题也开始得到官府的重视。而进入20世纪，尤其在拆城筑路之后，较之广州老城而言，广州新城区面积扩大了十余倍，人口也有极大增长。这些地区的生活、工业以及消防等事业的发展，都需要足量的水源供应，因此便利而卫生的自来水，体现出了无可替代的优势。

对于新式供水方式的兴办和推广，当时的主政者认为具备可行性。热衷推广新政的岑春煊任两广总督时，在奏折中表示，“自来水一事，实于卫生、救火功用甚大，粤省商民辐辏，需水者多，酌量取资以充公本，约计支销之外，赢算可操，既获利益以归公，尤足便民而弭患，实于上下两有裨益”③。

在商人的大力鼓动和帮助下，光绪三十一年（1905），岑春煊代表广东官府集资120万两白银，将资本分为12 000股，每股100两④，成立广州自来水公司。公司采取官商合营、官督商办的经营方式。以此为起点，直到1921年广州市政厅设立，广州公办自来水事业方才进入起步阶段。很快，广州就建立起第一家新型自来水厂。经过考察，水厂选址于北江支流增埗河边的硫黄坑，此地位于广州上游，水质相对较高，而水塔相关设施则建于人口稠密的西关长寿街内（越秀山上的水塔遗迹见图3-1）。增埗水厂于光绪三十四年（1908）正式向广州供水，仅三年后，其日出水量就达到336万加仑（约1.27万吨），足以惠及13 000余户居民。其设备经过20多年的不断升级，到1929年，水厂的日出水量更是超过1 000万加仑（约3.79万吨），覆盖用户近31 000户，供水区域主要在西关、南关、老城等地区，在大口径输水管投入使用后，其净化后的自来水甚至可以跨越广州老城，输送到东山一带。作为全市自来水供应工程的重要部分，1928年，工务局在越秀山沿西公路铺设了供水总管道，并在山中另建水塔，以供给东关与北关地区居民的日常用水⑤。到20世纪30年代，在程天固对广

---

① 劳逸风：《乙卯年广州市水灾》，载广州市政协文史资料研究委员会：《广州市文史资料》1986年第35辑，第208-210页。

② “We Hear That Canton Is Soon To Be Supplied With Pure Water By A Native Waterworks Company”. *The North-China Daily News*（1864-1951），10 August 1882，（3）.

③ 中国第一历史档案馆编《光绪朝朱批奏折》第102辑，中华书局，1995年影印本，第476页。

④ 《广州自来水公司成立》，《时报》1905年12月29日，第3版。

⑤ 《饬自来水公司在越秀山另建水塔案》，《广州市市政公报》1928年第305号，第121页。

州市区的规划中，在市区西部，将增埗对河两岛圈入（罗冲围、大沙坦），以河之中为界。其中增埗作为全市重要淡水来源地，“市民食水皆仰给于此，将来人口增加，水塘扩充，其两岸食水应谋保卫，以期洁净”①。

至此广州的自来水事业的发展取得了明显的成果。不过尽管如此，从空间上来看，广州地势东北高、西南低，因此在地势更低的西南方向，获得自来水难度相对更小。工务局为调剂全市用水量，遂在西关设立水掣，每日下午4时至次日上午10时开放，以便水力易于灌注东北、南关一带。结果到后来，供应的自来水或被下层住户截流，或者有业主忘记水掣开放时间，未能及时储存淡水。结果西关一带，楼房4层以上的住户白天时常遭受水荒，直到增埗新水厂及越秀山水厂竣工后，此种状况才稍有改善②。

图3-1 越秀山上的水塔遗迹

（图片来源：作者自摄，2020年10月）

增埗水厂的初步完善，对于广州城市发展来说具有特殊的意义。水源地之水不再直接被居民取用，而是通过自来水厂的加工，并由输水管道输送至住宅中。经过中间的几项步骤，原先作为自然资源的水摇身一变，成为一种商品，人们的取水方式，乃至生活习惯，也随之发生不小的变化。

① 广州年鉴编纂委员会编《广州年鉴（上一）》，《土地第三》，第5页，载张妍、孙燕京主编《民国史料丛刊》第1010卷，大象出版社，2009，第187页。

② 《西关实非水荒》，《广州市市政公报》1931年第377号，第36-37页。

同时，广州市政府意识到，这种新型供水模式还可以随管网延伸到广州各处。东山地区海拔高于西关和老城，由于地形所限，因而井水苦涩难饮；加之此地距离珠江较远，不便从江河中取水，因此东山一带的用水长期是个难以解决的问题。1927 年，广州市在此投建一座水厂，1929 年，这座水厂正式投入使用，每日早 6 时至晚 9 时供水，日供水量为 60 万加仑（约 2 271 吨）[①]，东山居民终于用上自来水。水厂在杨箕村北沙河坑上游的竹园内，水塔则建在东山茶岗仲恺公园一侧。此厂由购料委员会负责办理，公用局具体兴工，公用局一面派员点收工程，一面呈请市政厅购买所需燃料[②]。

为增加东山水厂的自来水处理能力，公用局在龙潭村附近择地兴筑水坝，用水闸拦截沙河坑水，向其中引水。不过由于泄水闸门尺寸设计过小，使水坝壅塞效果大于蓄水。“山洪一至，横溢荡决，附近园地被其冲陷者，不可胜计。”为此，公用局只好打桩筑板，建造临时护岸，并用木斜撑，建起一条木石结构的潜坝，以便堵塞决口，利用这些水作为水厂蓄水，以供随时抽取。“工程完毕后，其局乃定，岸不崩落，河庆安澜，自来水入水口常有水可供抽吸。嗣后东山厂水源，始得免枯竭之患。”同时，此厂的设计中，还存在其他“未善之处”：首先是水源水质不佳；其次在水源地筑堰工程，由于设计失误，水厂并未建沉淀池，抽水机压力计算也出现错误，供水总量难以稳定，以致到 1933 年，东山地区时常遭受水荒[③]。

据当时的检测数据，1933 年 10 月 2 日至 8 日的一周之内，增埗两座水厂每日分别出水 867.8 万加仑（约 3.28 万吨）和 1 210.6 万加仑（约 4.58 万吨），河水平均浊度 37 度，清水平均 0 度；东山分厂 66 万加仑（约 0.25 万吨），浊度平均 174 度，清水平均 10 度[④]。由于水质污浊，东山水厂供水成本远远高于增埗水厂。尽管如此，东山水厂的输水能力仍在波动中增长，从 1932 年 7 月的 1 337 万加仑（约 5.06 万吨），升至 1933 年 7 月的 2 137 万加仑（约 8.1 万吨），1934 年 7 月，达到了 2 362 万加仑（约 8.94 万吨）[⑤]。而为进一步提高广州老城、南关地区的供水量，广州市还需要建设更多的水厂。

南便新水厂由广州市政府筹建于 1929 年，并于 1932 年投入供水。厂址设在增埗水厂南边一带山地，水塔设在越秀山象岗。由于其地势高出全市，可利用重力，将水灌注到市区十层以上的建筑，而相比之下，增埗水厂的水塔只能将水灌注到四五层楼。其输水总管也由增埗水厂的 24 英寸（约 61 厘米）改为 30 英寸（约 76 厘米），以

① “The Total Daily Output Of The Canton Waterworks Amounts To 15,923.000 Gallons”, *The North-China Daily News*（1864-1951），6 October 1930，（8）.

② 《东山自来水厂试机有期》，《广州市市政公报》1929 年第 333、334 号，第 10 页。

③ 金肇祖：《广州自来水工程临时改进计划管见（续）》，《工学季刊》1935 年第 1 卷第 2 期，第 247-248 页。

④ 《自来水管理处水务报告》，《广州市政府市政公报》1933 年第 443 期，第 41 页。

⑤ 《广州市自来水管理处水量输出统计》，《统计月刊》1936 年第 2 卷第 10 期，第 37-38 页。

增大供水量。这次水管铺设总长度超过 60 千米，连接在新水厂和新水塔之间，再由新水塔分支接往老城、新城等城区。由于整个制水和输水系统的改进，其日供水量增加到 1 000 万加仑（约 3.79 万吨）。而针对广大城市贫户无力购买自来水和饮水条件恶劣的情况，市政当局及相关部门决定设立公共龙头向贫户免费开放，对他们实施饮水救济。与此同时，广州老城地区，长堤、东山、大德路、兴昌街，以及小市街、四牌楼一带，全部在新式马路施工过程中更换 30 英寸（约 78 厘米）大口径水管①。

相比城市生活用水而言，迅猛增长的工业用水量，同时深深刺激着供水系统改革的步伐。例如西村与河南两座士敏土厂均采用湿制法，生产过程中需要大量的水，钢铁厂、造纸厂等工厂所需水量更是巨大。而从方位来看，到 20 世纪 30 年代，广州的自来水供应仍被珠江横断，仅仅覆盖于珠江以北的西关、老城、新城及东山等城区，而珠江以南的河南城区则一直没有自来水管铺设到达。虽然广州市同期也在河南岛掀起轰轰烈烈的大建设，与广州老城隔江相望的河南岛西北部逐渐开启了城市化的步伐，当时河南居民却仍以河水、井水为主要用水来源。急速扩大的城区规模、不断增加的城市人口都要求在这里兴建自己的自来水系统。市政府立即决定利用大口径水管直通河南、东山两处，并在河南岛上的现有街区布设水管网。通过细致测量，工务局招标工程，在海珠铁桥下部的江底铺设大水管。同时，河南街市被纳入全市抄表制度，由查表员每月报告用水状况②。

为了使自来水运输更为顺畅，工务局在河南添建一座水塔，水塔高 120 英尺（约 37 米），宽 40 英尺（约 12 米），用 3 副 150 马力狄氏黑油发动抽水机，2 副实用，1 副备用，每分钟可抽水 1000 加仑（约 3.79 吨）。2 副抽水机每月可输水 288 万加仑（约 1.09 万吨），可以供给全岛居民使用。供水时，先把江水由 3 副 35 马力低压抽水机抽上高塘，经机身滤清，送入清水池。再由高压抽水机抽上水塔，供给用户。在极短的时间内，施工方共在河南岛的新式马路之下铺设 20 英寸（约 50 厘米）口径的大街管 12 000 英尺（约 3 658 米），小街管约 20 000 英尺（约 6 096 米）③。整个工程费需要 65 万元，其中征地费用 3 万元是由政府拨给，其余部分以招商承办的方式解决。

（二）自来水水源及水质的保障

兴办自来水事业的初衷，一方面旨在为市区各处输送足量的生活用水，另一方面所供之水还要符合卫生标准，可供人饮用。不过在当时，广州的城市水源却污染严重，这主要由于城市人口高度集中，部分市民卫生观念淡薄，将城市中大量废物、废水与垃圾等秽物，毫无节制地排放于河渠濠涌之中，极大程度上加剧了水质的恶化，极

① 《改装长堤、东山等处大水管》，《广州市市政公报》1930 年第 350 号，第 53 页；《改装小市街、四牌楼水管》，《广州市市政公报》1930 年第 350 号，第 53 页。

② 刘宝琛：《广州自来水整理近况》，《工程季刊》1936 年第 3 期，第 103-105 页。

③ 《公用局筹办河南自来水计划》，《广州市市政公报》1930 年第 355 号，第 128 页。

易成为疫病传播的重要源头。例如,光绪二十年(1894)在穗、港地区暴发的鼠疫,就被证实与水环境污染之间存在密切关系。这次广州历史上最严重的疫灾,据保守估计就夺去了7万多人的生命,占当时全城人口的5%。对此,《申报》曾一针见血地分析道,"入冬以来,雨泽过少,居民饮污浊之水,以致疠疫丛生"[①]。因此,在为水厂选定地址时,水源地的水量和水质均是重点考察的因素。

早在20世纪20年代,广州市政府就曾颁行国民政府内政部制定的《自来水规则》。在成功接管自来水公司后,市政府随即成立自来水管理处,参考国内外各座城市的成功先例,制定出通行全市的水质标准。同时,自来水管理处加强对增埗新、旧水厂与东山水厂的监测,每周提出一份水务报告,内容涉及水量、水质及水力等项。此外,各类新式净水设备也在广州纷纷投入使用。1929年4月,广州市政府向英国渣甸公司(Jardine Engineeering Corporation, Ltd.)订购一套大型滤水器,每日处理水量达到1 000万加仑(约3.79万吨)。当然,整套设备价格不菲,达到了22万美元[②]。

东山水厂由于水质较差,加之其水塔与水坝原设滤水缸容量过狭,经滤之水,难以彻底澄清。公用局特地改进方法,使用白茅灰等适量方剂,促进无害化学反应,将泥沙沉淀凝结,并以铁箱代替木箱贮存药物[③]。之后,每日由化验师检验水质两次,不达标者即用氯气或硫氯消毒,对于水中残留的苔藻异味加入硫酸铜予以清除。此外,为保证东山水塔一带水源地的清洁,市政府还严令禁止在沙河坑等地倾倒垃圾秽物[④]。

1937年,广州市计划建设一座新水厂,工程由英商马尔康公司(Malcolm & Co.)承揽。这座新水厂位于珠江沿岸,即原先增埗水厂旧址。仅一年时间,水厂竣工,总造价为280万港币。水厂内建有发电室、沉淀池、蓄水池等,利用天然地势,自来水凭借重力作用,就可以自动到达较高层的住宅。12套滤水器同时工作,每日24小时不间断供水,出水量可达到3 000万加仑(约11.36万吨),足以应对当时广州市内日常的用水需求。为确保供水量和水质的稳定,市政府还在市区别处建造了一座350万加仑(约1.32万吨)的蓄水池[⑤]。广州市自来水供应能力也达到1938年城市被日军侵占之前的最高水平。

(三)自来水在广州推广的困境

到20世纪30年代,自来水事业在广州得到了充分发展,而在保证了供水总量稳

---

① 佚名:《百粤丛谭》,《申报》1896年2月8日,第4版。

② "British Firm's Big Contract: Ten Million Gallon Filter for the Canton Waterworks". *The North-China Daily News* (1864-1951), 20 April 1929, (13).

③ 《东山水厂积极整理水源》,《广州市市政公报》1930年第343号,第25-26页。

④ 《禁止居民在沙河坑倾倒秽物案》,《广州市市政公报》1930年第353号,第39页。

⑤ "British Firm To Build New Water Works: Malcolm & Co. Get Canton City Contract: ONE YEAR'S WORK 30,000,000 Gallons Daily to be Possible". *The North-China Daily News* (1864-1951), 13 February 1937, (9).

步上升之后，对于水源的分配又成为一个不可回避的重要问题，其中又夹杂着很多细小的问题。一方面由于水厂水池未加清理，出水减小，加之街管容量太小，水流为阻力所限制，因此随着楼房逐渐在这座城市中大量出现，居住在二层和三层的市民经常感到水力不足。对此，只能通过技术手段来解决，工程部门采取了增加管径的对策，确保高层住户得以便捷地用到自来水。

大口径管道的铺设，为自来水系统的延伸提供了可能，而水厂、水塔赖以运作的电力供应更是不可或缺的，水厂使用自设发电机供电，难以保证水厂的正常运行。为增加水厂出水能力，将水厂机器系统连接广州市内供电，由临近配电厂放出专线，其中在闹市使用地缆，在旷野使用高架线的方式，以增加水厂内机械抽水能力①。

在20世纪二三十年代，随着新式住宅在广州纷纷建成，其中大多都建有水厕、浴室，也加快了广州自来水的普及速度。调查数据显示，市政府收管自来水公司5年后的1934年，广州自来水服务的用户增加至41 000户；1936年8月全市自来水用户数量为45 479户，同年10月，又达到46 421户②。不过整体来讲，广州市仍有大部分居民被排除在自来水系统之外，仍旧依靠井水生活，自来水系统的延伸与完善，并未将传统取用淡水的方式完全取代。1929年，广州市政府转发了国民政府内政部颁布的《管理饮水井规则》，规定在开凿饮水井前，应将地点、方法、图样等信息呈报卫生局和公安局备案。在施工时，井壁须用坚密而不透水的物质建筑，以防污水渗入；井道深度最少应在30英尺（约9米）以上，深井应达到200英尺（约61米）③。此外，凿井地点应远离厕所、沟渠150英尺（约46米）之外，以免受到污染。

至于在自来水广泛普及的同时，还需要开凿深井用以供应居民日常饮水，究其原因，不外乎水费高昂这一项。广州自来水价格长期保持每千加仑0.8元，这对于多数家庭都是一笔不小的额外开支。在1929年，最终收管自来水公司后，新成立的水委会随即着手整理旧水厂，建设新水厂，并偿还股东本息，添购机器。这些工作的推行，总共需要资金320万元。为筹措这些款项，市政府规定1929年12月1日起，六人户每月水费由毫银1.4元升为2.4元，连同附加费共2.88元；安装水表住户，由每千加仑（约3.8吨）0.75元升为1.25元，连同附加费共1.5元，以一年为期。1930年11月30日，一年期满，尽管水委会开展工作尚有经费缺口，但为维持信用，减轻市民负担，1930年12月1日起，六人之大户减收2.1元，安装水表的住户，每千加仑减收1.1元，且取消一切附加费④。尽管1933年水费降回到原先的每千加仑0.8元，不过另一方面，水委会的赤字问题依旧难以解决。其每月水费、表租可以收入16万元，支出却

① 金肇祖：《广州自来水工程临时改进计划管见》，《工学季刊》1935年第1卷第1期，第102-103页。
② 《广州自来水整理近况》，《工程季刊》1936年第3期，第101-105页。
③ 《管理饮水井规则（内政部布颁）》，《广州市市政公报》1929年第329-330号，第23-24页。
④ 《定期减收自来水费案》，《广州市市政公报》1930年第373号，第75-76页。

超过21万，因此除酌加水费，“别无善策”。从1934年元旦起，表户每千加仑增至1.2元，月户增至3元5毫，以18个月为期限①。

在当时的广州，工厂及居民时常私装偷水的现象也十分严重。针对这种情况，广州开始在全境增设调查员，分区按户调查用水状况，给妄图瞒报偷水者造成极大的心理压力。同时，广州市还制定《取缔违章用水补充罚则》12条，根据违章情况轻重处罚。尽管租用水表为用户带来了额外支出，一定程度上增加了水户的经济负担，但水表的安装，使自来水消耗量得以精确监控，极大规范了广州市内自来水的使用行为。

普通住户之外，政府机构用水的收费问题也开始受到社会的关注。广州国民党党部在接通自来水后并未安装水表，用水不加限制。从1936年起，自来水公司设定政府机构免费用水限额，每人每月以2 000加仑（约7.6吨）为限，以维持公营事业收益；其他军政机关、公立学校也开始安表用水，按照五折收费。由于此前广州市不对水电厂征收水费，厂内用水更是漫无限制。市政府规定月薪60元以下的职工，每月用水免费份额为4 000加仑（约15吨），60元以上者一律全部正常收费。此外，原有广州市区内设有公共龙头40处，以供贫民免费取用。因总有非贫民贪图小利，强行取水，而众人在使用过程中亦浪费严重，公用局遂决定取消公共龙头，改设售水站，原先免费的自来水改为每8加仑（约30升）售价0.01元②。如果对比1935年其他主要城市水费，按每千加仑计算，杭州为银元1.162元，汉口为大洋1.2元，天津则收取银元1元，厦门更是达到银元2.5元。相较而言，广州市自来水费在当时并不算十分昂贵③。

值得一提的是，除参与城市供水、为广州城市发展提供动力之外，自来水行业事实上还成为广州政、商两界之间角力的舞台。商人团体曾为广州自来水公司乃至自来水事业发展作出很大贡献。民国成立后，公司甚至改为商办，不过此后由于管理不善，公司逐渐难以为继。到1926年市政府首次提出接管之事，为此，公司股东召开会议，通过办法9条，坚决拒绝市政府接管水厂④。当时由于广东刚刚完成政权更替，广州市政府内部力量薄弱，接管一事随之作罢。

又过了两年，市政府认为因广州市区扩大，“该公司原有机件不敷，不能供给较远处之饮料，又因该公司系有限公司性质，股东召集为难不能随时扩充，以供室内居民之需要，年内业务甚无起色”。以此为借口，由市政厅派员前往接管，“至民九开辟马路以后，市区发展、人口增加、水力供给、渐形不周，而该公司唯利是图，于公益一道，未尝顾及。创办以来，历二十余年，不特毫无改善，慰我市民，近且弊端百出更难

① 《核准广州市府增加自来水费》，《广东省政府公报》1934年第248期，第84页。
② 《广州自来水整理近况》，《工程季刊》1936年第3期，第101-105页。
③ 《核准广州市府增加自来水费》，《广东省政府公报》1934年第248期，第83-84页。
④ 《申报》1926年12月20日，第5版。

整顿。股东方面,缺乏监督之技能,因之为二三奸蠹所操纵,自缘其利”。对于公司原有资产,予以保全,员工数量及待遇方法照旧,“免事纷更”①。

第三节 濠渠的清浚与排水系统的改造

(一)广州城市排水系统存在的隐患

“水对城市至关重要,但是,太多的水或是太少的水,出现在错误的地点、错误的时间,都会变成巨大的问题”。② 自来水系统将大量洁净的用水源源不断输入城市之中,与此同时,生活、工业污水,乃至倒灌的洪涝,都需要及时排出,这时排水系统的建立与升级就显得尤为重要。如果说宽阔的江河是城市水环境的大动脉,那么成千上万的濠、涌、沟、渠,则可被视为组成城市排水系统的毛细血管。这些渠道,不仅承担着城市生活污水排放的功能,更是一座城市排洪防洪能力的重要保证。1932 年 7 月,广州连降大雨,“全市街道东北一带灾情甚重,尽成泽国”。经调查,此次内涝的成因之一即是新式马路修建工程致使沟渠淤塞,加之六脉渠不甚通畅,因此洪水灌入城区后不能及时排出③。

到民国初期,广州濠渠的总长度已超过 120 千米。不过这些街渠工艺普遍较为简陋,渠身没有倾斜设计,同时缺乏渠管的安装。在此之前,人们仅仅是在地下开辟一条暗沟,上面覆盖一块石板,以通渠水而已。而经过调查,民国初年的六脉渠的排布方法多为垂直式。不过,六脉渠道被建筑物所覆盖部分,其长度就超过了 4 千米。部分渠段早已因为日久失修,多处被填塞成实地。如在贤忠街、安怀里等地,渠身之上覆盖的石板折断后跌入渠中,将渠阻塞。时人束手无策,只得在该渠渠面另开小渠,以小易大,结果渠底反而被无限抬高。此外,还有部分渠段被大榕树根侵入,全渠毁烂(表 3-1)。如法政学校一带的渠道下游,竟高出上游近 1 米,如不加以疏浚,上游渠道极易被截断,到天降大雨之时,小北门一带全部难以幸免④。

表 3-1 20 世纪 30 年代六脉渠各渠存废状况

渠名	概况
左边第一脉渠	由后楼房起,经莲新街、雨帽街、桂香街、贤藏街、马鞍街入南濠
左边第二脉渠	由九眼井起,经芒果树、清泉巷、西华一巷、盘福路、官塘街、窦富巷、擢甲里、杏花巷入南濠
左边第三脉渠	由光孝寺起,经光孝街、纸行街、诗书街折入西濠

① 《广州市厅收管水厂》,《申报》1929 年 1 月 19 日,第 11 版。
② 伊恩·道格拉斯:《城市环境史》,孙民乐译,江苏凤凰教育出版社,第 427 页。
③ 《广州空前大水灾:二百老人同死,风狂雨骤、沟渠淤塞》,《时报》1932 年 8 月 1 日,第 4 版。
④ 程天固编《广州工务之实施计划》,1930 年,第 52-53 页。

续表

渠名	概况
右边第一脉渠	由仓边街起，流经水井、龙藏街、清泉巷入南濠
右边第二脉渠	分为三支，一由康公庙道起，经小石街、局前街、法政路、潼关入东濠；一由双槐洞起，经三多里、九如坊、宜居里、至法政路与第一支渠会合入东濠；一由法证路口起，经德庆里、万安里、大坑渠、旧仓巷、黄家巷、长塘街入南濠
右边第三脉渠	由芳草街起，经吉祥巷、越秀中路折入东濠

资料来源：程天固编《广州工务之实施计划》，1930 年，第 52-53 页。

（二）全市大小沟渠的清浚

自 1932 年起，广州市工务局招募工人 1 000 名，分为 50 队，开启清理渠道的工作，范围包括广州省河南北以及所有内街横巷。同年，对紧临原先城墙的东、西濠的清浚工作也开展起来。小北一带长期内涝严重，一方面是由于地势低洼，另一个重要原因则是东濠不浚。东濠自长腰岭经铜关筑横沙涌口，至东堤东关戏院，长度达到 25 000 英尺（约 7 600 米），根据当时的调查，其流域面积达到 9 平方千米。而由于两旁铺户不断侵占，致使涌身日益浅窄。工务局只好首先将淤塞濠涌的污泥清理出来，使渠道水流通畅无阻，存在废旧坏烂的区段则及时加以整修。到 1933 年，清浚工作基本完成，工务局宣称，广州全市渠道暂时“已无壅塞之弊”。①

不过，清浚工作仅仅是治理东濠的治标之策。想要根本改善东濠的运行状况，需要采取一项治本之策，即改建渠道的设计。工务局首先实测东濠流量，勘察上游地势及桥梁涵洞等状况，规划建筑范围由小北直街至东濠口，长 9 000 英尺（约 2 700 米）。厚兴新街至潼关濠扩宽为 11.37 米，两旁新建宽 1.3 米的人行路；潼关至水泛巷口濠扩宽为宽 13.37 米，新建宽 1.3 米人行路。厚兴新街至水泛巷口之间，新建堤磡及人行路 1 600 米，涌旁堤磡，用原有石块建筑，工料不足的部分，采用三合土建筑。小北直街至厚兴新街、水泛巷到东濠口濠床间则均不建人行路，只分别挖土 540 米②。除此之外，将濠走向改正，使上游水势弛缓，使其不至泛溢为害。由于规模庞大，整个工程费用并不低廉，达到 80 万元③。

东濠原为接连东北两地山岗之水，水源潦大，小北门附近各街渠亦依赖该濠作为宣泄渠道。因此，广州市政府曾规定所有木料、杉排以及船只一律不准停放其中。而沿濠各店户仍旧无动于衷，将杉排堆放于此，并在此卸载货物，船只亦停泊此处。于是，为保证施工进度，广州市政府还加强了对河道濠涌之上船只的管制，重新规定所

① 《全市濠涌渠道业已完全清浚》，《广州市政府市政公报》1933 年第 431 期，第 80 页。
② 《工务局实行改建东濠》，《广州市政府市政公报》1934 年第 493 期，第 111 页。
③ 《工务局改建东濠计划》，《广州市政府市政公报》1933 年第 416 期，第 61 页。

有木料杉排及船只一律不准停留在东濠之内,以畅濠流,以免水患①。工务局还计划对拱日桥上濠道,打春闸板,断绝水流,以利于工作(图3-2)。所有该段濠涌禁止一切船艇、杉排来往,停在濠面的数十艘杉排令三日内一律自行起回,以免妨碍工程进行②。

图3-2 20世纪30年代的荔枝湾涌

图片来源:《广州西关荔枝湾·两傍(旁)皆植荔枝树》,《时报》1930年7月24日,第6版。

尽管如此,之后工务局仍会定期组织清理各条内街渠道,如1934年改造地势底下的大、小北渠道,1935年清浚白云路、长塘街渠道,1936年又改建第六段东横街一带31条内街渠道③。

不过,经过程天固亲自走访调查,发现要想彻底解决广州市排水系统存在的问题,清浚濠渠仅是治标之策。清代,广州曾专门设立机构,负责道路清理及四城分浚,并以一年一小修、数年一大修的频率工作,直到清朝灭亡。因此"渠道不致有淤塞之弊者,皆成例之功也"。不过进入民国之后,前功悉弃,"局又恐巨款难筹,畏难不办。西关方面原有清濠公所之设,且储有款项,徒以劣绅盘踞,久乏振作",以致全市渠道"淤塞日甚一日,大雨时行,街巷悉成泽国。地势较低者,水势没膝"。此后,虽然市政府每年都会多次组织清淤工作,却都是事倍功半,耗费甚巨。眼见内街支渠的清理

① 《工务局禁止杉排船只停泊东濠》,《广州市市政公报》1934年第497期,第228页。

② 《工务局布告清浚西濠》《工务局积极清浚东濠》,《广州市政府市政公报》1932年第410期,第59页。

③ 《工务局拟改建大小北渠道》,《广州市政府市政公报》1934年第458期,第43页;《工务局改建白云路大渠及大新段渠道》,《广州市政府市政公报》1935年第509期,第148页;《工务局清浚长塘街一带渠道》,《广州市政府市政公报》1935年第510期,第182页;《工务局赓续改建内街渠道》《广州市政府市政公报》1936年第536期,第87页等。

工作收效甚微，程天固和工务局其他同事意识到，如果不通盘筹算，从根本上加以改造，而仅仅做一些临时的清理，无非治标不治本之策。全市交通与卫生，必将永受其累。加之“渠道之设备，所以宣泄路面雨水及一切经人使用之污水者也，苟渠道失治，淤塞不通，则不特道路淹没，路面路基更易遭侵蚀，至于污水排泄则尤堪注意，病菌之渊薮，疠疫之源泉，小之滋生蚊虫，大之足以传播毒素，其为害之烈，不堪设想”①。

在同时期全市水准图的绘制工作中，工务设计人员逐渐意识到，由于各暗渠内污水之排除、流畅与否，全赖渠道倾斜度适宜状况，因此必须首先探明全市地势高下。不过广州此前并无全市通盘设计，对于地势、地质、潮流、下水道分布等情况均不了解。广州暗渠污水宣泄不敏，一由于潮流高于地面，二因泥沙堆积渠中。最大原因在于现有各马路暗渠的倾斜度不得其宜②。因此对渠道的清理工作仅仅是治标之策，而对渠道结构加以改造，才是“清理全市渠道最经济、最彻底的善法”③。

（三）新式渠道的构建

程天固等人十分重视对发达国家排水系统的借鉴与学习。在考察中，他发现当时欧美各国的新式渠道主要分为分流和会流系统，前者将引水、营业用水、住宅用水分渠流出，不相混杂；后者则将一切污水混成一渠，然后引向河海。而渠道排布方式则分为垂直式、总揽式、扇式及分区式、放射式等。垂直式多见于滨江城市，即将渠道就地分为若干部分，各成系统，各有一条主渠，各主渠方向与所流入河道方向垂直；而总揽式则与垂直式排布相同，而在河边附近加筑一总渠，与堤岸平行，然后将各主渠出口一一插曲总渠之内，使各主渠污水，先汇入总渠，再导入河内；第三类为扇式，即其排列法略如扇形，各主渠出口次第集中于一总渠，导入河中，全系统只有一个总出口；分区式适用于地形起伏不平的城市，按照海拔高度先行分区，每区各筑一主渠，自成系统，然后相度地形建一总渠，各区排水不相妨碍，又可集中在一起，注入大海；放射式，即将全市分作若干扇形，共同连接一个中心点，适用于市中心较高的城市。实际应用中，再结合具体情况，兼采众长。

广州新式渠涌的设计方案也是如此。经过权衡，会流系统方案最终被采用，原有渠涌经过人工疏浚，加砌渠筒后，可利用为主干渠道，费廉工省。若采用分流系统，则此种渠涌只可用作雨水渠之用，为了宣泄秽水，需要另建水渠。在沟渠失治或缺乏渠道设备的城市，经常发生秽水四溢、泥泞载道的现象。若道路不能宣泄积水，则路面路基必遭雨水侵蚀，年久失修，不可复用。同时，雨水之外尚有生活污水排放，此种污水实为病菌之渊薮，疠疫所自出，之前市街污水之处置，出于便利考虑，多导至附近河

① 程天固编《广州工务之实施计划》，1930，第53-59页。

② 罗季常：《改良广州市政计划草案》，《工学》1925年第1卷第4期，第69-70页。

③ 程天固：《为改造本市渠道敬告市民》，《广州市市政公报》1931年第387期，第1-8页。

湖，市民饮料，复取给于此，虽污水流入河湖浓度已减，但仍有传播疾病之风险。而近年来城市用水量大增，污水排放量随之增加，必须及时管控。对此，市政部门决定采用重心清理法对濠渠进行清理。即将渠道按照一定斜度筑造，利用水的重力，引起渠水流动，使其中渣滓随流直下。按照“流水搬运量=流速⁶”的计算方法，将斜度调整至以 25/10 000 为最低限度①。如此，可以使清理渠道的效果达到最大化。

在改建全市渠道的过程中，广州市工务局首先将全市划分区域，择其重要者先行试办，并以三年为期，将工作覆盖全市；其次将内街渠道划分为支、干等几种渠类，并配以合适斜度，使各渠均能容纳各街水量；在完成前两步骤后，再将内街街面砌平，使东洋车、救火车均能驶入内街，以利交通、防火患。此外，为节约经费，以原有及六脉渠为干渠，采用暗渠设计，使原有濠涌不致为垃圾等秽物堵塞。旧渠有合适者及马路已建有合适渠道者，则仍用旧渠，或加以修改。结合街渠与大渠的形制，则根据实际情况决定，原则上以建筑费廉、物质耐久者为主。在对濠涌及六脉渠进行改建后，如有特殊需要，上面留出小路一条，以便此后清渠之用，道路宽度则视渠大小定之；而建有上盖者，一律拆卸，并留出小路，供清渠之用；凡日前人民缴地价领用之濠涌，除划定小路不准建筑物外，其余如与渠道无碍者，准予建筑，以增居民收入②。

毫无疑问，河涌具有防洪排涝的重要功能，其通畅程度更与广州城市经济发展密切相关，因此广州市政府对河涌的治理十分重视。在解决所需资金的问题上，以工代赈与食物工资法，是当时河涌治理资金来源的两种主要方式。此外，民间资本也是当时的一个重要途径，广州曾专门设立河涌治理专项资金。清代时，以文澜书院为首的民间组织，就曾负责西关清濠资金的筹集与管理工作；到民国，向铺户及民众征收河涌治理资金之风仍然盛行。因此当治理河涌问题有明确的责任人时，政府也会选择不直接出资，而是寻求专门团体帮助，以降低治理成本（表 3-2）。市政府就曾因清渠工具问题向专门团体求助：“本局清理马路渠道污泥，均以斗庄竹箩运载，惟竹箩价格固昂又不耐用。现查民众修路会存有多量旧沥青铁桶，拟向该会价让 240 个，以为运载渠泥之用”。

表 3-2 1930 年广州市渠道改建预算

项目	明细
内街渠	1 139 000 英尺，每英尺 2 元
升高内街街面	1 138 000 英尺，每英尺 0.15 元；
西关濠大街	3 700 英尺，每英尺 8.6 元；
新城、南关濠大街	15 600 英尺，每英尺 11 元；

① 程天固编《广州工务之实施计划》，1930，第 51 页。

② 程天固编《广州工务之实施计划》，1930，第 57-59 页。

续表

项目	明细
西濠大渠	5 300 英尺，每英尺 36 元；
六脉渠	40 000 英尺，每英尺 5.5 元；
总计	3 384 000 元

资料来源：程天固编《广州工务之实施计划》，1930，第 59 页。

在改建渠道的具体工作中，工务局设置技士 1 名，月薪 210 元；技佐 1 名，月薪 105 元；助理 1 名，月薪 75 元；另设监工、课员若干。各类费用加之商会代征办公费、意外费，总共超过 338 万元。清渠工程各项费用甚巨，仅凭政府难以填补巨大的资金缺口。大部分工程费用必须通过征收费用的方式来获得。这些费用来源于街坊就地众筹。清渠费用以华井（约 11 平方米）为单位，每华井以 2 元为标准。这笔款项由工务局会同商会征收，不得挪用。住户面积不及全段一半者，按照面积一半征收，即每华井 1 元；超过一半者，按全段面积征收，即 2 元。楼上面积占全屋面积一半者，加半征收，三层以两倍 4 元征收。铺户建筑面积不及全段一半者，照全段面积征收，即每华井 2 元；铺户建筑面积占半者，则加倍征收，即每华井 4 元；楼上面积达到一半者，照全面积 3 倍征收，即每华井 6 元，三层按四倍 8 元征收。住户及铺户门前宽度，按每英尺（1 英尺约 0.3 米）8 毫征收。政府团体机关，按照住户标准征收。凡已承领之濠涌，除划出作为道路用途外，其余地块按每井 2 元征收，有房屋一层者加倍，两层者 2.5 倍，以此类推。凡濠涌划定之路外，濠涌畸零地由工务局变卖，款项用于修建濠涌渠道。原有清濠公所产业，三成拨归办学之用外，其余七成继续投变，拨归筑渠①。

小　结

水资源与人类生存息息相关，地球上各地区的水循环过程，总是按照各自的自然规律运行着，受到江河湖海以及气候、土壤、地形等自然因素的限制。而事实上除此之外，这一过程还受到人类活动的极大影响。在人类活动最为频繁的城市之中，除了原本发挥作用的自然规律外，水资源循环的过程还会受到来自人力的很大干扰。城市水资源管理的问题，事实上可以作为两个子问题来看待，即供水与排水。为了处理好城市发展与水资源利用之间的关系，人们在城市中建立了上水与下水两套系统。由此，城市水系的生态环境问题不仅关系着水系自身的健康，更影响着城市社会发展与人类生活质量的提高。

广州是个典型的水城，城内城外水系发达、河网密布，雨热同期的气候有利于水

① 程天固：《广州工务之实施计划》，1930，第 55-59 页。

热资源优势的充分发挥。广州城市水循环系统变迁的背后，有自然力的作用，更受到人类活动的极大影响。20 世纪 20—30 年代，出于淡水供应、交通货运及洪涝防治等目的，广州工务局通过相关建筑工程的实施，利用并改造原有的城市水循环系统，在供、排水管道铺设、坡度渠道及跨江管网设计等方面采用了诸多新的技术，很大程度上改变了城市水循环的方向与路径。并通过兴办自来水、改良水井、消毒生水、科学检测和制定法规等实践，初步确立起这座城市的饮水卫生标准体系。此后虽仍不乏随地泼洒污水者，但广州市内的饮水卫生条件还是得到了极大改善。

经过一系列的改造，广州城市的供水、排水全部改至地下进行，城市居民不再直接饮用地表水，更重要的是，一度消失的“六脉皆通海”的奇观，再次得以重现。这种历史变迁，体现了广州城市发展的趋势，实际上也是人与水争夺生存空间的历史实态的反映，更可以被视为人类利用、改造，并且逐渐适应环境的过程。

第四章　混凝土应用：广州城市景观变迁的物质基础与理念更新

19世纪末至20世纪初，以混凝土为代表，其大量被使用在各类大型工程之中，一步步将广州打造成水泥的世界，为广州城市空间格局的更新，一级城市意象的多元化，提供了充足的物质基础。随着爱群大厦、中山纪念堂、市府合署等新式地标建筑纷纷拔地而起，广州中心城区的景观也发生了巨大变化。

城市是由各类建筑所组成的庞大聚落，我们也可以说，城市是无数单体建筑的合集。具体而言，各类建筑又是由大量建筑材料构筑起来的，其使用建材的种类及质量，作为重要的物质基础，很大程度上推动着建筑方式和建筑理念的变迁，并影响着一座城市的景观面貌。在19世纪末至20世纪初的中国城市化进程中，新型建筑材料的出现及运用，无疑使这一时期的城市之中呈现出诸多新的特征。

混凝土正是这些新材料中极具代表性的一种材料。科学家发挥聪明智慧，取材于自然，将一定比例的石灰、石膏与黏土混合加工制成士敏土，施工时将其拌入细砂、石砾，与水充分混合，利用其凝结硬化的效果，制成黏稠状的混凝土，并投入各种工程建设中，极大地提高了建筑寿命。在面积庞大、人口密集的城市之中，混凝土建筑的大量出现，具有划时代的意义，除了给城市景观带来的巨大变化外，其逐步大宗化、商品化的过程，又从更深层次影响着中国的经济运行。因此，有关这些新型建材的诸多问题，理应得到学界更多的关注①。

第一节　传统建筑材料与广州城的营造

如前文所述，中国传统城市营造历史悠久，且具有复杂的理论体系，并在漫长的发展历程中涌现出诸多亮点。早在3 000多年前的周代，其都城营造技术就已十分纯熟。尽管后来历代均各有损益，但"匠人营国，方九里，旁三门，国中九经纬，经涂

① 卢征良：《近代中国市场之倾销与反倾销研究——以水泥业市场为中心的分析》，博士学位论文，复旦大学，2009年；卢征良、柯伟明：《20世纪30年代广东省营企业统制经营问题研究——以广东士敏土厂为中心》，《民国档案》2017年第1期。此外，廖艳彬将水泥和砂浆等近代技术材料看作推动民国江西水利社会近代化转型的重要因素，这是一种很有价值的观点。详见廖艳彬：《传统延承与近代转型：民国江西泰和县槎滩陂水利社会的演变》，《学术研究》2019年第11期。

九轨，左祖右社”[①]之制，此后仍被长期奉为中国城市营造的范本。而李诫在《营造法式》中，记录了宫殿、寺庙、官署、府第等建筑的营造方法及其形制，并重点探讨了木作、砖作、石作、泥作、瓦作的具体方法，则象征着中国传统建筑营造的最高水平[②]。

伴随火药武器在战争中投入使用，城池的防御功能更为突出，全国范围内出现了多次筑城的高峰期，尤其在明初，筑城数量和规模较前均有大幅提高。清代广州城墙一般以夯土为内坯，外包以方砖。彼时，虽然在城、乡实行一体化的行政管理，二者之间的界限却因城墙的存在而分明，其中墙内为城市，墙外为城关和乡里。在因地制宜的前提下，一些较大规模的城市，营造工程亦按照中轴线展开，并十分注重布局的对称性，例如城门数量一般为偶数，城中央为钟、鼓楼，文教、商业、居住各区分布均匀。

葡萄牙传教士加斯帕·克路士（Gaspar da Cruz）到广州后说，广州城门在入口处，都建有“胸墙”。“沿河郊一侧的胸墙，每堵有三座门，一在前，两在侧，供沿城墙的街道使用。胸墙跟内墙差不多一般高，胸墙前的门像内墙的门，也有吊闸”，并且城墙砖质地十分坚硬，如同瓷碗，用铁锄都难以将其打坏。而在初来乍到的外国人眼里，清代广州城内“老百姓的房屋一般都不好看，屋顶上铺着优质瓦，原料是上等泥土，接受雨水的瓦宽而短，铺在最上的瓦要窄些，朝着街道的瓦沿有石灰工艺品装饰”。高路士称，尽管广州人口更多、更为密集，其房屋建设远比许多内地城镇低劣，并且楼房极少，多半是平房。住宅、商铺多为单开间，豪宅大门才有多开间，即“前店后坊”或“前店后居”的样式。且“凡是见到它同时又曾在内地旅行见到别的许多城的人，都如是说”。不过，广州“大街小巷没有转弯处，街道铺设得很好，靠近房屋的路面要高些，为便于排水，路中间铺得更低。高大精美的牌楼横过路面，使街道变得美观，城池变得气派。衙门入口处十分豪华，门廊高而雄壮。正面有像城门一样的大门，门口绘有两个手执棍杖的巨人”[③]。富有者则在西关建起大屋，以光面大麻石为墙角，墙身多用水磨过的青砖，木料使用也非常考究，进了头门是天井，过了天井是大厅，过大厅又是天井，用天井来采光，甚至有六七进深的房屋。说明清代广州城中地标性建筑普遍建得更为华美，而一般民居则不将美观作为房屋修建的宗旨。

从具体建筑材料来说，木料在中国传统建筑工程中是最有代表性的，从“土木工程”的称法，即可看出其扮演的重要角色。一般来说，木材成本较低，原料数量巨大，并且易于运输，易于修理，因此木质建筑占据了很大比重。不过木料怕虫蛀、怕潮湿，并存在很高的火险隐患，在建筑密集的城市中，木材显然并非建筑材料的最佳选择。

与木料相比，石材在坚固性、耐久性及防火性方面表现更好，中国几乎各地都有各类石料出产。然而，这种材料同样具有明显的缺点。石料重量大，这无异于增大了

---

① 《周礼》卷41《冬官考工·匠人》，载《十二经注疏》，上海古籍出版社，1997，第927页。

② 李诫：《营造法式（合校本）》，傅熹年校注，中国建筑工业出版社，2021。

③ 克路士：《中国志》，载C.R. 博克舍编注《十六世纪中国南部行纪》，何高济译，中华书局，1990，第65-71页。

其运输的难度；在将石质建筑拆除后，其旧料也难再加以利用。与前二者相比，到清末，铸铁或生铁材料也已经在建筑中出现，只是这种材料较为稀少，价格高昂，且质脆易断，易生锈，在建筑工程中大规模使用这种材料，同样难以实现①。

总体来说，岭南地区气候潮湿，加之有白蚁为害，使木料与石灰的使用状况并不理想，人们一直在寻找其理想的替代品。在此之外，中国人还发挥聪明才智，将黏土烧制，分别制成瓦和砖。到了清末，比青砖价格更低的红砖迅速得到普及，成为修屋建房、筑坎填渠的主要材料。尽管方砖重量过大，但与木、石等材料相配合，建筑方法及样式均得到了很大的发展。这种情况，一直持续到更为轻便、廉价的混凝土的普及。

第二节　混凝土的普及与广州城市营造革新

（一）混凝土的发明与普及

在探讨混凝土之前，我们首先应该了解士敏土这一概念。二者之间存在着极为密切的关系。所谓士敏土，就是现在我们常说的洋灰，其名称因英文 Cement 一词音译而来（在民国时期也被称为“水门汀”）。与竹、木、砖等材料相比，士敏土对于环境的适应性的确要强很多，其不仅具有更好的抗冻、抗渗透、抗风化能力，还具备更强的耐酸、耐火、耐热性能。人们将士敏土应用到建筑工程之中，也主要是利用其遇水凝结的神奇变化过程，其取于自然，用于自然。人们发现并熟练掌握士敏土反应原理的过程，实际上是品尝到了 19 世纪化学学科发展的果实。

1824 年，化学家约瑟夫·阿斯普丁在英国波特兰发现一种特殊的石灰岩。这种岩石与水硬性黏结材料特性极其相似，将其与黏土和石灰混合，意外生成了一种理想的水硬性材料，这便是大名鼎鼎的“波特兰士敏土”的由来。此后，制作士敏土原料的选择范围不断扩大。在此基础上，英国物理学家瑞吉斯特于 1825 年改进制法，将这种石灰岩提前粉碎，混合烧炼后，碎块碾成细末，士敏土终于变成现在人们熟悉的洋灰②。施工时，按比例加入细砂、石子，并用水拌匀，就制成可以直接使用的混凝土。

而由于混凝土制法简便、成本低廉，各国建筑工程中都离不开这种新材料。正如 1923 年 11 月，英国的一份经济杂志就曾宣称：如果说昨天是铁的时代，那么明天就

① 穌苏：《建筑材料优劣之比较》，《申报》1934 年 8 月 7 日，第 25 版。

② 也有人认为阿斯普丁并非士敏土真正的发明者。早在 1756 年，一位叫斯米顿的工程师就开始各种水泥的试验，不过可惜的是试验记录直到 1791 年被毁也未公布过。此后又有人在第二纪矾土灰岩层中发现被称为 Rocendal Coment 的物质，被认为是天然士敏土的起源。1818—1819 年美国人怀特因水泥价格太高，自己寻找石材，结果发现一种价格低廉的坚硬矿石，并在 1820 年由若提推广，美国建筑界亦开始使用天然水泥。到 1822 年英国人弗洛斯特发现水硬性石灰并取得专利，随后在英国斯旺西设厂制造。载袁志群：《士敏土制法之研究》，《工学》1924 年第 1 卷第 1 期，第 1-10 页。

可能成为士敏土的十年(If yesterday can be regarded as the iron age, tomorrow maybe rightly called the cement decade)①。当时美国的富豪们还喜欢通过建造高楼大厦来彰显自己的财富,如建于1931年、高度达到381米的纽约帝国大厦,即使放到今天来看,也是十分宏伟的摩天建筑。当时修筑这项工程共耗材33万吨,其中大部分是士敏土、钢材、花岗岩和瓷砖。

鸦片战争对中国的影响是深远而深刻的。随着通商口岸的逐一开放,各地纷纷设立租界,早期工商业开始在口岸城市中萌芽,传统港口城市开始向资本主义商业城市过渡。这些城市的格局也开始受到强烈冲击,同时,传统中国城市并不具备的娱乐消费设施与公共服务性建筑,开始成为这些新兴工商业城市效仿的对象。

与此同步,士敏土传入中国。其普及过程深受新式建筑营造的刺激,加之归国华侨、留学生的宣传,使其效用逐渐得到认识。在上海,以公共租界为中心,其新式建筑群沿外滩、南京路向四周蔓延。随着外资工厂的不断聚集,城市金融业与房地产业亦由此得到充分发展;深入内地、具备区位优势的汉口,吸引外商来此大量建厂,经过数次扩展,汉口江滩形成长达4千米的租界地带,其间各类银行、医院、学校建筑林立;而在天津、青岛、宁波、厦门等地,也出现了大量洋行、商店和整齐的别墅区,组成了规模不等的新式街区。这种现象,有力地冲击着传统中国城市的内部格局,同时冲击着中国人原先对于城市营造的理念。

1921年,建筑学家、桥梁专家茅以升发表《钢骨混凝土营造法式》一文,详细介绍混凝土中各种原料的比重、水的作用、混凝土的特性等内容。此后,中国建筑界有关钢骨混凝土主题的专著或文章纷纷涌现出来(表4-1)。而国民政府教育部每年公派留学生出国,亦设有钢骨混凝土方向②。

表4-1 20世纪20—30年代中国学者有关混凝土工程的研究成果

作者	专著或文章	出处
茅以升	《钢骨混凝土营造法式》	《科学》1921年第6卷第5-6期
Urgubart著 孙绳曾译	《钢骨混凝土房屋设计》	《复旦季刊》1926年第2卷第2期
顾在埏	《钢骨混凝土路之筑法》	《道路月刊》1931年第35卷第3期
杨镜清	《钢筋混凝土的功用和建筑》	《科学画报》1934年第2卷第6期
穌荪	《建筑材料优劣之比较》	《申报》1934年8月7日,第25版
巢庆临	《水泥之粗细影响与混凝土强度之新讨论》	《复旦土木工程学会会刊》1934年第3期
钱夔	《钢筋混凝土梁计算法之研究》	《中国建设》1936年第13卷第5期

资料来源:作者根据出处内容自制。

① 朱荣羡:《士敏土之发展及其重要性质》,《工学季刊》1935年第1卷第1期,第64页。

② 《留学生覆试今日起举行》,《申报》1934年7月5日,第16版。

(二)城市营造的革新

1. 新地标建筑的纷纷出现

在当时国内的舆论中,小到高楼大厦的建筑,大到整座城市的建设,俨然都被视为一国制造能力的体现,更是提振民族士气的一种新手段。士敏土等新材料的应用,为营造理念提供了更多内涵。不少时人也认识到了这点,"城市繁盛之中心,每为市民麇集之焦点,麇集过众,则必高架楼宇及密集建筑,以求容纳,夫崇楼峻宇,蜂房水涡,此等建筑,未始不具雄伟壮观,或足以表现民族精神,其相当长处,故未可厚非者"①。更为重要的是,当时的人们已经认识到,建筑样式及方式的更新换代是新型建筑材料的功劳,而新型建材的出现,则是受科学进步推动的。"如钢筋三合土没有发明,钢骨构造没有今日的精巧,试问欧美今日的摩天建筑又怎样能够产生呢?至于就广州建筑的演进而言,起初是中国的民房式,后来便有所谓西洋式,到现在又有所谓立体摩登式,其构造皆与材料的进步很有关系,至于世界建筑材料的改进,是由芦苇、泥土石、炼砖进化来的"②。

士敏土在广州的普及,同样是一个渐进的过程。实际上,1918 年实行的拆城筑路,并未直接推动士敏土在广州这座城市的普及。当时市政公所为节约经费,在拆城之后使用城基拆下的砖石作为筑路原料。这种砖石材质极为疏松,经过各种车辆碾压之后,"即成砂泥细粉,遇雨则泥泞载道,遇风则飞砂迷目",市民对此颇有诟病。为改变这种现状,1925 年后,广州在铺设新式马路时,一律使用碎白石③。

同时在拆城筑路原址上重建的大量建筑,很多都采用了西洋式设计,其中最有代表性的是罗马式。这类建筑并非以士敏土为材料,而是多用炼砖营造,整个建筑呈现出明亮的砖线、巧妙的圆拱和轻快的圆柱。广东财政厅、建设厅舍、粤海关的大钟楼,位于太平南路的嘉南堂、新亚酒店,以及位于长堤的邮政局,都是当时广州市罗马式建筑的代表。这些建筑依旧也并未以混凝土为主要材料。

不过此后随着城市建设的推进,在原先广州城的范围内,体现政治权威,或具有军事功能,且占用土地面积较大的建筑,均被改造为新式公共场所。其中,市政府将原先的巡抚部院处改建为中央公园,布政使司署被改建为永汉公园,中山大学附中、附小则占用了清代贡院的土地,而在原先抚标两营箭道处,则建起了雄伟的中山纪念堂。

中山纪念堂为"谋垂永久之纪念建筑物",故全部建筑"于宏伟壮丽而外,复极侧重于坚固及永久之构造"。孙中山为辛亥革命作出了极大贡献,1925 年孙中山逝世

① 陈殿杰:《广州市分区制之研究》,《新广州》1930 年第 1 卷第 3 期,第 29-32 页。

② 郑祖良:《广州的建筑》,《中国建设》1934 年第 10 卷第 5 期,第 114-115 页。

③ 《广州市工务局批报将收用石料修路各情形的呈》(1925 年 8 月 29 日),广州市档案馆藏,档案号:4-01-007-000 478-003。

后，南京、佛山、沙市、汕头等城市都掀起建造中山纪念堂的浪潮，其中广州所建中山纪念堂最为宏伟，最具有代表性。这座建筑由南京中山陵设计师吕彦直亲自主持前期工作，1928 年 4 月开工，1931 年 10 月 10 日完工（图 4-1）。礼堂俯视图呈八角形，采用中西合璧建造样式，占地面积 3 700 平方米，可容纳 6 000 人。整个构架，包括底脚、堂柱、楼板及全部屋面部分，均为钢骨三合土材质，外墙为厚度超过 1 米的砖墙，房屋落脚及石阶为花岗石，落脚以上为大理石。外观朴素大气，内饰简约庄重①。

图 4-1 广州中山纪念堂外观与内景（组图）

（图片来源：《中国建筑》1933 年第 1 卷第 1 期，第 7-8 页。）

中山纪念堂的设计，更多体现了民权主义精神中平等、自由的理念，是城市营造理念变迁的最好证明。此外在 1929 年，陈济棠所部截获了桂系军阀经营的天一轮船，并将收缴的 6 万元罚金用于建设平民住宅，这就是平民宫的由来。平民宫于 1930 年开工建设，位于高第街原军事厅旧址②。这是一个庞大的整体建筑，分为前、后两座，前座 4 层，后座 3 层，大礼堂、会客厅、办公室设于前座，后座则为消费合作社和寄宿舍，采用西式外形设计，钢筋混凝土结构，4 层的建筑呈现出 3 级塔型，“盖取意于三民主义之建设也”。前后地段辟为花园，林木环绕，空气常新，被时人誉为“市内不可多得之平民寓所也”③。

① 董大酉：《广州中山纪念堂设计经过》，《中国建筑》1933 年第 1 卷第 1 期，第 2-4 页。

② 《平民宫已择定地点兴筑》，《广州市市政公报》1929 年第 342 号，第 32 页。

③ 程天固编《广州市工务之实施计划》，广州市工务局，1930。第 86-87 页。

图 4-2　20 世纪 30 年代平民宫外景

（资料来源：郑祖良：《广州的建筑》，《中国建设》1934 年第 10 卷第 5 期，第 112 页。）

平民宫（图 4-2）实际上是一种带有福利性质的公租房。寄宿舍中设有 350 个床位，按条件分两级收费，甲类租金每月 4 元，乙类每月 2 元。同新村一样，准许广州普通居民参与报名，在申请表格中填入姓名、籍贯、年龄、职业和履历等信息，并填写志愿承诺书。平民宫也设定了严格的管理章程。如有亲友到访，准许在客厅叙谈，不得带入房间。平民宫每天午夜 0 时闭门，晚 11 时至早 7 时熄灯；初次入住者，需先缴纳半个月租费，设有饭堂、浴室、消费合作社，提供物美价廉的商品。为了改善租客的收入状况，内部设有职业介绍所，可帮助其代谋职业①。

进入 20 世纪，广州乃至全国绝大多数城市中的住宅建筑，多半难以达到卫生标准，上下水道和其他卫生设备十分不完善，以致污水不能宣泄、温度不能恒定，光线和空气不能充分供给。尤其是众多贫民住在地窟和茅屋，更是经常发生安全事故，每遇大雪，“其狼狈失所、困苦万状”，因此平民住宅的修建，是当时广州乃至中国市政工作中的一件大事。在此之外，居住环境同样不容忽视。1925 年之后，广州市常住人口超过了 100 万，与此相对，户数则为 17.6 万余户，平均每户容纳了 5 人，不难想象这座城市中人口的密集程度。从 1930 年起，工务局长程天固计划将青菜岗，上、下坟头岗，大岗，蚬岗等处百亩墓地改作住宅区，所有旧坟迁至一、二公共坟场，并划出竹丝岗、马栅岗为模范住宅区，在河南、芳村等处分别建起平民住宅，房租不致日渐增长②。

到 1938 年广州沦陷前，广州市内相继建起省立中山图书馆、粤海关大楼、南方大厦及市政府合署等一批标志性建筑，位于西堤的大新公司大厦还被公认为是中国第

① 余天休：《广州市的平民宫》，《社会学杂志》1932 年第 4 卷第 6 期，第 154-156 页。

② 《规划展拓住宅区》，《广州市市政公报》1930 年第 355 号，第 101 页。

一座钢筋混凝土结构的高层建筑。而1937年竣工的爱群大厦共14层，高度超过60米，建成后保持广州第一高楼的纪录长达30年（图4-3）。

爱群大厦采用薄壳穹顶设计，体现了当时最先进的钢结构技术。为兴建这座高楼，工人们挖掘了10余米深的工程地基，整座建筑由404条钢筋混凝土桩支撑，并用铆钉连接全钢框架，楼板、楼梯由混凝土现场浇筑①。有混凝土作为钢铁的保护层，可保证内部钢骨框架较长时间内免于生锈，同时，混凝土作为热的不良导体，可使整座建筑更好地发挥防火功能，从而提高了使用寿命。

图4-3 爱群大厦旧影与新貌（组图）

（图片来源：（左）《民用航空队半月刊》1948年第7期，第13页；（右）作者自摄，2020年10月）

2. 骑楼街区的出现

在20世纪二三十年代广州城市的建设中，混凝土在很多地方都大有用武之地。正如前文所说的拆城筑路，马路路面的材质对于交通效率的提高产生了极大的影响。从当时的情况看，马路材质主要分四大类：其一是花砂路面，即将碎石压平并洒水加固；其二是沥青、石子混合路面；其三是洋灰、石子路面，这种材质比沥青更为细腻，耐磨度更高；其四是石板洋灰路，这种材质当时在国内还未普及，只有天安门内大街（今长安街）等极少数路段适用，且“所费不赀，养路尤难”。石料密度越大，经历摩擦挤压后所成粉尘不易吹散。筑路工程需要综合考虑所用材料的原料成本以及制法的

① 郑祖良：《广州的建筑》，《中国建设》1934年第10卷第5期，第103-113页。

复杂程度。在此基础上，还要保证路面的耐水、耐磨性[①]。

在这一时期，广州市马路的路面材质也在不断经历更新换代。1928 年，工务局为市内 10 条主干道铺设了沥青；在 1933 年新修筑的 58 条马路中，大部分也铺设了沥青，铺设面积超过 30 万平方米；1934 年，新开米市、六榕、朝天、光塔、旧黄埔、先烈路至石牌、荔湾东等道路铺设沥青；1935 年，又建凤凰岗至南石头（今工业大道）、西湾路等马路，并为龙津、光复、中华北、东华、南华等既有道路铺设沥青[②]。而在河南三马路修筑过程中，原计划是涂扫薄层沥青路面，后为延展其使用寿命，特将铺设沥青的厚度加为半寸，不过这样一来，每平方米的工程费几乎上涨了 1 元[③]。

相较而言，在修筑新式马路时，铺设一道粗钢丝网于路床之上，然后将混凝土浇筑其上，这种方法尽管费用略高，但路面本身会具备更好的承重性能。而随着越来越多的新式马路相继被开辟，道路本身也成为城市中的一种土地利用类型，或者说路面已经演变为城市中的一类区域，城市硬化的面积大大增加。而除此之外，广州市工务局还结合实际情况，将岭南一种特殊的建筑形式——骑楼加以推广，发明出一种新的街区景观。地处亚热带的广州，夏季异常炎热，且降水十分丰富，这样的天气往往使行人苦不堪言。骑楼这种建筑形式的出现，无疑很好地解决了行人遮阳避雨的问题。

骑楼底层部分被巧妙地架空，建于步道之上，使步道实际成为被遮蔽天棚的场所，便于市民纳凉、避雨。远远看去，其二层及以上部分仿佛“骑在”步道之上，故名。骑楼街的界面样式种类繁多，融合了中西文化的元素，中式的元素以门窗为主，而西方元素则是从柱式、饰面模仿不同的风格，如古罗马风格、哥特式风格和巴洛克风格等。早在 1919 年拆城筑路之时，市政公所就对骑楼的形制作出了规定。其中第 1 至 5 层单层骑楼高度，分别以 14 英尺（约 4.3 米）、12 英尺（约 3.7 米）、11 英尺（约 3.4 米）、10.6 英尺（3.2 米）及 10 英尺（约 3 米）为限，各层宽度按照人行路况分配[④]。1921 年广州市政府成立后，《广州市催迫业户建筑骑楼办法》的颁布，使全市骑楼建设速度加快，不过直到 30 年代，市政部门才开始反思和探讨建筑骑楼在城市景观营造中发挥的真正作用。1931 年，工务局又提出“交通、卫生、观瞻三者并行不悖”的原则，并向广州市政府提交一份名单，认为白云路等道路不适宜建筑骑楼（表 4-2）[⑤]。

---

① 丁文江：《马路石料之研究》，《道路月刊》1923 年第 4 卷第 3 期，第 24-28 页。

② 邹东：《民国时期广州城市规划建设研究》，博士学位论文，华南理工大学，2012，第 26 页。

③ 《广州市工务局据养记呈请将河南三马路改铺半寸厚腊青路面一事请广州市政府察核遵照的呈》（1933 年 6 月 15 日），广州市档案馆藏，档案号：0033-003-0071.2-003。

④ 《广州马路骑楼高度之规定》，《光华卫生报》1919 年第 6 期，第 44 页。

⑤ 《工务局提议白云等路不准建筑骑楼意见案》，《广州市市政公报》1931 年第 381 期，第 29-32 页。

表 4-2 广州市内不宜兴建骑楼的主要路段及其概况

路名	概况	禁建骑楼理由
白云路	由广九站前至东川路,长 560 米、宽 46 米	因全段已植树
德宣西路	由吉祥路至盘福路,长约 500 米、宽 24 米	临近中山纪念堂及越秀公园,宜植树,以增美观
大东路	由越秀路至东沙路口,长 550 米、宽 24 米	既非繁盛地方,且在省国民党党部之前,宜植树,以增美观
维新南路	由大德路至长堤,长 683 米、宽 24 米	珠江铁桥直达之路,宜植树,以增美观
维新北路	由大德路至中央公园前,长 774 米、宽 30 米	因在中央公园前,故宜植树,以增美观
越秀南路	由广九站前至文明路,长 672 米、宽 24 米	因正对广九车站,故宜植树,以增美观
越秀中路	由文明路至大东路,长 740 米、宽 24 米	因在中山大学旁,宜植树,以增美观
东川路	由大东路至百子路,长 1045 米、宽 24 米	因地近市郊,且无商店,故宜植树
教育路	由惠福东路至教育会前,长 146 米、宽 21 米	因在教育会前,宜植树,以增美观
多宝路	由十五甫至荔枝湾,长 747 米、宽 18 米	因两旁多属住户,且已有树

资料来源:《工务局提议白云等路不准建筑骑楼意见案》,《广州市市政公报》1931 年第 381 期,第 29-31 页。

由此来看,骑楼的建设,背后体现了市政工作者对于街道景观的考量,影响因素涉及路树的种植地点、繁盛与否,是否临近公园、车站、学校等项。在那些禁止建筑骑楼的街道,为遮阳避暑,占据地盘,不少商铺选择架设活动天棚,工务局提出限定办法,规定天棚不得超过人行路 1/3,以免妨碍路树生长[①]。此后,临近的佛山、新会等地争相模仿,规定宽度达到 8 英尺以上的人行路,准许建设骑楼,三合土骑楼柱最小宽度应达到 12 英寸(约 30 厘米)[②]。士敏土材料的应用,大大改变了城市建筑的方式,城市建筑的高度也是一个设计者应当考虑的重要问题。行政区和教育区,"有因于文化、艺术上之关系,可容高度之建筑,工商业区域次之"。广州高层建筑的工程多视工程难度决定先后顺序,并非取决于建筑原理。然而,从居住舒适度与安全角度来看,对于高层建筑"不能不有适当之限制"。高层建筑常常妨碍周围建筑采光,因此造成"争雄竞长"的局面,下层房屋阴暗滞塞,从而造成"业务上与道德上之损害",遇有突发情况,还会给消防等工作带来难度。处在台风高发地,如何更好地防风、防震,也成为一大课题(图 4-4)。

广州市工务局《取缔建筑章程》第 12 条也规定,原先警界内街新修建筑,屋内地面到天花板的距离,第一层不得超过 13 英尺(约 3.96 米),其余楼层不得超过 11 英尺(约 3.35 米);凡旧街宽度小于 20 英尺(约 6.09 米)者,两旁屋宇高度不得超过 35 英尺(约 10.67 米),另有一面临马路者不限。获得国民政府实业部或西南政务委员会颁发的土木技师或技副证书并在广州工务局领取执照者,可在广州营业。建筑

① 《工务局限制铺户夏季架搭天遮》,《广州市政府市政公报》1936 年第 536 期,第 128-129 页。
② 《佛山八尺人行路准建骑楼》,《广东省政府公报》1934 年第 248 期,第 87 页。

图 4-4　20 世纪 40 年代广州中心城区景象

（图片来源：《民用航空队半月刊》1948 年第 2 卷第 7 期，第 17 页。）

二层高以上钢筋三合土楼房、三层高楼房面积达到 200 平米，需由技师担任设计①。工务局服务人员不得从事技师、技副及承建人业务。设计费标准为工程费 1 万元以下 3%，1 万~3 万 2.5%，3 万~5 万 2%，5 万以上 1.5%。

1932 年 10 月，广州市第 37 次市政会议通过了《广州市促进马路两旁空地骑楼地建筑规程》，这一文件，对全市范围内骑楼建筑的标准再度进行了规范。文件规定当时广州已成或新辟马路人行路外产业界线内 40 米空地，准建骑楼；未建骑楼地新建骑楼价值，不得少于该地登记契价。地上建筑物价值不满契价的一半，则以空地处理。未建骑楼地业主，无法独立完成建筑，可向广州市立银行按揭。"凡有逾建筑期限，尚未兴工者，广州市政府按照契价每年递次增收一成。"建筑超期 5 年，或未纳荒地税 3 年，照登记契价收用该地②。

第三节　混凝土的生产与原料供应

城市景观的变迁，很大程度上是由新式建筑的出现造成的。所以几乎在很短的时间内"广州上等建筑物无不采用士敏土。近十年来广州市建设维新，半数楼房均已改造"③。与此同时，出于保护利权、振兴制造业等考量，广州市开始在更为广阔的

① 《广州市政府工务局颁布土木技师技副执业章程》，《工程季刊》1934 年第 4 卷第 2 期，第 83-84 页。

② 《广州市促进马路两旁空地骑楼地建筑规程》，《广州市政府市政公报》1932 年第 406 期，第 16 页。

③ 郑祖良：《广州的建筑》，《中国建设》1934 年第 10 卷第 5 期，第 114-115 页。

华界中进行系统的城市规划，在新的城区，围绕港口兴建、工业区落成及模范住宅区营造等项目，在河南、东山及黄埔等方向，分别展开了大规模建设工程。到 20 世纪 30 年代初，受国际金融危机的影响，全球市场银价大跌，南洋华侨生意受挫，纷纷向国内（主要是广东）转移资产。这些款项被转回国内后，大多用于在籍贯地建筑房屋，乡村之中的新式建筑逐年加多，士敏土的销路亦与之俱增。在这股建设浪潮的带动下，佛山、汕头等地也出现了新式建筑群，当时仅在粤省，士敏土的日需求量就超过 600 吨，足见其时开展各类城市营造工程的规模。

作为城市建设中不可或缺的建筑材料，士敏土的供应就成为一个重要的问题。早在谋划中国经济建设蓝图的《建国方略》一书中，孙中山就将士敏土与钢铁并称为“现代建筑之基”。在《建国方略》的第一计划中，孙中山就设想在煤铁资源丰富的山西、直隶等地建一座炼钢厂，作为必需原料的供应地；在第二计划中，计划投资 1 至 2 亿元资本，在长江沿岸设立数座士敏土厂，“长江谷地富于士敏土原料，自镇江而上可航之水道，夹岸皆有灰石及煤”。其中黄石港上游不远的石灰窑已有一座士敏土厂，其位置在深水码头与石灰山之间，与山之间距离很近，甚至可以从山上直接锹锄起石，转移至窑中，无须费时费力转运。而在汉口、九江之间，这类便利情况并不多见，而九江再往下游，马当、黄石矶及九江、安庆之间诸地，又有很多相同便利的石灰山。安庆至南京之间多为极有利于制造士敏土的地区，如大通、荻港、采石矶等地，这里灰石、煤铁矿储量丰富，且夹江相望，适于建厂。孙中山还强调，士敏土行业的发展，“即与全盘其他计划相为关联，徐徐俱进，则以一规划奖进其他规则，各无忧于生产过剩与资本误投，而各计划俱能自致其为一有利事业矣”[①]。

（一）广州士敏土厂与士敏土生产

“采山川之灵秀，化腐朽为神奇。”这是清末一些有识的官员对于士敏土这种新式建材的理解与高度评价[②]。而广州本土的士敏土生产，可追溯到清光绪年间。岑春煊任两广总督时，眼看粤省建筑用水泥全部依靠进口，而且销量很好，供不应求，有很高的利润，“为建筑必需之品，近年进口日多，亦最大漏卮之一”，遂决定在广东兴办士敏土厂。光绪三十一年（1905），岑春煊派员在粤省各地查勘，发现有数处所产矿石可以作为原料供应，遂在广州富商的帮助下，募得 120 万银圆资金，并委派洋务督办温宗尧向德国礼和洋行定购立窑生产设备。不过岑春煊认为，士敏土厂通过招商办理“终属难期”，不如由官方经营，“尚可挽回大利”。另由于原料地所产石矿数量

① 孙中山：《建国方略》，牧之等选注，辽宁人民出版社，1994，第 157 页。

② 刘麟瑞、沈曾桐：《广东士敏土厂己酉夏试办章程序》，载刘麟瑞、沈曾桐撰辑：《奏办广东士敏土厂章程》，宣统元年官纸印刷局铅印本。

有限，只得由官厂专用，“未便再准商人仿制”[①]。

广东士敏土厂定址珠江南岸草芳园，这里与广州城隔江相望。清代，岛上一些地方就有烧制砖瓦的传统，如在白蚬壳乡，“土人多为烧瓦、烧灰之业，有窑厂十余间”[②]。厂区占用围田 170 余亩、潮田 140 余亩，筑基建厂，到宣统元年（1909）开始生产。初期，除每日产士敏土 500 桶外，还可生产红砖 2 万块[③]。

辛亥革命期间，这座位于河南岛的士敏土厂改为官商合办；民国成立后，又以政府监督租给商人私办的形式营业；1920 年，有香港华人代表外商，到广州谋购广东士敏土厂，定出售价 200 万元，并允许买主在本省有专利营业权 50 年，且有采购石灰与石蜡等原料的特权。时人认为“今如被外人购去，广东又失一实业，必有一番风潮”[④]。不过这笔交易最终未能完成，广东人也更加认清了做大、做强国产士敏土业，以及在维护利权等问题上的重要性。

总体来说，近代中国士敏土产行业的发展，经历了萌芽（1890—1911 年）、初期发展（1911—1922 年）、飘摇（1926—1931 年）和自立（1931—1937 年）4 个阶段。20 世纪 20 年代后期到 30 年代前期是中国士敏土产业发展的困难时期，却是广州地区士敏土行业发展的黄金时期[⑤]。作为建筑工程的重要材料，“广东年来积极建设，需用尤多”。第一次世界大战及 20 世纪 20 年代末全球经济危机的爆发，加之中国国内时常兴起抵制外货风潮，都沉重打击了欧美国家的士敏土出口，并在一定程度上刺激了国产士敏土生产。

1928 年，国民政府铁道部欲修建粤汉铁路韶关至株洲段，需用士敏土的数量巨大，遂派员赴广东商讨供应问题。当时中国大陆使用的士敏土，只有不到两成是国产的。剩下的部分中，四成由香港的英资青州厂生产，欧美和日本厂商也各占有两成的份额。加之河南士敏土厂制法陈旧，产量小，难以承担大任，于是广东政治分会议决

---

① 《奏为勘明粤省士敏泥即塞们德土矿产无多应专归官厂采用事》，光绪三十二年四月岑春煊奏，中国第一历史档案馆朱批奏折，档号 04-01-36-0119-048。另外，岑春煊在粤建厂，与其查抄周东生舞弊案有直接关系。位居粤海关库书的周东生当时在花县（今花都区）经营石灰石矿场，专供香港英资青州水泥厂石料，盈利颇丰。周在广州河南尾置田百余亩。有人向岑春煊献计，将所查抄周的家产用以建国产士敏土厂，得到岑的同意。青州后改用英德老地湾和三水大塘之石。林宏照：《广东水泥市场和水泥工业》，载中国人民政治协商会议广东省广州市委员会文史资料研究委员会编《广州文史资料》1965 年版第 16 辑（内部发行），第 58 页等。

② 《采访册》，载黄任恒编纂：《番禺河南小志》，广东人民出版社，2012，第 91 页。

③ 沈曾桐、刘麟瑞编《奏办广东士敏土厂章程》第 2 章《工程》，宣统元年铅印本。

④ 《广东士敏土厂出售说》，《申报》1920 年第 16953 号，第 2 版。

⑤ 卢征良认为 1926—1931 年是民族水泥业发展的最困难时期，主要是由于几个方面的原因。其一，第一次世界大战结束后，帝国主义国家卷土重来，在华大肆倾销产品，加重了对半殖民地中国的经济掠夺。其二，军阀连年内战的影响使农村经济趋于破产，国民经济陷入恐慌。其三，国民政府又提出节制资本，提高劳工待遇的口号，国内的工人运动此起彼伏，本业危机万状，几频破产。其四，1929 年发生的世界性经济危机，对资本主义各国的经济造成了极大的冲击。各帝国主义国家为了转嫁本国的经济危机，加紧了对中国的经济侵略，从而使国内的民族水泥厂家的经营更加困难。国外水泥业的冲击和国内水泥业间的无序竞争使水泥业的发展更趋困难。载卢征良、柯伟明：《20 世纪 30 年代广东省营企业统制经营问题研究——以广东士敏土厂为中心》，《民国档案》2017 年第 1 期，第 96-100 页。

由省府另营新式士敏土厂，派员调查原料、勘定厂址。1929年秋成立建筑工程处，至1932年全部竣工，工厂组织正式成立，厂内财产除押借部分外，皆属广东省政府所有。西村士敏土厂因为最新成立，设备皆购自欧美各国。其基本原料为灰石与水泥，灰石呈黑色而质地坚硬，主要产自韶关、英德一带，由粤汉铁路分出专线，直接运输到厂内；所需泥料则取自厂旁珠江之中，由黄泥、海泥按4∶6的比重混合。

到20世纪30年代，西村厂设有职员50名，工人约200人，日产300桶，商标用单页或双页飞机与“广东士敏土”。选定丹麦史密芝公司每日出土200吨（1200桶）的湿制炉窑机器，预算港币203余万元。初以英德县（现英德市）产石灰石，以白石咀为厂址，不久就因为此地交通不便，将厂址改定在广州西村狮头岗，厂区面积120余亩。这就是西村士敏土厂的由来。广州市士敏土厂分为西村本厂和河南分厂，前者由广东省政府管理，后者则广州市政府和广东省建设厅合办，其中建设厅全权负责人事和财务。在经营过程中，不仅频发分权掣肘、管理不便的现象，亦有虚糜经费之嫌。更重要的是，西村厂采用新式磨机，所出士敏土每吨成本为18元；而河南厂设备陈旧，产品质量粗劣不说，成本却达到了离谱的25元。长此以往，不利于企业和全行业的发展，省政府遂于1933年商议将两厂合并①，并由广州市政府与省建设厅合办。除了海珠铁桥外，广州市政府还着手建造西南铁桥的计划。这座大桥的营造，需要士敏土24 000桶，马克敦公司1933年9月需用第一批750桶，请予照约代购，以资应用。政府代购，每桶价格3两5钱（上海两），西村厂照此价发售第一批，如不能按此价售出，工务局则招商投承②。

到20世纪30年代，由于日元国际汇率大跌，中国内地还发生了数次抵制日货风潮，致使日货销量大减。为扭转颓势，日本将其士敏土产品大量运往香港，“大有倾销一时之势”。港英当局曾试议征税，以保护青州士敏土厂经营。此后，经过数次谈判，英国与日本在商务、航业等问题上达成协议，英方作出重大让步，以香港英资青州厂暂时停工及放弃对日产士敏土征税为条件，获得在其他方面的利权。

不过，很多日货在华南地区已丧失原先的市场份额，以日产士敏土为代表，其供给范围仅在香港和九龙租界一带，国产士敏土发展由此出现转机。广州士敏土产量占粤省9成以上，西村士敏土厂也被视为当时广州公办事业中最有成绩的一家。同时，在津、汉、沪等重要城市周边，也已建有十余家中资士敏土厂，用来满足这些地区不断增加的需求。

随着生产量和交易量的剧增，士敏土厂还在码头栈堆内设置两个避潮大库房，此库建筑新颖，每个可存40万元的产品，旁备4个出口，配入桶、入包自动机，商标用五

① 《议决合并河南及西村两士敏土厂》，《广东省政府公报》1933年第223期，第104-105页。

② 《令饬西村士敏土厂供给水泥建筑西南铁桥》，《广东省政府公报》1933年第234期，第85页。

羊牌，发行所在西堤嘉南堂[①]。到20世纪30年代，广州市已有永祥、何霖记、建昌、大兴隆、志和、德新荣、永祯、福安、粤东、源利、广行、景元、大益、均安、启新公司、通安昌等16家水泥经销商[②]，初步形成了市内士敏土销售网络。不过尽管如此，与当时西方各国相比，中国国产士敏土的生产能力依旧十分有限。统计数据显示，1933年，中国士敏土产量为27万吨，仅为英、日的1/17，美国的1/40，并且不到印度的一半。而为了保护这一新兴产业，减少关税外流，广东省府要求本地公有建筑工地须一律购用国产士敏土，使用进口水泥则需要缴纳附加税[③]。

（二）政府对石料的管控

混凝土建筑逐渐增多，制作混凝土，需要士敏土、细砂、石子等原料，因此对于这些原料加以管控，成为政府必须考虑的问题。随着广州市区陆续开辟的马路及各种公用建筑物，需用石料甚多，而这些石料多数依赖外省供应，由于有奸商从中垄断居奇，所以每当遇到水陆交通梗阻，广州市区便会出现所谓“石荒”。在这种情况下，广州市政府决定进行石料管控。

1930年，为尊重购料统一的原则，广州市政府将一批官、市产石料及其清册移交购料委员会[④]。交给购料委员会的石料，多为石块，委员会缺乏仓库保管石料，加之石料在使用前需要捣碎，用锤较为困难，委员会特送还石料清册，并由工务局购买碎石机，而非交给购料委员会投变[⑤]。此后，市府又看中两处石矿，一处位于广州东北郊的龙眼洞一带，因存在大型麻石矿，“石苗颇富，石质颇良”，呈现出绚丽的红色，当地人称之为“朱山皮”；一处位于花县（今花都区）的飞鼠岩，这里盛产广州士敏土厂必须用到的黑石。市府主持对这里石料的进行开采，不仅使市内工程可免骤停之苦，更有力地调剂了市场价格[⑥]。

小 结

城市系统之中经济、再生产和分配功能，总是被集中在一些特定的地方进行。同时，伴随城市规模不断扩大，城市经济的正常运行越来越不满足于仅从很近的地方获取资源，而需要利用和交换来自更广大地区的资源，这就决定了城市的外向型

① 《广东士敏土之销路与生产》，《工商半月刊》1933年第5卷第3期，第39-41页。

② 广州年鉴编纂委员会编《广州年鉴》（上三）《经济第十》，第174-175页，载张妍、孙燕京主编《民国史料丛刊》第1012卷，大象出版社，2009，第282-283页。

③ 《公有建筑应购用西村河南士敏土厂水泥》，《广东省政府公报》1933年第234期，第84页。

④ 《官市产石料移交购委会案》，《广州市市政公报》1930年第352号，第64页。

⑤ 《广州市工务局报已将所有官市产石料陆续碾碎应用的呈》（1929年11月6日），广州市档案馆藏，档案号：4-01-007-000 478-010。

⑥ 《市府议决开采龙眼洞石矿》，《广州市市政公报》1930年第355号，第101-102页。

的特点[①]。

在研究19世纪末至20世纪初中国城市化的问题时，我们应当重新认识物质基础在其中发挥的作用，而新型建材的应用正是一个理想的着眼点。新型建筑的出现与城市景观的变迁，一定是新型建筑材料普遍应用结果。诞生于化学学科飞速发展时期的士敏土，其应用和普及，具有十分重要的意义。在那些率先拆除城墙、开启城市化进程的地区，原来可见界限的消失使城市格局变得更为开放，城市政治中心由原来的府衙，过渡到功能更为齐全的市府大楼。士敏土的充足供应，使城市道路被拓宽、硬化，老城中心原本低矮的建筑被不断拆除，取而代之的是一座座雄伟的"立体摩登"街区。在此时期，真正改变了广州城市形象，并能代表广州建筑特征的，就是骑楼建筑。

在人类追求建筑的宏伟以及居住环境的舒适的同时，众多大型建筑工程汇聚在同一座城市中，自然而然地带动了建筑方式与建筑理念的创新，除实用性外，人们也开始追求城市建筑的简约与时尚性。事实上，新材料、新技术的大量普及，不仅极大推动了广州建成区的扩展，更为广州城市基础设施的完善提供了强大动力。

① 伊恩·道格拉斯:《城市环境史》,孙民乐译,江苏凤凰教育出版社,第56-57页。

第五章　田园都市：广州自然生态的新格局

广州市区的拓展，同时使这座城市成为越来越多的居民赖以生存的地方。在“田园都市”思想的影响下，广州市政府在城市生态格局的营造问题上投入了极大精力，通过城市公园、模范林场的修建，平民新村的规划与运营，以及白云山、越秀山综合开发等举措，在追求经济利益的同时，致力于城市环境的美化，并不断提升广州城市生活的舒适度。广州此前虽亦建有传统园林与寺院，沙面上也建有近代公园，然而二者均与真正意义上的城市公园存在差异。20世纪20年代以来，广州先后在全市范围内设立了十余座城市公园，其中部分位于新划入的郊区之内，这些公园迅速成为市民日常休闲的好去处，并极大地丰富了广州城市居民的生活内容。与公园具备公益的性质相比，城市林场的营造则更多渗透了经济利益方面的考量。也是从20世纪20年代开始，广东计划在全省范围内开辟模范林场，由政府出面，通过行政力量调控林场运营。作为省营林场的从属部分，广州在石牌设立林场，后又改为森林公园，除供应海外市场，还承担起市区路树的培育和种植任务。越秀山、白云山原为广州城外的著名观光地，随着城市的扩张，逐渐被城市所包围，两座山体相继被开辟为公园。白云山同时还是广州的重要城市林场，在调节城市生态的同时也能为城市道路提供观赏树木。通过城市绿地的营造，在广州形成了较大规模的人工自然区域，一定程度上也控制了城市建筑的密度、为城市提供了多元意象。

城市是容纳人类生存的场所，更是多数人获得幸福、追求更高生活质量的地方。进入20世纪，与许多国内城市一样，广州也将开辟新市区、扩张面积作为主要发展方式。如此一来，城市之中高楼大厦越来越多，逐渐阻挡了充足的阳光和新鲜的空气。因此在城市发展的同时，如何保证城市环境的适宜，一直是困扰市政部门的棘手问题。与此同时，越来越多的人意识到，“对于都市人之生活状态，能根本上加以改良者，莫如田园都市”[①]。

“田园都市”理论，是英国学者霍华德为解决本国工业化过程中城市发展面临的挑战所提出的对策。不过最初人们在广州对城市进行田园化改造，并非通过政府的主导、制订统筹全局的规划，而是由外国人主持，并且在一个相对独立的较小范围内

① 日本内务省地方局编《田园都市》，张维瀚译，华通书局，1930，第192页。

完成的，这便是 19 世纪中期沙面租界的建成。直到 20 世纪 20 年代，霍华德的理论传入中国后，城市的田园化才真正引发国人的关注。作为当时中国较早开启城区扩展和市政建设的模范城市，广州市通过城市公园、林场的规划和修建，以及对白云、越秀两座名山各类资源的开发与保护，使城市生态格局发生了很大变化。广州也由此成为国内较早尝试“田园都市”营造的地方。

第一节 “田园都市”思想的源流与影响

近代工业化与城市化进程互为因果，相辅相成，为人类社会进步提供了新的动力。然而在品尝发展果实的同时，一些有识之士也逐渐意识到，即使享受到更为便利的城市生活，获得更为高效的经济发展；即使城市与自然的距离似乎越来越远，人类却始终无法抛开大自然而独立地生活下去。伴随城市的扩张，大量的外来人口涌入城市区域谋生，为两个后果的出现提供了条件，一是城市治安与环境状况的持续下降；二是农村人口不断外流，农村失去了生产所需的充足劳动力，亦被认为是造成农业衰落的一大原因[①]。

从 18 世纪中后期开始，伴随欧洲工业革命的初见成效，一些宣扬“文明进军”的人们开始对农业、农村产生前所未有的鄙夷。认为乡村不过是“落后农民和邋遢的土包子的家乡，或者是一些靠封建田租而不是靠从商业和制造业中榨取利润的贵族们养尊处优、寻欢作乐的地方”。不过戏剧性的是，随着工业化和城市化的深入，人们逐渐发现，越来越多的人却想要逃出他们原先憧憬的人工环境。到 19 世纪，乡村生活的有益之处已经被英国大多数人所认同，似乎离开城市越远，越能生活得更健康、自由、独立。而这些福利，城市都无力向身居其中的人们提供[②]。

总体来说，“田园都市”思想的提出，是基于城市化进程中的城乡关系等问题的深刻思考，以促进都市与乡村以及农业与工商业的协同发展，并探索提高城市居民生活质量的良策[③]。不过从前人的研究中，我们难以捕捉到城市化初期中国大城市如何对该理论进行实践，该理论在这一阶段究竟发挥了什么样的作用，对当时中国城市营造的环境起到了何等的影响。这些问题，对于探究近代城市化与城市环境之间关系的尝试是十分重要的，有必要进行深入的分析。作为清末中国较早开启城市化的地域，广州力行市政建设、营造“田园都市”的过程，无疑具有强烈的代表性。

---

① 如马立博（Robert B.Marks）在其研究中探讨了岭南环境和经济史中的 5 个里程碑式的事件，以及其中发挥作用的是 3 种驱动力量：气候变迁、人口变动和经济的商业化。马立博：《虎、米、丝、泥：帝制晚期华南的环境与经济》，王玉茹、关永强译，江苏人民出版社，2010。

② 刘易斯·芒福德：《城市发展史——起源、演变与前景》，宋俊岭、宋一然译，上海三联书店，2018，第 448-449 页。

③ 王雍：《田园都市制度之研究（下）》，《社会杂志》1931 年第 1 卷第 4 期，第 157-173 页。

(一)"田园都市"思想的创立与早期实践

人们在享受工业化红利的同时,"生态危机"也开始引起世人的关注。时至今日,生态问题已经上升为人类社会可持续发展所要面临的主要挑战。所谓"田园都市"的思想,由英国人埃比尼泽·霍华德提出,他同时也是一位深谙建筑理论的社会改革家。事实上,当时包括霍华德、恩格斯在内的很多学者,都曾惊骇于人类在工业化进程中所付出的巨大的社会成本。由于工业废气的无节制排放,伦敦以"雾都"的形象闻名全球。而在柏林等欧洲大城市中,数量日益增长的工人阶级生活在拥挤的公寓之中,这种住处的卫生和采光条件均不理想,而在其谋生的工场中,资本家贪婪地榨取工人的休息时间。在当时的欧洲,雇用童工现象十分普遍。因此自19世纪以来,西方人总是将诸多赞美施加在城市之上,日益将其看作国家经济增长的引擎,却倾向于忽略这样一个事实,那就是城市同时也可能是一个糟糕的生活场所。

1898年,被霍华德寄予厚望的《明日》一书出版,此书在1902年被改名为《明日的田园城市》。其中霍华德感叹当时欧洲各大都市的拥挤状态,并对乡村衰落、乡村生活过于枯燥的现状感到忧心。出于营造健康生活与产业的考量,他提出一种现代城市景观建设规划的标准,强调大力进行城市建设的同时,必须重视园林化。霍华德等人在蓝图中所展现的,实际上是对城市本身存在缺陷的一种修正,其核心思想在日本被翻译为"田园都市",并逐渐为中国社会所接受。

在"田园都市"构想中,霍华德设计了一套全新理念的城市系统(图5-1)。在其最初设计的蓝图之中,计划用6 000亩土地建起一座新的城市。这种城市的形状近似一个同心圆,其中心设立一座占地5亩的圆形田园,田园之外建起公共房屋,如市政府、图书馆、博物馆、医院等,再外层是公园、草坪、游乐场,占地145亩。公园与草地之外,用玻璃连环拱桥相连,内部陈列着各种商品,供市民随时购买,还可以为其遮挡风雨。拱桥外建起大马路,其间点缀着大量住宅区,外层设立大规模的工场、堆栈及田园。全市包含若干总集中点与分集中点,总集中点可容纳6万人,分集中点以3万人为上限,其间对外交通由放射式铁路承担①。

与同时期其他诸多新思想一样,这种城市建设的新理念,起初并未获得社会的足够重视。直到1903年,英国人方才在距离伦敦50千米的莱奇沃思(Latchworth),按照霍华德的构想进行了初次尝试。幸运的是,这次尝试取得了成功,新建起来的城市也在当时被视为英国国内的模范城市。莱奇沃思城市在3 800余亩的农田之上拔地而起,主持者为田园都市公司,股东为其中全体居民,办事人员由公民共同选举产生,城市的一切设计事务由董事会商讨决定。后来,人们又在此购买土地750亩,城市得以进一步扩展。1903年建城时,莱奇沃思仅有居民450人,地价每亩100美元,七年

① 王雍:《田园都市制度之研究(下)》,《社会杂志》1931年第1卷第4期,第165-166页。

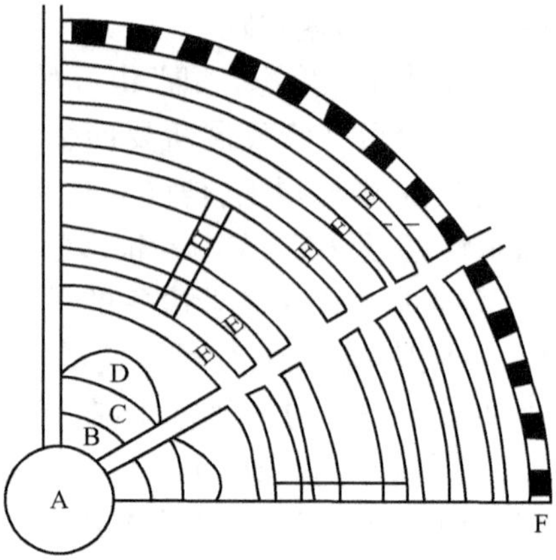

A——中央田园
B——公共房屋区域
C——公园及游戏场
D——玻璃的环拱
E——环拱马路
F——环市大铁路
G——射道
H——全市之住宅区

图 5-1 霍华德所设计的“田园都市”模型

（图片来源：杨哲明：《现代市政通论》，民智书局，1929，第 170 页）

后增至 7 000 人。到 1920 年，该城总人口数量超过了 1 万，并且由于人口增加和工业发展，地价也翻了两倍多。当时莱奇沃思全市已有房屋、工场 2 500 余座，经营方向涉及 30 多个工业部门。更为神奇的是，市内没有出现失业者，而且街道市容也始终保持着清洁。后来据英国田园都市及城市设计研究会的统计显示，全英田园都市的数量已达到 58 座①。

当人们努力进行“田园都市”实践的同时，人们也逐渐发现，“此类都市在适应社会生活开展的同时，规模不宜太过庞大”，且由于被包围在众多乡村之中，“其土地完全公有，或委托社区进行管理”。更为重要的是，这种都市不仅仅是人们的郊外居住地，其内部还有独立自主的工作场所，如各类工厂、港口等。英国田园都市及都市规划协会将其定义为“设置有健康之住居，复有都市之工商业建设，其面积之大小，以便于享受社会之优良生活为标准，其周围需有永久之农业地带环绕，其土地需全部作为共有或公有者，是谓之田园都市”②。

不仅在英国，当时的美国、德国、瑞典等欧美发达国家也都在“田园都市”的建设上取得了很大成果。其中美国最为著名的田园都市名为“森林山谷花园”（Forest

① 王雍：《田园都市制度之研究（下）》，《社会杂志》1931 年第 1 卷第 4 期，第 166 页。

② 庾锦洪：《田园都市之研究》，《新建筑》1937 年第 5 卷第 6 期，第 10 页。

Hills Garden),此地距纽约较近,由圣基基金会(Sage Foundation Homes co.)主持建造并加以改良。该市中心建有大型旅社,可容纳200人,山谷花园土地价格十分昂贵,每年仅依靠此项,就可收入3 000万美元。另外,位于德国埃森市的克虏伯工场也是遵循田园都市理念建起来的,其中容纳了工人及其家属近6万人,工场主克虏伯(Gustav Krupp von Bohlen und Halbach)立志于改良其工人与家属的生存状况,主持修建了模范住宅,并在户外遍植草木,设置了大面积的菜园,自营蔬菜种植,以保证工人饮食营养摄入的均衡。除此之外,场区内还设有医院、学校等配套设施,都很好地体现了田园都市洁净、共享的精神。尽管此后西方还有诸如"光明城市""广亩城市"等城市规划的构想,但现在看来,"田园城市"对中国城市的发展规划产生了更为实质性的影响。

(二)田园都市思想在亚洲国家的传播与演变

在亚洲,"田园都市"理论首先传入的国家是日本。当时的日本,早已开启了工业化进程,东京、大阪、名古屋等大城市也都得到了充分的发展。与此同时,空气污染、工业废水排放等"公害问题",以及垃圾堆积、人口过密等"城市病",也开始成为困扰日本城市发展和国民健康的顽疾。因此,日本人十分渴望获得改善这一窘境的良方。

1907年,在了解到霍华德的构想后,日本内务省地方局随即将其原著翻译成日文,并首次以《田园都市》为名,在日本国内出版。此后,农学家川口顺次郎出版《花园都市论》一书,提出所谓"郊外生活"的概念,剖析霍华德的理念,并结合日本国情,对其加以损益。日本人眼中的田园都市,最初并非一种包括全部阶层的、独立的都市,而更像是一种通勤住宅区。日本人认为,为维持工业部门的快速发展,并保障工人阶级的身心健康,首先应该从人口和建筑密集的都市将工场迁出;其次,田园都市不仅是工业化的城市,其在商业贸易方面的作用也应该得到重视。这就是田园都市理论在传入亚洲后发生的一次重要演变。就在同一时期,日本政府也开始对各大都市的市政规划进行整理。以商都大阪为例,早在20世纪初,政府就在这里实施了第一次都市建设计划。而在1928年制定实施的第二次建设计划中,出现了一些引人注目的内容,计划更多着眼于田园都市型街区的营造,在郊外建设大规模的公园,积极进行区划整理。当时的市政规划者还特别强调,应该尤其重视交通设施(尤其是轨道交通)在城市化过程中扮演的角色[①]。

伴随这些雄心勃勃的计划的实施,为容纳城市中越来越多的人口,日本各个大都市郊区的农地大量被改造为住宅区。到20世纪30年代,大阪市郊出现了70多个新型住宅区,城市格局已初具规模。不过最初,这些郊外住宅地并非针对高薪者,而恰恰相反,是以低薪者为主要服务对象的。重要的是,这种模式对邻近的中国产生了深

① 鈴木勇一郎.『近代日本の大都市形成』,東京:岩田書院,2004年,95-99頁、239-240頁。

远影响，此后中国城市发展呈现出诸多相似的趋势。

"田园都市"理论传入中国的过程，实际上是通过两条途径完成的。其一是直接吸收包括英国在内的西方国家的经验。1919 年，孙科发表了《都市规划论》一文，首次向国内介绍"田园都市"的相关内容；此后《东方杂志》等刊物亦纷纷刊发相关话题的文章，介绍、品评这一理念①。当时，中国以沿海大城市为中心，逐步进入一个新的发展时期，这种从前未有的历史潮流，引发不少人的困惑："现在的经济生活，过于反自然，过于不健全。"如何使城市具有乡村的生趣，如何使乡村兼有城市的利益，因此需要进行城市乡村化和乡村城市化，而田园都市就是最优之法，即对农村进行趣味改良，建设现在的都市，用最新的物质文明改造农村。简言之，乡村都市化与都市乡村化，乡村与都市同时发展，工业生活与农业生活相调剂，人口增长率提高，土地收归公有，地方自治推行顺利②。

其二则来自中国的东亚邻邦——日本。1927 年，商务印书馆出版了张维翰翻译日本学者弓家七郎所著《英国田园市》，而日译版《田园都市》一书传入中国后，亦由张维翰翻译为中文，于 1930 年出版。全书共 12 章，分别为"田园都市之理想""田园都市之范例""国民勤劳之风气""救贫防贫之事业""住所家庭之改善""健康事业之要义""矫风节酒之施设""闲时利导之设备""协同推让之精神""共同组合之活用""都市农村之民育"以及"田园生活之趣味"③。学者蒋慎吾在《近代中国市政》一书中，也利用大量笔墨专门讨论"近代都市与田园都市"的相关问题，将田园都市理论的主要精神理解为"农村都市化，都市农村化"，是理想的都市、乡村并进的改良方法，可使"都市有平面的发展，而减少立体的累积……农村、都市可打成一片，将来发展至相当状况，能使都市人口分布于新式之农村，农村之事业同化于近代之都市"④，可谓一个美好图景。作者倡议当时国内的大城市，如广州、上海、南京、武汉、青岛等，均应尽力经营田园都市。由此可见当时社会中，对于"田园都市"建设抱有兴趣的人不在少数。

不过很多人也认为，在当时的中国具体实施"田园都市"计划，需要经历一个试验阶段。首先在通商大埠郊外交通便利之地先行创办，达到令人满意的效果后，再由政府规定全国每县、每市创办模范田园都市，待到全国工业发达、农业振兴、交通便利后则进入正式的实施阶段，直至全国乡村都市化和都市乡村化为止。还有学者进行更为细致的规划：在筹备时期，如由政府举办具体事务，则应组织田园都市筹备处，如由商民举办，则组织田园都市公司，择定地点并征收股东，从事符合民生主义的各项

---

① 董修甲：《田园新市与我国市政》，《东方杂志》1925 年第 22 卷第 11 号，第 30-44 页；庾锦洪：《田园都市之研究》，《新建筑》1937 年第 5-6 期，第 1-18 页等。

② 体扬：《田园都市的理想与实施》，《市政评论》1934 年第 2 卷第 2 期，第 11-14 页。

③ 日本内务省地方局编《田园都市》，张维翰译，华通书局，1930，第 1-10 页。

④ 蒋慎吾：《中国近代市政》，中华书局，1937，第 140-141 页。

工作。而在建设时期，应致力于测量、土地施工，并完备附属服务设施；到了完成时期，则组织市民大会机关，选举出各部门中的职员，同时市民有创制、复决法律之权，充分体现劳者得食的原则[①]。

其次，"田园都市"的构想，并非仅仅依靠国家和政府的提倡与带动。越来越多的人意识到需要依赖基层的力量，注重所谓"都市农村的民育"，从年轻一代入手。例如英国教育家史密斯曾在诺斯格林设立田园学校，具有很强的农业特色，这类学校上午的课程与普通小学无异，下午则将教室搬到耕地、农林及果园之间，为学龄儿童提供实习机会，增加都市生活的趣味。因此在国内也出现设立所谓"少年农学校"的倡议，周围配备庭院及游戏场所，使学童可以经常接触自然，"培养其对于土地的感情"[②]。

（三）"田园都市"的理论特征

在近代中国城市发展的过程中，有分区制、广亩城市、"田园都市"等理论或思想，分别产生过不同程度的影响。其中"田园都市"理论，被视为在近代中国影响最为广泛和意义最为深远的城市规划理论之一，这一思想的提出，体现了人们对当时城市发展及城乡关系现状的思考。

从前文内容来看，想要完成"田园都市"的营造，需要满足几项基本条件。第一点，作为城市营造的一种类型，"田园都市"的营造需要足够的土地资源作为支撑；第二点，在一大块城市区域之中，具体的规划及建设是按功能分区进行的，这一部分可以借鉴分区制理论；第三点，为沟通内部各处及与外部的联系，"田园都市"需要规划建设发达的交通网络；第四点，作为英国工业革命之后出现的一种城市规划思想，"田园都市"中的建筑必须在新的设计理念、新的建筑材料支撑下完成；第五点，简单来说，"田园都市"的建设主要分为两条路径，一是乡村的城市化，这一点不难理解，不过人们往往忽略其中另一条路径——城市的乡村化，更为贴切的表述即城市的田园化，通过各类绿化工程，将田园乡村的要素营建于城市之中；第六点也是最后一点，"田园都市"不仅是一种新的城市规划思路，更是一种新生活方式与社会关系营造的实践。为维持其正常运作，需要类似于工会的管理机构和制度发挥效力。从这些要点来看，"田园都市"本身并非彻底站在工业文明的对立面，而是立志于工业文明与田园景观的结合。在具体实施方法上，由于直接在郊外建设新农村并非易事，所以应当"先使市民受到郊外土地分贷，与都市居住相隔，以尝试田园生活之趣味；对其干燥之生涯，与以相当之慰乐"。施工过程中，还要坚持做到"市地市有，即市政府手握土地产权"[③]。

---

① 王雍：《田园都市制度之研究（下）》，《社会杂志》1931年第1卷第4期，第172页。

② 日本外务省地方局编《田园都市》，第179页。

③ 黄彩芹：《改良旧都市为田园都市的步骤》，《市政建设》1949年第1卷第3期，第14页。

第二节　沙面租界对广州城市景观营造的启发

早在唐代，广州就有设立外国人聚居区的先例。由于此地对外贸易繁盛，居留外商众多，为了安置这些异邦人士，当时的官府按照里坊制度设置了所谓的“番坊”。这些相对独立的区域，除供外商居住外，还承担着贸易、宗教和司法等职能。而广州“番坊”也无可争议地成为中国时间最早、规模最大的外国人聚居区。在清代一口通商政策施行后，黄埔成为中国对外贸易的唯一口岸。当时广州城外设有著名的“十三行”商馆区，不过当时的十三行只是具有代办性质的行商机构，与此后建立的租界存在本质区别，只可以临时储运装卸各类进出口商品。鸦片战争之后，中英两国关系发生变化，道光二十三年（1843），以英国人为首的外国商人团体强租十三行，同一年，上海英租界设立。与此相比，英人在广州得到建设租界的土地，则要延迟近 20 年。直到咸丰六年（1856），十三行馆区发生了一起严重的火灾，英国人才最终迎来了机会①。咸丰九年（1859），英、法两国官员与两广总督劳崇光、广东巡抚毕承昭谈判，要求租借西濠、沙面等地。劳、毕二人以西濠居民甚多难以迁徙为由，最终只同意了将沙面作为租界的方案。

沙面向由番禺县管辖，这里原是珠江北岸白鹅潭外的一片砂质滩涂。“广州妓馆，以珠江为优；珠江数处，以沙面为最”②。在被英国占据之前，此地“妓船鳞集以千数”，用板排定，连接成路。还有船作为水上饭店，小船叫“紫峒艇”，大船叫“横楼”，诗人周寿昌于道光二十六年（1846）来粤，此时的沙面，“画舫犹盛”③。至于英国人选中这里作为租界地址，不外乎其具备的三点优势。首先，沙面有自然生成的停泊地，稍加建设即可停泊大小轮船；其次，沙面接近富商大贾聚集的西关，商贸便利；最后，沙面位于珠江岸边，在炎热的岭南地区，适于夏季纳凉、眺望④。

出于安全考虑，英国人还在沙面租界与华界之间挖开了一条河涌，使其与原本相连的陆地分隔开来；并在北、东两面筑桥，分别与今天的六二三路和人民桥相连，使沙面事实上成为一座独立的小岛。此后，其形态上就呈现出今天人们熟悉的扁平状，东西长约 870 米，南北宽约 290 米，面积超过 330 亩。在沙面租界施工的过程中，广东官府负责筑基填埋的工作，其中 26 万两白银的工程费用，从清廷赔偿英法两国 600

① 《南京条约》的中、英两版文本存在出入，如条约的第二条，英文本内容规定给予英国人居住于五个通商口岸“城镇”的权利，而中文本则表述为只允许英国人“寄居大清沿海五处港口”。李宗黄：《模范之广州市》，第 57 页，载张妍、孙燕京主编《民国史料丛刊》第 187 卷，大象出版社，2009，第 81 页。

② 倪鸿：《桐阴清话》，载黄佛颐编纂，仇江等点注：《广州城坊志》，广东人民出版社，1994，第 636 页。

③ 周寿昌：《思益堂日札》，载黄佛颐编纂，仇江等点注：《广州城坊志》，广东人民出版社，1994，第 635 页。

④ 程颐：《沙面租界概述》，载中国人民政治协商会议广州市委员会文史资料研究委员会编《广州文史资料》第 44 辑，广东人民出版社，1992，第 31 页。

万两白银的“赎城费”中扣除。施工前,首先将沙面上分布的一些茅舍搬迁,并将炮台拆除,筑基后,整个小岛高处水面近 5 米,英方才开始岛上的建设工作。然而最有讽刺意味的是,英国人每年仅需支付清廷每亩 1 500 文钱的租金[①]。

在沙面岛上建筑租界的工程,总共耗资 32.5 万墨西哥银元,英国人负担其中的 80%,法国人负担 20%,双方在沙面上的面积也按此比例进行分配。为了便利标价售卖,英国驻穗总领事还将沙面租界划分为 82 块较小的区域,每区以 3 500~9 000 墨西哥元不等向在粤的外国人出售,最终卖出 52 块区域,收回了 24.8 万元。到同治四年(1865),沙面租界的建设已初具规模。此后,法、德、意、荷、葡等国的领事馆也迁入这里,还有很多紧盯商机的洋行、银行也纷纷来此置地开业。

沙面岛上电厂、水厂、水塔、公园、邮电局、消防队等设施、机构配置齐全,并预留规划绿地、球场等公共空间。岛的中央更是修筑了横贯东西的大街,宽度达到了 30 米。南北向还有 5 条街道与之相交,将全岛整齐地划分为 12 块街区。为了保证这座沙质“岛屿”免受江水冲刷侵蚀,英国当局在沙面岛的四周用巨型花岗石筑起了防波堤。到这时,沙面已经逐渐发展成为广州乃至华南地区一个颇具影响力的金融中心。全盛时,这块弹丸之地竟汇聚了汇丰、法兰西、正金、德华、万国宝通及渣打等十余家外资银行[②]。英资“省港澳轮船公司”还在此设立办事处,垄断了珠江的大型客货运输,还在十三行旧址建设码头、仓栈,与太古洋行合作经营航运业,成为广州航运界的霸主。

到清末民初,沙面横亘于珠江之畔,其呈现出的独特景观,与不远处的广州城,形成了极为鲜明的对比。在当时的人们眼里,与西堤不夜的喧嚣相比,沙面更像是一个世外桃源(图 5-2、图 5-3)。

不可否认,尽管租界的存在往往被视为一个屈辱的象征,但沙面的修建过程,以及此后展现出与广州城市在景观上的巨大对比,确实给广州居民造成了感官上的冲击。从高空俯瞰民国时期的广州,白色建筑在城区内林立,形成一望无际的白色区域;与此相对,沙面建筑更为错落有致,彼此留出较大间距,仿佛一座建于森林之间的城市。

---

① 袁东华编《广州租界史大事记》,载中国人民政治协商会议广州市委员会文史资料研究委员会编《广州文史资料》第 44 辑,广东人民出版社,1992,第 200 页。

② 《广州年鉴(上三)》,《经济第十》,第 12-13 页,载张妍、孙燕京主编《民国史料丛刊》第 1012 卷,大象出版社,2009,第 116-117 页。

图 5-2　今天的沙面街景

（图片来源：作者自摄，2020 年 10 月）

图 5-3　20 世纪 40 年代的沙面（近处）与广州城区（远处）俯瞰

（图片来源：《民用航空队半月刊》1948 年第 2 卷第 7 期，第 17 页）

不过从严格意义上讲，沙面租界并不是真正的“田园都市”。首先，虽然沙面上的洋行从国外进口大量军火和各类机器在华售卖，同时向国外出口蚕丝、竹器、木材及各类土特产①，但沙面本身并不具备任何生产能力，岛上所有日常用品均需依赖广州或香港供给。其次，沙面区域被划定及使用的目的，只是为了专门服务于少数外国人，并隔绝数量占优的华人，这显然与城市的开放性特征不符。而当时的广州人，也很不愿意提及沙面背后屈辱的历史。在粤犯罪的外国人，每每藏匿于此，得以逍遥法外；粤民时常忍无可忍，还发生过冲入沙面焚烧英法建筑的事件②。此后，由于珠江泥沙淤积，沙面一带的实际面积不断增大，英国要求扩大租界，加之不少洋行、教会学校都设在沙基、长堤一带，英、法等国屡次要求开辟公共租界，不过未能得到清廷允诺。

在 1925 年大规模的罢工中，沙面与内地交通完全断绝，日常各类生活用品均由香港转运而来，只能使用汇丰纸币和香港单毫，并全靠专门的办馆购买③。当时嘉利洋行等外商还申请暂时迁入广州市内营业，并公开保证绝不经营罢工委员会明令禁止的商品④。经历了大罢工的浪潮之后，沙面各商户不堪损失，遂多次商讨迁入华界贸易事宜，却都被英领事阻挠。各商户代表最终仍决定，到 1926 年元月月底，如果困境仍不能得到磋商解决，只能暂且迁入广州市内恢复营业⑤。由此来看，由外国人设计建造的沙面租界与广州城之间不过是一种寄生关系⑥。在当时的中国，已经有越来越多的人意识到，建设更为符合中国人审美理念、体现中国传统建筑方式，并由中国人自己设计施工的“田园都市”（或至少是城市中的一个区域），显得尤为必要。为了这项伟大的实践，广州市政府作出了巨大的努力。

① 冯翰伯：《我所知道的广州沙面洋行》，载中国人民政治协商会议广州市委员会文史资料研究委员会编《广州文史资料》第 44 辑，广东人民出版社，1992，第 212 页。

② 如光绪九年（1883），英籍海关职员在河南岛无故枪杀中国人，同年，一名中国搬运工人被葡籍船员杀死，英籍船长逃匿江中。愤怒的粤民冲入沙面，焚烧英、美、法、德建筑 14 座，打伤 1 名外国人。英国政府不交出杀人凶手，却要求清廷赔款。袁东华编《广州租界史大事记》，载中国人民政治协商会议广州市委员会文史资料研究委员会编《广州文史资料》第 44 辑，广东人民出版社，1992，第 203 页等。

③ 《沙面日用品要由香港供给》，《工人之路》1926 年第 319 期，第 2 版。

④ 《外商请求迁出沙面营业》，《工人之路》1925 年第 71 期，第 2 版。

⑤ 《沙面洋商迁入华界之决议》，《工人之路》1926 年第 198 期，第 2 版。

⑥ 值得一提的是，收回沙面租界的行动最初是由汪伪政权完成的，且仅为一个表面形式。汪伪政府分别于 1943 年和 1946 年，与英国和法国签订条约，“英王陛下同意将天津英租界（包括英方工部局所管全部区域）及广州英租界之行政与管理归还中华民国国民政府并同意凡关于上述两租界给予英王陛下之权利应予终止”；“法兰西共和国政府放弃其对于上海法租界（包括两扩充区）、天津法租界（包括老西开区域）、汉口及法租界之权利并同意将上述租界完全置于中华民国国民政府权利之下”。随后广州市政府按照院令，将组织租界清理委员会定名为行政院广州市租界官有资产与官有义务债务清理委员会，1946 年 10 月 22 日开始办公。抗战期间各租界均被敌伪占领，对于租界接收未及依照新约办理。《公布收回沙面租界为本市辖区》，载《广州市政府公报》1946 年复刊第 3 期，第 5 页。

第三节 广州城市环境的优化

近年,有研究将近代广州田园都市建设的过程分为3个阶段,其中1919—1927年为思想形成时期,1927—1928年为制度建立时期,1928—1935年为全面建设时期,并认为"田园都市思想引入广州以后,建设模范住宅区是其重要的实施载体"①。这一划分本身并无问题。但城市作为一个动态、综合的复杂有机体,人们在对其进行规划建设时,所做的任何工作都不可能是孤立地完成的。事实上,在当时广州市进行田园都市营造实践的过程中,仅依赖模范住宅区的构建是远远不够的。从现有史料来看,住宅区建设与当时很多重点项目,如城市公园风致的营造,模范林场、农场的建设,以及对白云、越秀两山的综合治理等,呈现出了互相照应、相得益彰的关系。因此将模范住宅区建设在广州田园都市理念实践中的意义主观放大,难免有忽略田园都市理念本身多重含义的取向。

另一方面,在工业革命浪潮所催生的城市化现象中,存在这样一个讽刺性的悖论。即似乎"工业愈发达,则城市生活愈趋于人工化与机械化,一种反自然的龌龊的城市社会"不可避免地诞生了。为了防止这种现象的发生,最好的办法是"寓乡于市",使乡间田野的自然环境,得以与所谓"龌龊城市社会"相调和②。但是在广州的市区范围内,东面的石牌、棠下、车陂、东圃等村落,"田畴弥望,阡陌纵横";南面方向的上涌圃、林沙圃、新沙圃等地,西南方向的蕉圃、螺涌埠,以及西北方向的泮塘埠、沙涌等村,"川流交错,灌溉便利",其背面的崇山峻岭尤其适于造林。经此,市区之外才"得以环绕田园区域"。实际上在城市之中,人们会通过工程营造,去人为构筑各式各样的自然景观。这其中,城市公园与林场都是最有代表性的。

(一)作为休憩场所的城市公园

中国与西方国家都拥有自己的"造园学"③。与都市计划密切相关,公共场所的营造,不仅仅是社会问题,还关系到城市居民健康与城市景观环境,园内道路设计的放射、带状、圆圈、矩形和不规则等方案,并与植树、草皮等地带及院内各类建筑相得益彰④。清代广州就建有不少私家性质的园林,直到沙面租界建成,才出现早期作为公共休闲场所,却只许外国人进入的公园。而在民初的中国,"各地拆城之声,甚嚣尘上,但拆城以后,大抵只知利用城基,建筑道路;填塞城濠,以便出卖土地"。但事实

① 孙翔:《民国时期广州居住规划建设研究》,第79-102页。

② 陈殿杰:《广州市分区制之研究》,《新广州》1930年第1卷第3期,第27-28页。

③ 如陈植1935年所著《造园学概论》一书,不仅记录了中国、日本及西方造园学发展的历史,更详细介绍了都市公园的效用、分类、设计原则以及天然公园的意义、交通系统、管理和经营等内容。载陈植:《造园学概论》,商务印书馆,1935。

④ 陈植:《都市与公园论》,商务印书馆,1930,第1-6页、154-157页。

上除筑路以外，利用其地辟作公园、建筑林荫大道，“其益尤为无穷”。且中国城市中大多有河流存在，河岸地带“一经点缀，固无地非极妙风景也”。此外，城市中“园林及空地面积，应与住宅区力求连贯，使园林在城市以内之功用，方可更为显著”①。在城市扩展的过程中，广州市政府逐渐认清公园之“公”究竟是何含义，明白建造服务更多人口的市民公园，有诸多实际功能：

查公园之设，所以活泼市民精神，锻炼市民体魄，增广市民常识，与公共卫生等工作关系紧要；都市人口众多，生活繁复，苟无公园以为游息之所，借以愉悦精神，变换空气，其影响与市民之健康，至为重大，是以从事市政者，除计划交通、住宅等问题外，必同时注意开辟公园②。

国外城市的发展经验告诉人们，公园在调节城市小气候、丰富城市居民娱乐生活及美化城市环境方面发挥了重要作用，因此在城市化刚刚起步的时候，城市公园就大量出现在这座城市中。1920 年，位于广州市中心的中央公园被开辟出来（图 5-4）。这里原为清府署旧址，最初名为第一公园，面积达到了 924 566 亩，整体工程花费近 10 万元，而每年养园费用还需要 2 万元。园中有中外花卉百余种，花木两千余株，1930 年起，曾多次举办菊花展览大会，引发市民对于园艺的普遍关注。此后，工务局又认为中央公园一带“地势平坦，一览无余，无山水点缀，难以增添景色”，由此开浚了面积近 1 000 平方米、深 3 米的大水池，并将挖出的泥用来堆砌假山一座，山面铺砌草皮，用石英石砌成岩谷，使其显得峻峭有致。在原有观音喷水池的位置，改建一座大理石孙中山遗像，其他工程还涉及改建沥青人行路面与士敏土花街、添设气象台、儿童游乐场、温室等③。

图 5-4　广州人民公园（原中央公园）正门

（图片来源：作者自摄，2020 年 10 月）

① 沈怡：《都市分区之原则》，《中国建设》1930 年第 2 卷第 5 期，第 165 页。

② 《广州市之公园》，载《广州市政府新署落成纪念专刊》，1934，第 296-300 页。

③ 《改建中央公园之设计》，《广州市市政公报》1930 年第 358 号，第 56-57 页。

尽管中央公园的开放受到社会的极大欢迎，却依旧难以满足市民对于公共休憩场所逐渐旺盛的需求。因此在最初一段时间，由于公园数量较少，供不应求，中央公园每当入夜，“游人如织，空气反浊”。后来经广州市市长提议，1933 年 6 月经市政会议通过，并由省府备案，确定了全市郊区第一期公园名单（共 12 处，见表 5-1），这批公园的总规模占到当时广州市区面积的 2%，还特别强调所有公园圈定范围内的原先私有土地禁止擅自买卖、转移，由政府依照土地法给价收用①。

表 5-1　广州第一期市郊公园概况

名称	地址	面积（亩）
中山公园	石牌	5 580（包括市府合署）
中流公园	中流砥柱	220
黄花岗公园	黄花岗	460
泥城公园	泥城	90
珠江公园	牛牯沙	360
南石公园	南石头	260
漱珠公园	河南漱珠岗	280
白云公园	白云山	580
鳌洲公园	河南鳌洲古庙附近	150
七星公园	七星岗、龟岗等 12 处山岗	1 300
河南公园	燕子岗、茶岗、大岗	570
南仓公园	仓头	100

资料来源：《广州市政府新署落成纪念专刊》，1934，第 296-297 页。

事实上在第一期名单之外，人们还在广州郊区兴建了很多公园。如 1923 年，有市民提议将东山庙旧址改建为东山公园。这座公园采用意大利风格营造，面积 27 802 亩，植有花木 300 余株；乘着“改订新约”②运动的势头，1927 年，广东外交特派员奉政治分会命令，收回惠爱路法国领事馆，并由工务局改辟为动物园，面积 33 亩，1933 年改称永汉公园，为装点气氛，园内还建有三合土灯柱 15 根，装有八角冕形点灯，六角亭内边檐装设反光灯，每到夜幕初上，此地灯光成为一道靓丽的风景③。1929

① 《广州市之公园》，载《广州市政府新署落成纪念专刊》，1934，第 296-300 页。

② 南京国民政府建立以后，实行反对苏联和亲近帝国主义的政策。1927 年底，蒋介石发表谈话，停止对苏贸易，驱逐苏联侨民，宣布与苏联断交。1928 年南京国民政府为了缓和中国人民的反帝斗争，制造对外“自主”形象，同时也为扩大税源，解决内战军费，在它建立不久，围绕实现关税自主和废除领事裁判权的问题，发起了要求帝国主义支持的“改订新约”运动。

③ 《动物公园配置美术电灯》，《广州市市政公报》1931 年第 378 号，第 84 页。

年，河南居民组织起公园促成会，对海幢寺完成第一期改造工程，1931 年由工务局计划开辟第二期，并于 1932 年 11 月完成。海幢寺也在 1933 年改称海幢公园，“原有殿宇一概保存，以重古迹”，总面积 30 亩，每年需要养园费 6 200 余元。净慧寺是清代平南王尚可喜的宫殿，1933 年亦改称净慧公园，这座公园面积达 277 111 亩，不过由于基础设施完备，每年仅需养园费 3 696 元。1931 年前，广州市共有路边树木 5 300 余株，1932 年又增植 8 000 余株，这些树苗就是由粤秀、净慧及中山公园所植树木中移植的。

1928 年，为增进市民研究科学的兴趣及为学校自然科供给教材，建设了市立动植物园。该园以镇海楼一带山岗为地址，由山水井北向经大西竺山、小西竺山、蟠龙岗、方炮台等东侧山麓，转往西南，沿鲤鱼岗至军路东行，经镇海楼后侧，沿城基达山麓而至山水井，面积 430 余亩，后又增收三眼灶山、中心冈、鲤鱼岗尾三处，共计 765 亩。1931 年，广州市财政局收用山水井、龙船片民田建筑温室；1934 年底，财政局又收用大西竺山麓中三合公司地段，使园中有高山、有平地，各适其宜[①]。动植物园中有 800 余种植物，分为木兰部、番荔枝部、樟木部、毛茛部、小叶部、马兜铃部、石竹部、蓼部、藜部、山茶部、荨麻部、柿树部、马钱部、车前部、桔梗部等 62 大部，再分为若干科属，并制作植物蜡叶标本近千份，分发全市各中小学校，供学生学习。

在短短几年时间内，广州新建了数量众多的公园，而在规划建造这些公园时，背后也体现了市政部门多方面的考量，不仅很好地体现了因地制宜原则，也有很多人性化设计。将不适于建筑的洼地、倾斜地及道路围成的三角地等区域，改造为小公园；在交通繁盛的道路两侧则设置狭长形公园，以缓解司机、商旅人员的视觉疲劳，降低事故发生率，并点缀道路两旁风景[②]。

在市内或郊外，如有天然风景的地带，则加以人工整理，开辟为自然公园，供市民荡舟乘马。此外还设有儿童公园、动物园、运动场等。城市公园的作用远不仅于此，当灾害发生时，公园可用作避难场所，如遇战争，还可以改为练兵场或临时飞行场。在中央、海珠及河南等公园，工作人员还安装了放音机开展园内广播。除此以外，人们还对海珠公园李忠简祠、河南公园联欢亭等古建进行改造，作为藏机室以供管理使用[③]。

每年冬季，广州市为提高园艺水平，也为了增强市中景点“观摩之益”，专门设有盛大的菊花展览比赛。当时，各个公园广植菊花，市政府认为各公园仅仅自供点缀之用，“不无可惜”，于是由市府征求认购，并要求 1937 年 11 月 21—23 日期间，将各园

① 广州市政府编《广州市政府三年来施政报告书》，《教育事项第三》，第 240-241 页，载张妍、孙燕京主编《民国史料丛刊》第 192 卷，大象出版社，2009，第 272-273 页。

② 贾秉仁：《论今日都市公园之趋势》，载《市政评论》1937 年第 5 卷第 2 期，第 30-31 页。

③ 《海珠河南两公园收音机行将安放》，《广州市市政公报》1930 年第 366 期，第 30 页。

所植菊花在中央公园举行公开陈列，所得款项用来慰劳抗战前线将士[①]。

新设之公园，在整理市容、美化环境等方面都发挥了十分重要的作用。与此同时，在公园的实际管理及使用过程中，还是出现了很多新的问题。广州城市公园最初对外开放时都设定有关门时间，一般为夜间9时或10时。不过地处北回归线附近的广州，夏季气候尤为炎热，每至深夜，酷暑依旧难以消解，市民在公园休憩乘凉者成倍增加，因此不少市民找到公园管理处，要求向工务局提议，夜间尽量开放直至天亮。对于这种呼声，永汉、净惠两座公园首先响应，他们将关门时间延长到了午夜0点[②]。此外，就公园收费的问题，也曾引发过不小的争议。一般来说，公园作为城市中的公共场所，本身就带有公益性质，但包括海珠公园在内的几处公园，由于各种原因，采取了收费入园的办法，一般收入微薄的市民只能望门兴叹。对于这种情况，广州市财政局专门派出工作人员前往统计，结果显示，这些公园由于入园游客不多，收费的做法并不能带来更多收入。因此，工务局随之提议将市立公园收费全部取消[③]。这一做法无疑凸显了公园之“公”的含义。

伴随城郊公园数量的急剧增加，一些郊民由于公德意识不足，时常有公园设施遭到破坏的情况。例如石牌中山公园开园后，附近居住的乡民时常在此放牛，这些耕牛进入园中，难免肆意践踏花木，游览者对此纷纷嗤之以鼻；此外，还有乡民不时偷伐树木、乱采园中花卉，也严重影响了新建公众场所的美观。为此，工务局专门告谕石牌各乡公所，任何人不得随意折伐树木，任意牵牛入园，“以重公德”[④]。

公园在美化城市环境、调节市民生活方面起到了巨大作用，游览公园成为很多市民假日休闲娱乐的首要选择。这种理念也影响到其他城市区域的建筑格局。如位于石牌的中山大学新校舍宏然旷野，红墙绿瓦；七十二烈士墓所在的黄花岗道，“树林成荫、鹊躁其间，芳景清幽”；学校操场绿草如茵、一望数里，教职员餐厅、缝衣理发店鳞次栉比，傍路而立，在此还可以远眺白云山，耸然特立、闲云斜掩[⑤]。值得一提的是，除了对公园区域的专项建设，程天固等人还十分注意对城外地区现有景观要素进行改造。如由洲头咀至鸭墩关的小涌，蜿蜒十余里，“回环曲折，幽趣天然”。程天固还参照当时首都南京秦淮河两岸林荫大道的设计方案进行设计，工程完工后，小涌一带“行见绿荫夹岸，路转水回，以之点缀生平，风月常新，当不让秦淮专美也”[⑥]。

“田园都市”理论的提出及相关实践，是为了使城市居民可以更好地享受城市发

① 《广东省广州市工务局关于送菊花及数量表一事的函》（1937年11月13日），广东省档案馆藏，档案号：006-009-0043-258-260。

② 《工务局延长本市各公园开放时间》，《广州市市政公报》1934年第471期，第104页。

③ 《工务局提议海珠公园入场收费应取消意见书》，《广州市市政公报》1929年第338号，第4页。

④ 《工务局保护中山公园树木》，《广州市市政公报》1932年第402期，第83页。

⑤ 黄克勤：《记旅行石牌》，《知用学生》1934年第1卷第1期，第39-40页。

⑥ 程天固编《广州市工务之实施计划》，广州市工务局，1930，第33页。

展带来的福利。而仅依靠公园建设来实现城市田园化的愿景，还显得远远不够。首先，从面积上来说，广州市首期 12 座市郊公园，仅占当时市区面积的 2%，此后公园在数量上虽有增辟，无奈城市区域面积扩展更猛。根据 1935 年的统计，广州市公园、植物园、寺庙加在一起，其面积也仅占市区的 0.42%①，并非所有市民都能有条件经常享受游览公园带来的愉悦感。其次，公园仅仅是一种公共场所，是供人娱乐、休闲的特定区域，无法满足生活中对田园环境的所有需求，如何在高楼日益林立的城市中保留更多自然的影子，对于城市面貌的美化，需要更多措施的实行。不过从总体上讲，在推进城市化的同时，广州市政府留出大片土地份额建设新的公园，并不断完善公园管理制度，是为了营造更为优美宜居的城市环境，更是维护城市居民享受自然田园风光权利的重要手段。

（二）城市林场与苗圃的设立

城市是建筑的集合，但城市与自然之间是否只存在对立冲突的关系？这个问题曾经引起人们长期的思考。在广州刚刚进入城市化阶段时，林场却也在城郊被建了起来。所谓“田园”，其营造离不开各种植被的参与。广东地区气候湿润，水热条件良好，因此植被生长、覆盖状况十分理想。而在城市中，尤其是大都市周围建成林场，经济方面的考量占到很大比重。当时，很多建筑用材，以及枕木、薪炭、工艺品的制作，都离不开林木的种植与供应。道路工程在全市各处兴起，出于美观和屏障的考量，路旁需要栽植树木，加之破坏路树的现象时有发生②，因此广州市内对于观赏类树木的需求量猛增，也为城市林场的设立提供了基础。

林业经营最明显的特征是经营周期长，连续性强。当时粤省总面积超过 20 万平方千米（包括海南岛），从地形上来说，省内有较多斜度 20 度以上的平坡和丘陵，加之气候温和、土地肥沃，这种地带十分适宜造林，以调节水旱。南雄、曲江等粤北山地为杉木、毛竹主要产地，粤东丘陵（大埔、蕉岭、海、陆丰）、粤中山地（罗定、云浮、四会、高要）潮汕沿海丘陵、粤西丘陵台地也分布有广泛的用材林、防护林和经济林。珠三角地区则普遍以果木经营为主，林木种植相对较弱③。

有人曾经做过统计，在 1918—1927 年的 10 年间，由外国输入粤省木材的总价值超过 889 万海关两，平均每年近 89 万两，1906—1927 年则升至 1 343 万两。东、西、北三江在广州汇流，运输便利，如果林地能达到全省土地面积的 4 成，以 50 年为期限，并合法作业，可产杉树 8 亿株，每株按最低 6 元计算，总价值亦可以超过 50 亿元④。

---

① 广州年鉴编纂委员会编《广州年鉴（上一）》，《土地第三》，第 5-6 页，载张妍、孙燕京主编《民国史料丛刊》第 1010 卷，大象出版社，2009，第 187-188 页。

② 《广州市工务局请警察第九区和第九区第二分署饬警保护六二三路树木如敢拆毁即行拘罚的笺函》（1929 年 8 月 27 日）广州市档案馆藏，档案号：0033-003-000 302-022。

③ 吴郁文主编《广东省经济地理》，新华出版社，1986，第 173-176 页。

④ 萧诚：《发展广东林业之意见》，《新建设半月刊》1930 年第 15 期，第 18-22 页。

而从整体上来说，植树造林则是当时广东全省甚至全国的主要林业方针。罗振基认为，发展广东林业需要满足若干先决条件。首先，应该统一全省林政。政府对于辖境内森林事业，有立法、司法和管理的权力。国民政府虽然整日提倡造林，并限制采伐，却难以执行。有时即便设置林场，努力培育苗木，往往很快被农民砍伐。因此有学者提议，将各地公私立森林机关归省森林局统制，改组全省各县实业局为森林局。

其次，应当清理全省荒地。根据外国学者的调查，当时广东全省荒地占总面积的90%，这一数据或许是骇人听闻，然而根据罗振基的观察，即使没有前者数据庞大，广东省也应该拥有不下三分之二总面积的荒地。“官荒任由乡民樵采放牧，日久据为己有，有些原为私产，管理不易，放弃业权。有些虽名为官地，地方政府漫不经意，任乡人取柴葬坟，草木无存”①。

与此同时，当时这里复杂的局势更加剧了造林的难度。社会上风波迭起，持械斗殴者甚众，而地方官绅一心从中渔利，榨取两方金钱，致使不少乡民由此失业，远走他乡，备受异族欺凌。出于为数十万出洋的广东侨民着想，吸引他们回国垦殖，孙中山曾提出，“无主荒地应收归公家管理开垦，如属有主荒地，常科以值百抽十之税，至开垦完竣为止，如三年后仍不开垦，即当充公，由公家开垦，凡山林、沼泽、水利、矿场、悉归公家所有”。以此为指导，省森林局应于最短时间内切实实行，还可以改善农民生活，充实其生产。

其三是改良立案手续，经营林场立案，就像经营大型商场。为免受他人盗窃摧残，政府应事先立法予以保护。不过另一方面，由于地方政府办事人员作弊，为难立案者，凭空制造名目，苛收费用。已经立案者不能全心营林，导致各种纠纷的发生。而地方政府等闲视之，导致国法所规定的立案手续，已积习为一种官僚锁营金钱的伎俩，政府已失去了立案的威信，乡民视立案为畏途。由此，广东省森林局应结合当时中国的国情，重新规定立案章程。

其四是统筹全省林政费。土地、资本、劳力是发展实业的三个要素，当时广东每年林业资费不到10万元，巨大的经费缺口需要弥补②。

此外，在当时的广东还存在一个独特的现象。尽管这里地域宽广，愿意从事开荒的人却并不多，原因就在于当时各级政府并未颁布专门法令加以保护。又因山地业权不明，容易引起纠纷，阻碍乡民从事开荒的热情。这就是当地俗语中“荒地无人耕，要耕有人争”现象的深层原因。在平原少、山谷多的广东，已耕面积仅占约三成，其余七成均为荒地，其中上等土地略有水利滋养，可用于种稻或种植杂粮；中等条件的土地用以种植杂粮果木；而下等土地只宜用来造林。由于林场建设难度很大，有些

---

① 罗振基：《发展广东林业的先决问题——我所希望于广东森林局者》，《农声》1929年第124期，第13-19页。

② 《发展广东林业的先决问题》，《农声》1929年第124期，第13-19页。

学者认为,应以政治力量为主导,督促乡村人民造林。由于省府集资经营林场周期较长,因此应该针对不同地形土壤条件,种植不同树种[①]。

“造林一事,实为训政时期之要,既可振兴农业,亦可防备水灾。”1928年12月,由于广州东郊的石牌被视为适宜建造“绝好林场”的地方,经林森提议,市政府决定在此设立林场。此林场“以生产建设为宗旨”,定名为石牌林场。石牌林场是广州市政府在广州市郊唯一规划的造林场所。此处为中山公路经过之地,距离广州中心城区15千米,又接近广九铁路,交通便利[②]。东江横亘其前,“居四郊村镇之中心”,与白云山中大农场和黄埔港遥遥相望。林场中“大冈小阜,萦迂起伏”,最高处也不过是倾斜度10度的缓坡,适于种植各类树木。而低洼之处,还可用作灌溉蓄水。整个林场规模庞大,长15千米,宽约10千米。为建设这座林场,市政府还在此大规模征用荒地,东至棠下上社,南至中山公路,石牌乡北侧岗脚,北至广九铁路,面积2 626亩。除建设贫民教养院外,尚有684亩,其中山冈612亩,禾田72亩[③]。

石牌林场是一个混合林场,其中以木材林和景观林为主。具体树木则分为林木与果木,前者尤山松、大叶有加利、白桦、石栗、相思树、樬树、细叶榕、大叶榕、梅、乌桕、樟树、阴香、三年桐、合欢等18种;后者有杏梅、洋橙、樱桃、菩提、白榄、苹果、蜜梨7种[④]。由工务局园林股先行从国外移植,并增殖苗圃三处,总数不下20 000株,不仅供市民游览,还可以供植物学实验研究之用。为方便市民游览,工务局还在东山车站悬挂了林场路线引导图,从东山百子路尾起将模范住宅区、跑马场、林场一一绘入其中[⑤]。

林场最初每年可获得广州市政府拨给的经费11 000元,后来又追加到15 000元,用以种植防风林。这种林被用作防火线的构建,并借以削弱风势。仅1930年春天,就集中种植树苗4 000株,后又分区种植2 000株,与1929年所种树苗共计不下15 000株[⑥]。除此以外,由于果木产业经营附加值较高,除一般的果品食用外,还可以将大量新鲜果品进行加工。早在清代就有“番禺下乡多种乌榄,采其实,去核煮熟,盐腌作货,售于远近”的作法[⑦],林场还引进日本橙1种、梨3种、杏梅1种、苹果5种、葡萄7种、无花果2种、樱桃3种,均种植于乌榄岗。

石牌林场建成后,每年新增植树无数,林场面积也逐渐得到扩充。伴随广州道路修建工程的推进,每年增植路树更多,原有苗圃逐渐不敷使用,市政府遂在葫芦冈和

① 冯锐:《广东农业三年建设计划纲要》,《农业推广》1933年第1期,第15页。

② 《收用石牌附近荒山》,《广州市市政公报》1930年第351号,第59页。

③ 《广州特别市函复划拨石牌荒地开设苗圃情形案》,《广州市市政公报》1930年第355号,第127-128页。

④ 程天固编《广州市工务之实施计划》,广州市工务局,1930,第101-103页。

⑤ 《游览石牌林场者注意》,《广州市市政公报》广州市工务局,1930,第366号,第31-32页。注:从东山车站到模范住宅区距离1 000米,至跑马场3 5000米,至石牌林场4 000米。

⑥ 《石牌林场之大扩展》,《广州市市政公报》1930年第355号,第127-128页。

⑦ 范端昂撰,汤志岳校注:《粤中见闻》卷29,广东高等教育出版社,1988,第322页。

老虎岗一带选定水田，用以扩充苗圃。市政府又拨用中山大学所属石牌一带的大石冈、多石冈荒地为第二农场，这里所产石料甚多，市府在此采石，以供筑路需要，并明令禁止附近乡民在此采办石料①。1930年1月，工务局委任农学硕士赵璨廷担任园林主任，并制订了详细的育苗计划。他将林场分为三个苗圃，在第一苗圃试种市区马路两旁的苦楝、相思葵所结的种子，并购买其他种类的外国种子；将旧已种植的幼苗移植于第二苗圃，而原狗头山苗圃种植的幼苗，移植于第三苗圃，到1931年，经过改良的优等苗木达到2万株。1932年，市府合署开工建设，这座雄伟的建筑物就位于石牌林场以南，加之广九路在此建有车站，使这里成为广州近郊又一个繁盛之地。与此同时，林场又增植总价3万美元的果树1万株②。

1933年，市府在确定第一期市郊公园名单时，还计划将石牌中山公园开辟为森林公园，并征求设计方案，呈交省府审批。森林公园"利用广阔面积之森林为公园的设计，以发挥森林自然美为目的"。此种区域首先应该符合两大要素，一是面积广阔，二是丘陵地形。市政部门在考察全市各处后，认为广州市郊只有原石牌中山公园符合条件，其面积有数千亩，交通便利，地形上还有大小山岗数十，如将其改为森林公园，可充分利用现有条件，大减土木之费③。最终，确定北以广九路，东以红石柱、红柱岗，西以石牌乡，南以省府合署大道为公园界限，其山裙、山岗植有银华、相思、石栗、尤加利、合欢、樟树、阴香木、山松等十余种共十万株，苗圃播种区25亩，移植区60余亩，葫芦岗顶有气象台，还有办公楼、大小马场、工人和警察宿舍。为了保养面积庞大的园区，每年需要专项资金近24 000元④。

城市林场的面积虽小，但在距离上更为贴近城市。当时的广州市政府，在石牌这个相对狭小的范围内进行林业精细化管理。林场由政府主持经营，从财政拨取专门款项进行投资，在运作过程中不计成本。这种官办模式，一方面与当时广东农林商品化的趋势背道而驰；却又从另一方面使城市模范林场得到更为精细的集中式管理，客观上也为广东乃至全国林业的发展探索了合理路径。此后粤省林业工作人员都朝着这一方向努力，如加强台地和平原地区的造林绿化，并调整生产布局及产品结构，因为即使到新中国成立后，全省用材林比例依旧高达90%以上，在树种上保护现有阔叶林，大力营造针阔混交林，保证阔叶林面积不断增加⑤。总体来讲，这一时期广州市在城市公园与林场的营造方面是较为成功的。然而面对不断推进的城市化进程，城市

---

① 《关于拨给石牌荒山一带为第二农场案》，《广州市市政公报》1929年第341号，第69页。

② In the Suburban Maloos of Canton 10,000 Trees at a Cost of $30, 000, *The North-China Daily News*(1864-1951),April 21,1932,8.

③ 《广东省建设厅农林局关于奉令酌办森林公园等情的呈》(1934年10月5日)，广东省档案馆藏，档案号：006-003-0472-138-141。

④ 《广州市之公园》，《广州市政府新署落成纪念专刊》，1934，第299-300页。

⑤ 吴郁文主编《广东省经济地理》，新华出版社，1986，第179-182页。

本身需要更大面积自然区域的营造，幸运的是，毗邻白云、越秀二山的广州，自然而然地具备扩建城市林场的理想条件。

（三）越秀山、白云山的开发与广州自然生态营造

越秀山与白云山都是广州城外久负盛名的风景区，山上蕴藏的自然资源、人文资源数量十分可观。千余年来，无数方士、禅师、文人名流等都曾涉足这里，留下了寺庙、道观、诗文等各类文化遗产。除供游人登高观览之外，附近村民也在山中从事各类生产活动，以维持生计。不过在民国之前，对于这些山体所蕴藏的深层效益，官府长期缺乏足够的管理与规划。

到20世纪20年代，广州加快了城市扩展的步伐，尤其在城墙拆除以后，原先城外的很多地区也先后开启城市化的进程。正是在这一时期，越秀山与白云山相继被辟为城市公园，在大规模筑路、造林的过程中，其生态功能也开始得到重视。两座山体逐渐融入建成区之中，真正成为广州城市的一个部分。

1. 开发之前的白云山与越秀山

白云山是南越主山，在广州老城以北约8千米，整座山体面积达到28平方千米，呈南北走向。其中最高峰为摩星岭，海拔近400米。究其得名，《广东新语》有言，“自大庾逶迤而来，既至三城，从之者有三十余峰，皆知名。每当秋霁，有白云蓊郁而起，半壁皆素，故名曰白云”。实际上是山体两侧的气流，由山脚上升到半山，并析出水点，出现成云成雨的现象。

很久以前，白云山就以山中奇景为天下所闻名，仅《广东新语》中记载的自然和人文景观就多达上百处，历来是人们远足的好去处。宋代羊城八景之中，白云山就拥有“白云晚望”及“蒲涧濂泉”两景；到清代，又加入“景泰僧归”一景（表5-2）[①]。

表5-2 《广东新语》中所记白云山中部分自然、人文景观

名称	记载
白云寺	白云山巅为摩星岭，岭半有寺，亦曰“白云”
归龙溪	在白云山最高峰摩星岭半山腰，白云寺左侧，“其上飞流百仞，盘舞喷薄”
云淙别业	归龙溪水在下游聚集成湖，湖东北有楼馆十数所，此地荔枝、梅竹等植被十分茂密
景泰寺、月溪寺	云淙别业下有两座古寺，右侧曰景泰，左侧曰月溪，“林径水石之景皆绝异。黎太仆譬之仙女见人，散发垂腰，而姿态自远，绝不染烟火之气，亦一说也”
九龙泉	在月溪之下，“流为大小水帘，志所称重重挂玉帘处”
鹤舒台	在九龙泉以北，“安期昔上升，有白鹤舒翅以迎，故曰鹤舒”
宾象峰	在鹤舒台以北一里，“上有动石，游人叱之辄动，前有泉，因虎跑而得，甚甘”

① 广州市地方志编纂委员会编《广州市志》卷6，广州出版社，1999，第746-747页。

续表

名称	记载
太霞洞	在宾象峰西南五里，"泰泉之水出焉，故有李忠简玉虹饮涧亭、小隐轩，及孙典籍白云山房"，今皆废
玉虹洞	在太霞洞西南一里
聚龙冈	在玉虹洞以南，"折而西，有宋高宗御书阁"
蒲涧水	在聚龙冈以南七里，"安期旧居此，始皇遣人访之。太白诗所云'秦帝如我求，苍苍向烟雾'是也。《记》称：'安期将李少君南之罗浮，至此涧，采菖蒲一寸十二节者服之，以七月二十五日仙去。'今郡人多以是日采菖蒲，沐浴灵泉，以祈霞举，而宋时郡守，尝醵士大夫往游，谓之鳌头会云"。"涧旁有寺曰蒲涧，前为丹井，水甘温，微有金石气。其阳有滴水岩，水汗微不断，无风则滴，有风则不滴。上有一石状悬钟，人至辄铿然有声，其下又有水帘，溅洒如雾，时大时小，下注为流杯池"
文溪	在蒲涧以南，"为上、下二塘，至粤秀山麓则分流为二，左曰菊湖，右曰越溪。又会东溪之水至此山下，为甘溪，冰驰雪骤，喧豗震山，是曰蒲蒲水。吴刺史陆胤、唐节度使卢均，常疏浚以通舟。胤传云：州治临海，海流秋咸。胤畜水，民得甘食。是也。均又筑堤百余丈，潴水给田，建亭榭其上，列植木棉、刺桐诸木，花敷殷艳，十里相望如火。伪南汉引以流觞，与宫人荒宴，称甘泉苑"

资料来源：屈大均：《广东新语》卷 3《山语》，中华书局，1997，第 80-81 页。

白云山土壤类型为流纹状花岗岩、砂页岩、石英岩及混合岩、变质岩发育而成的硅铁质赤红壤。20 世纪 30 年代初，人们在实地调查后统计，白云山中有松柏科的马尾松、杉；禾本科的竹；棕榈科的桄榔；金粟兰科的珠兰；壳斗科的锥栗；榆科的朴以及桑科的构树等木本植物[①]。《广东新语》曾提到白云山之胜尤在水，"其大水凡二，其源于月溪者为溪一，曰双溪，溪本一而名曰双，以其上为月溪，而下复为此溪也。溪上瀑布交流，陈宗伯尝筑邀瀑亭焉。其源于泰泉者为涧一，曰蒲涧，涧流为溪者二而湖一"[②]。

在面积广袤的白云山地区，复杂的水文状况还形成了一系列独特的人文聚落景观。在 20 世纪 30 年代中山大学组织的一次实地考察结果显示，白云山东、西两侧山麓并不对称，西麓之下有广袤无垠的平原，其间村落密布于碧田中，并多被水所环绕，"密树沿水而荫，登山望之，诸村之在碧田者，犹环状珊瑚礁之在海，因名'环礁村'"。其间"河道萦回，时有改弃，既弃之河，每为人所利用，依水建宅，以水护村，珠江之流河网内，环礁村落，数不胜数"。此外，由于为水所绕，在这类村落中，居民必须通过道路或桥梁出入，内外交通，自感不便，而人亦复乐之者，必曰：治安不修，居寓不宁，以水护村，即所以防盗也。至于贴近城市之处，治安原较安善，但粤人性嗜械斗，每因小故，两村用武，以水护村又所以防他村之袭击也[③]。此外，白云山中野生动物种群也

① 袁义生：《白云山木本植物录》，《农声》1931 年第 149 期，第 37-42 页。
② 屈大均：《广东新语》卷 3《山语》，中华书局，1997，第 80-81 页。
③ 吴尚时、罗开富：《白云山东麓地形之研究》，《自然科学》1934 年第 6 卷第 2 期，第 411 页。

较为丰富。《羊城古钞》记载广州东北多山,“兽走鸟翔。鸟则鹧鸪、山胡、鸜鹆、鹍鹏、鸡、鹊绣质,鹳、鹳绶章;白鹇缟衣,金鸲黄裳。晨风林郁,时鹴山梁,爰居违暖,宾鸿避凉”①。直到 1934 年,人们在白云山山麓的公路上,都可以目击到狼群的迁徙②。可见此地的自然条件,还是较为适宜动物生存的。

白云山中蕴藏着十分可观的生态潜力。其面积十分广阔,且土质优良,不过伴随人类活动的加剧,原先广州城周边的原始森林面积不断缩小。白云山一带多为次生常绿阔叶林或针阔叶人工混交林,树种组成以常绿乔木为主,从生态学上来看,其景观不仅缺乏变化,且抗逆性能有待提高。加之此前,官府并未认识到白云山治理的重要性与实际利用价值,长期以来,这座山体的管理便处于放任状态,白云山一带的官地竟也荒废“达于极点”。

对此,程天固认为,这种现象是由若干因素共同造成的。第一,民国之前,官、民均不重视森林价值,迫于日常生活的需要,仅仅从事简单粗暴的滥伐活动。“徒使薪材生产日少,价格逐渐腾贵,人民更急不暇择,连年樵采杂草灌木,以资燃料,于是林地逐渐荒废”。第二,过去的官山,多任由附近住民自由放牧、樵采及葬坟,“远隔之村落住民亦群驱此等官荒山地,寻取柴草,森林荒废更甚”。第三,每年清明时节,广州城内外居民照例前往白云山祖宗坟墓进行扫祭,焚化冥钱,“埋葬官山之坟墓,往来扫祭者更多。焚火延烧山野之草木,常年下来,造成山上土地干燥,地力衰退”。第四,“冬末春初放火烧山,致使火势蔓延,天生草木孑然无遗,而土地裸露,荒废随之”。第五,“官山地界,任人自由往来,狩猎采药、点火吸烟、山中炊饭,或故意焚火游戏,致遗下火种死灰复燃而蔓延于全山”③。

在对白云山的调查中,工务局的人员还发现,山中不仅葬坟很多,并且市郊附近农民也把这里当作唯一放牧割草的场所。“加以人民利己心重,公德心薄,争先恐后,蹂躏摧残,无所不至。此所以白云山之在今日,森林荒废、水源涸竭,常发现土石崩坠之现象,而为国土保安上所急需整理者。”不仅如此,尽管广州市政府严禁在白云山附近林地采伐,三令五申之下,仍有附近乡民私下掘取树根,而此举很容易松动山土,“致伤土壤硗瘠”④。

根据今天的划分标准,城市绿地基本包括 5 种类型:公园绿地、生产绿地、其他绿地、防护绿地及附属绿地。其中公园绿地与城市居住环境、生活密切相关;生产绿地作为城市绿化材料的重要来源,对城市植物多样性保护有积极作用;其他绿地则范围巨大,包括风景名胜区、水源保护区、郊野公园、森林公园、自然保护区、风景林地、城

① 仇巨川纂,陈献猷校注:《羊城古钞》卷首,广东人民出版社,2011,第 8-9 页。

② *Wolves Are Killed In White Cloud Mountain In Suburbs Of Canton*(The China Press, July 17, 1934, 5).

③ 曾济宽:《白云山林场及其附近森林保护意见书》,《农声》1928 年第 100 期,第 61-65 页。

④ 《严禁白云山采掘树根近迅》,《农声》1929 年第 124 期,第 82 页。

市绿化隔离带、野生动植物园、湿地、垃圾填埋场恢复绿地等;防护、附属绿地发挥着优化格局、文化游憩、美化环境的作用,并在保持以上功能的情况下具备一定的经济功能[①]。从这一点来讲,如果开发得当,白云山定能具备多种绿地的功能(图 5-5)。

图 5-5 清末白云山中的寺院

(图片来源:大成老旧刊数据库——老照片)

越秀山是白云山山脉的尾脉,位于广州城北,“耸拔 30 余丈,旧有番、禺二山前导,跨山腰而出。下有二城门:左大北,右小北。中峰正脉落于越王故宫,旧都使司署是也”[②]。相传在明弘治年间,一位名叫柳先开的读书人,为打压科举竞争对手伦文叙,受风水先生指使,在越秀山建一观音庙,实则供奉哪踱星。越秀山的别称——观音山一名,由此而来。

由于这座山体的存在,广州城北面并未建筑外濠,“以其地纯石,又以山从南岳而来,其首大庾其足粤秀,为广州主山,地脉一断,则数千里神气不相贯。昔秦始皇凿马鞍岗而血流数日,山在粤秀肘腋之间,灵异所结,乃吾粤人文所关系者”。广州城北由于地形限制,城濠施工变得十分困难,“然此方近山,又不可不为豫(预)防之计,议者欲于城外筑虚心墩台,台悉从城头而出,以将军大炮护之,又于城头一带多筑横墙,自相隐覆,是敌人登高觇我不能知城上虚实”[③]。

“粤秀松涛”曾是羊城八景之一,此中之“松”,专指越秀山漫山的马尾松。每当风起,松林翻滚,酷似海涛。加上观音阁、三元宫、九眼井、镇海楼等胜景点缀,越秀山

① 王祥荣编著:《城市生态学》,复旦大学出版社,2011,第 124-126 页。

② 范端昂:《粤中见闻》卷 7《地部四》,广东高等教育出版社,1988,第 65 页。

③ 屈大均:《广东新语》卷 4《水语》,中华书局,1997,第 164 页。

成为登高览胜之地。"象山樵歌"同样曾为羊城八景之一,在越秀山后山,枯枝败叶散落其间,成为附近居民樵采的好去处,樵者歌声震动山间,别有韵味。民国时人赋诗云:"策杖闲游城外峰,斜看叠献对垣墉。色浮紫气运空水,风送涛声乱午钟。煮药尚留丹灶满,挥泉莫遣碧苔封。韩苏登后畿标迹,啸傲谁将附昔踪"[①]。

从20世纪20年代开始,广州城市建设与扩展的速度明显加快。最初虽以南面和东面为城区扩展的主要方向,但面对城北面积庞大的两座山体,如何充分挖掘其蕴藏的丰富潜力,并为急速扩张的城市寻找足够的土地空间,也成为当时城市设计者必须解决的一个问题。在这种情况下,白云、越秀山中蕴藏着的丰富的林业和人文资源潜力,逐渐被重视起来,两座山由此进入大规模开发阶段。

2. 两山原有资源的利用与保护

自1918年广州城墙拆除殆尽,城内外界限消除,促使人们开始重新理解并构建这座城市的格局。而如何处理广州城市拓展与白云、越秀两山的关系就是其中一个课题。如前文所述,到20世纪20年代,广州新的城市界限已将东至东圃车陂、南及河南黄埔、北尽白云山、西连增埗对河两岛、东南以贝底水石围塘全部划定在范围之内。1929年,时任广州市工务局长的程天固制定了《广州市工务之实施计划》,在这份计划中,初步制订了广州工务局此后三年内的工作计划,内容还涉及园林及公共娱乐等设施的建设。1932年,广州市又编制了《广州市城市设计概要草案》(以下简称《草案》),并据此绘制出了市区面积分类比例图,其中屋舍村庄占9%,其余91%为种植地,以及田亩、山、起伏地、河流、池沼五类用地。草案十分重视对市内区域各种地形状况的掌握和利用,为此后白云山与越秀山的开发提供了依据。

"城市设计开始道路系统拟定之后,即应进行划分区域,以增加城市土地使用之效率。"在分区设想中亦考虑了天然形势之利用:"市区东北部,多山谷高地……则亦可因其高下之地势,酌辟道路,以资连贯,并利用其山林优点,以建造园林、住宅区、风景区等。"《草案》考虑了市区内农业的存在,"河南南部,河港分歧,地势低下……可以成为市区内之良好农业区"。《草案》同时认为,广州发展以后将成为海外各地归国华侨的聚居地,因此提出应划分大规模的住宅区。住宅区主要分布在风景优美之地,如河南岛中北部、东山至车陂以东、白云山以东、白云山至飞鹅岭东南麓、芳村南部和勷勤大学一带,工人住宅区则计划分布于泮塘、茶滘等处。在20世纪30年代的规划中,程天固继而将广州北部规划范围拓展至以白云山北头五雷岭及唐夏、横滘为界,认为白云山一带为广州名胜,林木庙宇,夙著声誉,圈入市区,使"名山"与"大市"得以唇齿相依[②]。

---

① 丘汉臣:《登粤秀山》,《新村半月刊》1936年第62期,第44页。

② 广州年鉴编纂委员会编《广州年鉴》(上一)《土地第三》,第1-10页,载张妍、孙燕京主编《民国史料丛刊》第1010卷,大象出版社,2009,第182-192页。

在对白云山进行大规模开发之前，广州市政府令工务局对白云山各类情况进行了调查和整理，认为白云山控御广州东北之形胜，居高屋建瓴之势，“广九铁路环绕于东南，粤汉铁路蜿蜒于西北，珠江横亘于其前，当水陆交通之要冲，占四郊村落之中心”，城市设计者认为应当充分利用其自然地理上的优势，模仿欧美都市之中的森林公园，重点在此培植森林，以增进其风景，并作为卫生保健之设备。“白云山之造林，不仅在土地经济的利用上，即在市政建设上，尤其是市内数十万住民保健上，亦为最有价值之举。”① 同时，省政府和市政府还专门组织中山大学和岭南大学水产系的技术人员，赴白云山下各河溪调查各类水生物生存状况②，以便更好地保护当地的生态资源。

从以上状况来看，综合对白云山进行开发，需要先后满足几个先决条件。首先是要开筑道路，以便利交通，在关键时刻，这些道路还可以兼顾防火线的功能。白云山是广州市区东北方向的屏障，紧靠增城、花县（今花都区）往来之要道，沿山附近村落如龙眼洞、萝岗洞都是农业发达的区域。当时，沙河至黄婆洞（模范林场作业地）道路正在进行测量，回绕东北方向，通往增城、花县（今花都区）的公路也在规划中，而对于巡游白云山内部的道路，更不可没有具体的规划。不过作为当时广州唯一的城市森林公园，如果开筑路线过多，则会空占地面，且需要较多经费，至于森林保护管理，亦难于周到，因此对于这两个因素，需要兼顾考量。

1928 年市政府饬令工务局收管白云山安期仙洞、郑仙洞、濂泉古寺、能仁寺等建筑，并修筑道路。1933 年与中大林场划分界限，养园费 3 000 余元。1928 年 12 月林森提议在石牌附近山岗设立林场，以生产建设为宗旨，名为石牌林场。此后每年植树千万株，面积逐渐扩充，1932 年市府合署兴筑，位于该园以南，1933 年市府确定第一期公园名单时，确定北以广九路，东以红石柱、红柱岗，西以石牌乡，南以省府合署大道为界，养园费近 24 000 元，其山裙山岗植有银华、相思、石栗、尤加利、合欢、樟树、阴香木、山松等 10 余种共 10 万株，苗圃播种区 25 亩，移植区 60 余亩，葫芦岗顶有气象台，还有办公楼、大小马场、工人和警察宿舍③。

从 1929 年开始，围绕道路修筑等主要工程，广州市政部门对白云山周边地区进行了整治。其中第一期为小北门经双眼桥、七星岗、云贵义庄、佛塔岗、石狮岗、大坦村至姑嫂坟马路，沿旧路线至能仁寺，路宽约 6 米。为节省经费，施工时先铺设 4 寸（1 寸 ≈0.033 米，下同）厚山石路面，配合钢筋三合土桥梁及三合土渠筒。整个筑路工程及配套补偿费总共花费 50 634 元，路线长近 4 000 米，被隔田围塘地每华井 5

① 曾济宽：《白云山林场及其附近森林保护意见书》，《农声》1928 年第 100 期，第 59-60 页。
② 《调查白云山下各河溪之水产生物》，《农业革命》1932 年第 1 卷第 7 期，第 30 页。
③ 《广州市之公园》，《广州市政府新署落成纪念专刊》，1934，第 299-300 页。

元，青苗费每华井 5 元，迁坟费为每穴 5 元[①]。道路修通后，市民从广州市区前往白云山，可以从仓边路口搭乘长途汽车到沙河，然后步行约 30 分钟即可到达，如直接雇用汽车，也仅需车费 8 角。原先僻远的白云山被纳入广州城市交通系统之中，大大降低了市民的旅行成本。

其次是要确定公、私林地之间的界限。森林荒废主要由滥行樵毁而起，其根本原因在于公、私界限划分不甚清晰。公有地缺乏明了的界限规定，由于缺乏专业的林业管理人员，私有地很容易侵入公有地范围之内。因此需要明确范围，设立标识。对于私有荒山，尤须限期强迫造林，住民在期限内不进行造林，政府没收其地，反之，则发放其补偿金。此外还要限制对民林进行无限制的采伐开垦。1927 年 1 月，以能仁寺一带草木丛茂，最宜改建森林，在改造计划尚未实施前，酌情给以经费，在修路费项下月拨出 60 元。后来该山地由省府划归国立大学，兴办第一模范林场，以实施造林。名胜地点则辟为公园，所有建设及培植树木均由工务局办理，以省公帑[②]。此外，在白云山大力植树造林，也迎合了当时驻粤部队的心思。仅在陈济棠主粤时，就在白云山麓建起粤军第一集团军军部，同时修建了师部合署[③]，而山上树林的茂密程度，无疑也增强了军事区域的隐蔽性。

森林的主、副生产物，还可以供给人类社会的需要，"并促进人类文化之日益发达，此之谓森林直接之利益。森林存在之时，由根部及枝叶之作用，涵养水源，固定土砂，可以防备洪水旱魃之害，而增进国土之安宁，国民之福利，此之谓森林间接之利益。苍翠之森林与亭亭之大树，饶有特别的风致，足以涵养国民之德性而保其健康，增进人类日常生活之幸福，此谓之森林保健之作用"。当时人们也认为，这种森林的保护工作，远比其他种类的经济森林更为紧要。

由于造林护林工作事关国计民生大局，因此在广州市政部门的建议下，一种所谓"保护合作"的运动得以施行。在此运动框架之下，当地住民实际上有一种林役权的关系存在。广州市政府及工务局的工作人员都认为，当下由官方主持办理森林事务，如绝对禁止人们继续使用，必将陷于进退失禁之境地，不仅使广大市民对政府充满误解甚至恶意，从而引发森林犯罪，政府还无法满足市民的全部要求。因此要使林场附近有关系之住民，共同负担起保护森林的义务，负责森林防火、防盗防伐、消除有害动物、保护境界标识以及幼苗等事务，并由林场供给其日常必需的林产物作为报酬。作为报偿，参与保护合作的市民可以获得枯枝及风倒树枯枝、被伐之树根及余树以及不变土地地形下的副产物。此外在当时，设立专门森林警察，以防森林火灾、风害、虫

① 《兴筑白云山马路之急进》，《广州市市政公报》1929 年第 323、324 号，第 129-130 页。

② 《工务局停支白云山能仁寺辅助费》，《广州市市政公报》1931 年第 382 号，第 97 页。

③ 《陈济棠大兴土木——在白云山筑一集团总部在琶江建大规模兵工厂》，《新闻报》1934 年 1 月 8 日，第 6 版。

害、权益侵害等的呼声也逐渐升高。不少学者还认为需要根据实际,开办森林保护人员讲习班、短期林业讲习所等机构,以强化护林宣传力度。“普及林业常识与一般国民,诱发精神上之愉快,培植公共道德,使其产生对于森林的好感”①。

白云山的开发规模庞大,不少急进的做法,难免损害一些既得利益者的利益,因此造林过程中,曾经遇到了不少的阻力。苏姓在摩星岭一带是一个大家族,其中苏树权不服市政府对于白云山的规划,屡次具呈省府,称其祖留下荒地60余亩,请求免于将其祖产划入造林区,妄图保全侵占的大片官地。不过苏氏并没有占地合法手续,其手中只有一张清康熙年间番禺县颁发的临时性保护执照,不具有足够的法律效力。其后,苏树权的同族苏铭璋又拿出民国初年的一张执照,称其祖产包括摩星岭、黄縻塘、象岗、师姑岭、梅岗梅窿、探花塘、宝藏湖、象坑、鸡颈坑、合掌岩、白云后洞等处,东至官路,西至狮岭鹰石下,南至师姑坑,北至象坑、梅岗为界,不下万亩。不过由于其前后所列亩数不符,土名亦异,市政府、工务局、土地局最终判定其侵占官荒,而考虑其祖坟地已存在百年,准其保留,其余之地依旧划归林所有场②。

1932年5月,由广州市工务局主持设计的白云山公园建成,并对公众开放。后来,工务局园林股主任莫朝英认为,工务局白云公园与中山大学林场“均属布置风景起见,以两无妨碍为主旨”,遂在二者之间划界。从安期仙祠至能仁寺,以马路中线左右500英尺(约152米)为白云公园界。根据市政厅的规定,安期仙祠、郑仙祠、濂泉古寺、养正草庐、云泉仙馆、双溪寺、能仁寺均属工务局管理范围;白云公园界内原有林木,除工务局自植外,如需迁移,需要告知中大林场办理;除林场界内马路树,其余由百步梯至郑仙祠之路树由工务局管理③。林场处基本赞同,并认为双溪寺、郑仙祠在林场界内,且每年各项工程施工期间,工人均在此居住,因此两地应由林场管理。最终双方确定,从白云山麓至能仁寺左、右各500英尺(约152米)的范围为白云公园界,用三合土界柱标识。其中公园办事处设在安期仙祠,林场办事处则设在东山百子路7号④。

与城市公园和林场的营造不同,作为粤东名山,白云、越秀拥有丰富的人文资源。因此摆在工务局面前的问题是如何发掘保护既有资源,并根据实际需要新建建筑,使二者得以浑然一体。如白云山公园就被外国人称为一座“充满艺术性建筑的公园”⑤。对于能仁寺、云泉仙馆等名胜,“其布置愈善,游人愈多,所有均由工务局管理,

① 曾济宽:《白云山林场及其附近森林保护意见书》,《农声》1928年第100期,第61-65页。

② 《白云山不能复任苏姓侵占》,《农声》1929年第120期,第89-90页。

③ 《国立中山大学复广州市工务局关于会勘白云公园与林场地界订定办法应加入相关规定的公函》(1933年2月10日),广州市档案馆藏,档案号:0033-003-0327.2-006。

④ 《广州市工务局请中山大学模范林场派员会同监视白云公园树立界柱的公函》,(1933年12月30日)广州市档案馆藏,档案号:0033-003-0327-011。

⑤ *A New Park With Artistic Buildings Has Been Laid Out At The White Cloud Hill Outside Of The Eastern Suburb Of The Canton City*(The China Press,May 14,1932),P.10.

一律开放，任人游览”。而郑仙祠内，“前有军队借驻，气象森严，游人因而却步，后来军队迁出，交回工务局管理后，亦照常开放”。祠内还设有办事处及工人宿舍，以便白云公园工人就近寄宿于此。该祠花木幽森，颇具园林之胜，自军队迁出后，工务局在郑仙祠内增植花木，为其增添幽致风景①。1928年，市政府饬令工务局收管白云山安期仙洞、郑仙洞、濂泉古寺、能仁寺等建筑，并修筑道路②。次年，市政府又以白云山一带为名胜之区，“足供市民游览，现既开辟马路，将来建筑物必多，自应重申禁令，不得在该山葬坟，致滋妨碍”。遂令工务局会同卫生局妥拟查禁办法，布告市民知照。该局遂转函中山学校，查取从前所订白云山保护林单行条例，作为参考，中山大学也将该条例及该校前之布告等抄录③。

相比白云山，越秀山与广州老城距离更近，因此后者与广州城市发展之间的关系更为密切。早在1926年，市民发起筹建公园游艺会，借此机会，工务局亦将越秀山改建为公园，落成之后，这座公园面积达到了惊人的1 506 731亩。1927年，广州市政府还与中山大学合作，在越秀山中的空地建造动植物园，市工务局长林逸民拟具计划，经市政会议通过，具体工程步骤由工务局和中山大学磋商④。

而作为全市自来水供应工程的重要部分，1928年，工务局沿西公路铺设总管道，并在越秀山麓建起水塔，以供应东北关一带居民用水⑤。同年，市政委员林云陔认为广州是华南文化中心，“且为革命策源地，对于文化事业，自应尽量规划，次第施行”。计划由市政府拨款重建山中名胜镇海楼，并在竣工后改为市立博物馆。馆中陈列“动植矿各物标本模型，与世界特异品物”，借此“与人民以实物感之机会，而引起其研究科学之兴趣”⑥。陈济棠还亲自为镇海楼题写联语：五岭靖烽烟，立马看山，既销除秦汉黄威、赵刘霸业；一楼插牛斗，开樽怀古，犹领取白云明月，珠海清屏⑦。

由于越秀山中历史人文资源丰富，因此初期工程仅花费约2万元，全年养园费亦不过万余元。越秀公园中建有孙中山纪念碑、孙中山读书治事处、仲元图书馆、运动场、水塔、启秀楼、海员亭及光复纪念碑等建筑，市立第一中学也建在其中。全园大小道路两旁广植林木3 000余株，还有红棉树数百株。1933年，广州市展览会开幕，以越秀山为会场。展览会吸引数十万人到场参观，会期持续了近30天⑧。

越秀山麓原先还建有一座大型体育场。1931年，广州市在其基础上大加扩展，

① 《工务局开放白云山郑仙祠》，《广州市市政公报》1932年第391号，第208页。

② 《广州市之公园》，《广州市政府新署落成纪念专刊》，1934，第299-300页。

③ 《布告白云山禁葬坟》，《广州市市政公报》1929年第322号，第68页。

④ 《函中山大学委员会准函请拨越秀山空地建筑动植物园一案经市政会议议决由》，《广州市市政公报》1927年第254号，第19页。

⑤ 《饬自来水公司在越秀山另建水塔案》，《广州市市政公报》1928年第305号，121页。

⑥ 《市政府创设市立博物院》，《广州市市政公报》1928年第298号，第16页。

⑦ 陈济棠：《镇海楼联语》，《军事杂志》1929年第19期，第160页。

⑧ 《广州市展览会开幕——以越秀山为全部会场》，《新闻报》1933年2月21日，第8版。

首先在场地中央划出一个长方形作为标准足球场,长300英尺(约91.44米),宽135英尺(约41.15米),并在场地北端用士敏三合土建半球形戏台一座。场地外四面为山,在山畔沿地形建筑看台,设有8 000个座位,南端设管理员、运动员室及售票处。在东南、西南山畔修筑长百余尺的走廊。体育场采用先进的排水设计,在地底安放沟渠管,与马路沟渠不同,状如树枝,在地下形成四通八达的管网,令场内不致停蓄雨水(图5-6)。整个工程费用超过10万元①。

图5-6 20世纪20年代越秀山游艺会场景

(图片来源:《时报》1927年3月13日,第14版)

小 结

在城市不断扩展的同时,广州市政府也开始更加注重市内环境的营造,其中不可避免地受到西方建筑理论的影响。"田园都市"理念的传入,正可以为广州城市生态的构建提供理论指导。田园都市的营造需要大量相关因素的投入与构筑。城市化一方面追求更为庞大而密集的建成区,并使城区地价随之上升;而在这一阶段,城市设计者却会留出了大量的土地份额,去营造出一些看似"非直接生产"的空间,如公园和林场。这种看似矛盾的现象背后,实际存在着清晰的逻辑。那就是,城市是人类生活的城市,城市营造的永恒标准是如何使更多的人更好地在此生存。西方近代城市化已经为我们提供了一个教训,过分追求城市区域和人口规模的扩大,而相对忽略城市环境和人居的舒适度,造成卫生条件恶化、空气污浊、废水横流,以及城市拥挤带来的治安隐患,反而会阻碍城市乃至人类社会的持续健康发展。

① 《工务局扩筑粤秀山运动场之大计划》,《广州市市政公报》1931年第378号,第86页。

沙面租界是广州最早按照西方花园式建法营造的城市区域，即使今天来到这里，依旧可以感受到其中西洋建筑的精巧与整体规划的雅致。沙面租界的存在，深深刺激着广州市民，尤其是城市建设者的自尊心，林云陔、程天固等人决心在吸取分区制及田园都市等城市规划理念的基础上来建设广州市区。由于城市公园被视为近代文明的象征之一，广州城市的田园化即从公园的营造开始。从 20 世纪 20 年代起，广州市开放了第一期 12 处市郊公园，此后在全市各地，又有新的公园不断被开辟出来，其中部分为寺院改建。

几乎在同一时期，广州郊外建起了数座模范林场，而林场与公园之间存在的最大区别是，建造林场育苗造林，并非单纯的生态问题，背后还与经济利益关系密切，而公园则更多考虑的是市民的休憩与娱乐，体现了市政的公益性。通过这些举措，广州城市生态格局的基底得到了基本确立。此外，我们还可以看到，广州市政府通过对白云和越秀山固有资源的利用及改造，进行大规模造林，并建立公园，使两块郊外的庞大山体得到迅速开发，由此成为广州市区的重要部分，被划入广州城市的整体规划，并通过优化森林群落结构，使其形成多层次、多色彩的宜人森林景观。景观建设时采用山顶原生林、山腰密林草灌、山脚疏林草地景观营造模式，使山脚有充足的游览活动空间，山腰和山顶充分发挥森林效能，形成自然优美的城市远视景观。由此，通过大规模的市政建设，广州迈出了城市田园化的一大步，极具特色的城市山水格局终于得以初步形成。

结束语

珠江三角洲的地理环境注定这里将出现一座规模巨大的城市:其北部是平均海拔不到百米的丘陵地带,却有白云、越秀等雄险山体镇锁;中部为三角洲冲积平原,地势平坦,此处也是广州市区的主要分布范围。在这里,丰沛的降水涵养了足够的地表和地下水,在上游汇流的西江、北江又在此分道扬镳,形成珠江前、后两条航道。根据1935年8月广东省公安局组织的全市人口调查,当时广州有居民215 777户,总人口1 143 829,首次在官方人口数据中超过了100万;其中珠江北岸依旧容纳了广州绝大多数人口,有155 963户、882 989人[①]。而在广州由区域中心,逐渐成为全国有名的"模范城市"的过程中,这座城市中出现了许多具有革新意义的事件,使广州的形态、格局乃至城市景观,都发生了深刻的变化。

拆城筑路这一举措,使广州城市格局加速被重新塑造。不仅形成了高度拼接并且多重层叠的城市形态,原先广州城及其周边地方的街区,同时也在发生着不同程度的演替。作为港口城市,广州港口本身通过毗邻城市功能区的发育,影响着城市空间扩展的方向,自然环境变迁、航运技术变革、交通商贸变化以及政治军事的考量等因素综合作用,又驱动着广州港-城之间的空间关系不断变化。而经过内港建设及河南岛的大开发,原本相对宁静的珠江南岸,也被划入了广州城市的整体规划。

然后要提到的是新材料的应用。在当时的广州,建筑的建造方式使建筑风格变得更为多样,由此促进这座城市的景观、面貌发生了明显的变化,高楼大厦纷纷出现,地标性建筑不断推陈出新。这一切的背后,正是有以混凝土等为代表的新式建筑材料的大量应用所提供的物质基础。不过在实际使用中,混凝土材料依旧暴露出一些不足之处,如房屋受损后难以修补,旧料难以再利用等,从而刺激着更多混凝土产品的推陈出新。

受城市拓展及新技术应用等因素的影响,从20世纪初开始,广州城市的水循环系统同样完成了更新。原先广州城中居民本以汲取井水、江水作为主要生活用水源,而伴随城市区域的扩展以及城市人口的增加,城市供水及饮用水水质的问题日益凸显,原先的取水方式在很多地方早已无法满足需求。市政部门将自来水这种新型供水方式引入广州,先后建立了增埗、东山、南便和沙面等规格不一的水厂。它们与干支交错的输水管网一起,在广州市区逐渐形成以水厂—管道—水塔—住宅为分层格

① 《广东省会警区现住户口统计》,第3页,载张妍、孙燕京主编《民国史料丛刊》第766册,大象出版社,2009,第183页。

局的新式供水系统。通过一系列的加工和运输，原先作为自然资源的水，悄然完成商品化的步骤。与此同时，濠渠的清浚与新式铺渠方法的使用，使城市水资源利用的大部分过程都转入地下完成，供、排水系统真正成为一个整体，城市土地利用效率也由此提高。

在研究城市化现象时，人们往往自然而然地将目光聚焦于“乡村的城市化”这一过程之上，却对与之平行的另一条路径——“城市的乡村化”，缺乏足够的关注。城市终究是人类居住的场所，优化城市居住环境、优化居民生存条件，成为城市设计师与工务部门必须思考的问题。在此过程中，“田园都市”理论发挥了极大的作用。受该理论的启发，广州市加速城市公园与林场的设立，并且对原先城外的两座山体——白云、越秀，进行了初步的改造，不仅在山中大规模种植林木，还致力于清点、修复文物古迹，使其自然与人文资源均得到比以往更细致的保护和开发。更重要的是，白云、越秀山由此逐渐摆脱城外旅游区的状态，顺理成章地成为广州城区的一个重要部分。从这些事实来看，广州对于田园化的相关实践，本身也是这座城市高质量发展的一条必由之路。与霍华德的构想不同，从当时中国的国情来看，只有当城市得到优先而充分的发展，才有条件汇聚足够的资金和才智，投入构建“田园都市”的尝试中去。由此我们可以说，田园都市的源头在城市，而不在田园或乡村，“田园都市”的建设，本身与城市化或工业化的成果并不发生冲突。

除以上内容外，从本研究中，我们还可以看到广州城市环境变迁过程中的很多侧面。例如对于广州市政府初期的一些市政建设工作，时常遭遇到来自市民的极大阻力，在广州修筑新式马路时，需要拆除占道商铺及老旧住宅，被拆铺户业主坚决与市府对抗，阻挠工程的进行。无奈之下，程天固只好登报公开呼吁“市民要有新市政的精神，尊崇和服从本市规律，勿放弃责任竭尽忠诚与政府合作，向本市的神圣事业奋斗”；同时，“广州市是广州市民的广州市，凡寄居于是间者，都有切肤之痛，应负有扶助改善的责任。都市计划不是空泛的，也不是浪费的”[①]。

在清理全市濠渠的工作中，由于工程周期长、规模大，难免给市民的日常生活造成不便，市民也多秉持不理解、不配合的态度，致使具体工作开展起来十分艰难。在这一时期，广州工务部门要花很大力气，向广大市民做宣传和教育工作，使其知晓“都市设计之目的，一在人类居处之健康与安适，使之各享美满之生活，一在促进一切生产事业之繁荣，使之各得充分之发展。都市建设之效用，大部只为间接之工具，而非直接生产之本体，如道路修筑，只在改善交通，利便输运，以发展工商事业，增高该路附近之产值。地方建设事业之兴办，与其他直接生产的实业筹设，性质不同，功用各别。吾人视生产利益之所归，判别建设经费负担之责任，则权利与义务两得其平”，希望广大市民“认识更真，协助更力”。且在当时广州的市政工程中，“能称为全

① 《如何达到都市计划成功的路》，《广州市市政公报》1925 年第 161 号，第 1-3 页。

国表率者不少,孤陋而亟待改革者亦多。最著者莫如省河堤岸参差不整、市街渠道淤塞不治两件,本市市政之污点,而又日常接触于吾人之耳目。苟不亟谋整理之道,则不特年前吾人艰难缔造之声誉,不克保持,即吾人居处之康宁,亦将永受其累。此等计划之实施,实赖商会之借款,与市民之赞助"[①]。由此来看,广州市工务部门开展市政工程的过程,本身也是对市民进行启发教育的一个机会。

此外,由于人力、财力条件的限制,当时开展的很多市政工作,其实际效果也值得商榷。广州自来水公司在20世纪30年代收归官办后,政务腐败,积弊甚深,"以致市民啧有烦言"。市长林云陔曾私下秘派市厅审计专员林廷熙与卫生局长等人,由市厅前码头乘电轮前往增埗水厂,该厂办事人员得知情况后十分震惊[②]。在清理濠渠之后,每遇大雨,在市内一些低洼地段,雨水也依旧不能畅流。当时广州马路多东西走向,新式渠道的设计时常将水流截断,"以致南北流水失畅,路基提高,往往将水输向低地"。在六脉渠清理仅三年后,渠道内已出现垃圾堆积的状况,恢复至清理前的状态。每逢大雨,内涝都会将井盖提起,"污塞亦甚,一些本非低洼之地,近年来也因私建成风,致使水流阻滞"[③]。广州城市水循环系统的完善,由此来看,依旧任重而道远。

不过总体而言,这一时期,广州在城市建设方面确实取得了显著的成果,这座城市在当时也被誉为"模范城市"。本文将城市形态、格局与环境的变迁,建筑材料应用,水资源利用这些具有突出代表性且互相关联的要素作为研究对象。而在其他城市的环境史研究中,我们也可以将其作为研究的基准点和出发点,不断拓展研究方向与主题,继而推进环境史学科的成熟与发展。

---

① 程天固:《为改造本市渠道敬告市民》,《广州市市政公报》1931年第387期,第1-8页。

② 《市厅派员密查自来水厂》,《广州市市政公报》1928年第303号,第10页。

③ 《市府计划整理全市下水道》,《广州市政府市政公报》1936年第538期,第113页。

附　录　广州城市发展大事记年表（与本书相关）

时间	事件
1380 年（明洪武十三年）	永嘉侯朱亮祖将东、西、子三城合一，筑广州旧城
1563 年（明嘉靖四十二年）	为将原先城外江边的商铺容纳进来，便于管理，官府在广州城以南增筑新城
1647 年（清顺治四年）	总督佟养甲在新城以南的临江地带分筑东、西两座翼城，被称为“鸡翼城”
1863 年（清同治二年）	法国人建成石室大教堂
1865 年（清同治四年）	英、法两国对沙面租界的改造初具规模
1904 年（清光绪三十年）	广州至佛山、三水之间的铁路通车
1908 年（清光绪三十四年）	增埗水厂建成，并开始向西关地区供应自来水
1909 年（清光绪三十五年）	由两广总督岑春煊主持开办的广东河南士敏土厂建成投产
1911 年（清宣统三年）	广州至香港九龙铁路通车，沿线大沙头、石牌等地逐渐繁荣
1918—1919 年（民国七、八年）	市政公所成立，随即在老城地区拆除城墙、新修马路
1920 年（民国九年）	中央公园正式开园
1921 年（民国十年）	广州市政府、市政厅同时成立，广州成为全国最早采用市制的城市
1925 年（民国十四年）	省港大罢工爆发，时人开始讨论黄埔建港、开设商埠事宜
1927 年（民国十六年）	东山水厂正式供水
1928 年（民国十七年）	城市林场正式设立，地址位于东郊石牌
1929 年（民国十八年）	开筑海珠铁桥，工程由美国马克敦公司承担
1930 年（民国十九年）	广州内港筑堤工程正式开工；平民宫开工建设
1932 年（民国二十一年）	第一期新式马路计划开始实施；白云山公园开园；西村士敏土厂建成投产
1933 年（民国二十二年）	发布第一期 12 座市郊公园名单；海珠铁桥竣工通车；西村士敏土厂将河南士敏土厂兼并经营
1937 年（民国二十六年）	增埗新水厂建成使用；爱群大厦建成开业；洲头咀内港工程大部完成；黄埔外港建设正式开工

参考文献

一、史料

（一）档案典籍

[1] 广州市档案馆. 民国广州工务局档案（0033-001 全宗）[A]，广州市政府档案（4-01 全宗）[A]，广州市警察局档案（7 号全宗）[A]，广州市城市建设档案馆馆藏六脉渠图[A].

[2] 刘麟瑞，沈曾桐. 奏办广东士敏土厂章程[M]. 官纸印刷局铅印本，1909（宣统元年）.

[3] 桂文灿. 广东图说[M]//中国方志丛书（106）. 台北：成文出版社，1967.

[4] 鄂尔泰. 八旗通志初集[M]. 点校本. 长春：东北师范大学出版社，1985.

[5] 广州市地方志编纂委员会办公室. 元大德南海志残本·附辑佚[M]. 广州：广东人民出版社，1991.

[6] 庆保. 广州驻防事宜[M]//续修四库全书：第 860 册. 上海：上海古籍出版社，2002.

（二）地方志

[7] 黄佐. 广东通志[M]. 明嘉靖四十年刻本//广东省地方史志办公室. 广东历代方志集成. 广州：岭南美术出版社，2007.

[8] 王文凤. 广州府志[M]//广东省地方史志办公室. 广东历代方志集成. 广州：岭南美术出版社，2007.

[9] 孔兴琏. 番禺县志[M]. 清康熙二十五年刻本.

[10] 金光祖. 广东通志[M]. 清康熙三十六年刻本.

[11] 魏绾，陈张翼. 南海县志[M]. 清乾隆六年刻本.

[12] 金烈，张嗣衍，沈廷芳. 广州府志[M]. 清乾隆二十四年刻本.

[13] 玉麟，纪昀. 广东通志[M]. 清乾隆四十六年四库全书影印本.

[14] 阮元修，陈昌齐. 广东通志[M]. 清道光二年刻本.

[15] 潘尚楫，邓士宪. 南海县志[M]. 清同治八年刻本.

[16] 李福泰，史澄，何若瑶. 番禺县志[M]. 清同治十年刻本.

[17] 郑梦玉，梁绍献. 南海县志[M]. 清同治十一年刊本.

[18] 戴肇辰，史澄. 广州府志[M]. 清光绪五年刻本.

[19] 张凤喈，桂坫. 南海县志[M]. 宣统三年刻本.

[20] 凌鹤书. 民国续番禺县志[M]. 民国七年稿本.
[21] 梁鼎芬,丁仁长,吴道镕. 宣统番禺县续志[M]. 民国二十年重印本.

(三)报刊、文史资料

[22] *The North-China Daily News*, 1890—1935.
[23] *The China Press*, 1920—1930.
[24] 《广州市市政公报》,1921—1937.
[25] 《广州市政府市政公报》,1932—1933.
[26] 《广东省政府公报》,1925—1935.
[27] 《广东民政公报》,1928—1929.
[28] 《新广州》,1930.
[29] 《广州卫生》,1935.
[30] 《广东水利》,1930—1933.
[31] 《南大工程》,1933.
[32] 《工程季刊》,1934.
[33] 《农声》,1925—1926.
[34] 《建筑月刊》,1933—1936.
[35] 《建筑材料月刊》,1937.
[36] 《申报》,1890—1930.
[37] 《民国广州日报》,1923—1936.
[38] 《香港华字日报》,1895—1939.
[39] 《时报》,1900—1937.
[40] 《新闻报》,1900—1937.
[41] 中国人民政治协商会议广东省广州市委员会文史资料研究委员会. 广州文史资料:第 14、16 辑(内部发行),1965.
[42] 中国人民政治协商会议广东省广州市委员会文史资料研究委员会. 广州文史资料:第 29 辑(内部发行),1983.
[43] 中国人民政治协商会议广州市委员会文史资料研究委员会. 广州文史资料:第 44 辑[M]. 广州:广东人民出版社,1992.

二、论著

(一)中文论著

[1] 孙文. 建国方略[M]. 上海:民智书局,1922.
[2] 日本内务省地方局. 田园都市[M]. 张维翰,译. 上海:华通书局,1930.
[3] 陈植. 都市与公园论[M]. 上海:商务印书馆,1930.

[4] 陈植. 造园学概论[M]. 上海:商务印书馆,1935.
[5] 黄明慧. 广州及香港[M]. 上海:新生命书局,1936.
[6] 陈序经. 疍民的研究[M]. 上海:商务印书馆,1946.
[7] 张闵生. 七十年来之广东(1864—1933)[M]. 香港:中山图书公司,1970.
[8] 徐俊鸣. 珠江三角洲[M]. 广州:广东人民出版社,1973.
[9] 陈正祥. 广东地志[M]. 香港:天地图书有限公司,1978.
[10] 梁廷枏. 粤海关志[M]//沈云龙. 近代中国史料丛刊续辑:第 181-184 册,台北:文海出版社,1983.
[11] 邓端本. 广州港史:古代部分[M]. 北京:海洋出版社,1985.
[12] 程浩. 广州港史:近代部分[M]. 北京:海洋出版社,1986.
[13] 吴郁文. 广东省经济地理[M]. 北京:新华出版社,1986.
[14] 范端昂,汤志岳. 粤中见闻[M]. 广州:广东高等教育出版社,1988.
[15] 吴家诗. 黄埔港史[M]. 北京:人民交通出版社,1989.
[16] 叶显恩. 广东航运史:古代部分[M]. 北京:人民交通出版社,1989.
[17] 蒋祖缘. 广东航运史:近代部分[M]. 北京:人民交通出版社,1989.
[18] 张渠. 粤东见闻录[M]. 广州:广东高等教育出版社,1990.
[19] 曾昭璇. 广州历史地理[M]. 广州:广东人民出版社,1991.
[20] 潘理性,曹洪斌,余永哲. 广东政区演变[M]. 广州:广东省地图出版社,1991.
[21] 水利部珠江水利委员会,《珠江志》编纂委员会. 珠江志:第 3 卷[M]. 广州:广东科技出版社,1993.
[22] 谭棣华. 清代珠江三角洲的沙田[M]. 广州:广东人民出版社,1993.
[23] 董雅文. 城市景观生态[M]. 北京:商务印书馆,1993.
[24] 黄佛颐,仇江. 广州城坊志[M]. 广州:广东人民出版社,1994.
[25] 赵冈. 中国历史上生态环境之变迁[M]. 北京:中国环境科学出版社,1996.
[26] 邓开颂,陆晓敏. 粤港澳近代关系史[M]. 广州:广东人民出版社,1996.
[27] 屈大均. 广东新语[M]. 北京:中华书局,1997.
[28] 陈代光. 广州城市发展史[M]. 广州:暨南大学出版社,1997.
[29] 黄埔海关志编纂委员会. 黄埔海关志[M]. 广州;广东人民出版社,1997.
[30] 广州海关编志办公室. 广州海关志[M]. 广州;广东人民出版社,1997.
[31] 张之洞. 张之洞全集[M]. 石家庄:河北人民出版社,1998.
[32] 戴鞍钢. 港口、城市、腹地——上海与长江流域经济关系的历史考察[M]. 上海:复旦大学出版社,1998.
[33] 梁嘉彬. 广东十三行考[M]. 广州:广东人民出版社,1999.
[34] 丁旭光. 孙中山与近代广东社会[M]. 广州:广东人民出版社,1999.

[35] 广州市地方志编纂委员会. 广州市志[M]. 广州:广州出版社,2000.
[36] 刘凤云. 明清城市空间的文化探析[M]. 北京:中央民族大学出版社,2001.
[37] 王树忠. 城市景观[M]. 北京:中国建材工业出版社,2001.
[38] 广州市文物考古研究所. 广州文物考古集[M]. 广州:广州出版社,2001.
[39] 宋培抗. 城市景观[M]. 北京:中国建筑工业出版社,2001.
[40] 冯贤亮. 明清江南地区的环境变动与社会控制[M]. 上海:上海人民出版社,2002.
[41] 张岩著. 古代广州城的供水工程广州话旧[M]. 广州:广州出版社,2002.
[42] 丁身尊. 广东民国史[M]. 广州:广东人民出版社,2004.
[43] 钞晓鸿. 生态环境与明清社会经济[M]. 合肥:黄山书社,2004.
[44] 赵珍著. 清代西北生态变迁研究[M]. 北京:人民出版社,2005.
[45] 广州市文物考古研究所. 羊城考古发现与研究(一)[M]. 北京:文物出版社,2005.
[46] 蒋建国. 广州消费文化与社会变迁(1800—1911)[M]. 广州:广东人民出版社,2006.
[47] 刘惠清,许嘉巍. 景观生态学[M]. 长春:东北师范大学出版社,2008.
[48] 侯钧生. 人类生态学理论与实证[M]. 天津:南开大学出版社,2009.
[49] 韩大成. 明代城市研究(修订本)[M]. 北京:中华书局,2009.
[50] 周武忠. 基于多元角度的城市景观研究[M]. 南京:东南大学出版社,2010.
[51] 吴庆洲. 中国古城防洪研究[M]. 北京:中国建筑工业出版社,2010.
[52] 朱永杰. 清代驻防城时空结构研究[M]. 北京:人民出版社,2010.
[53] 许瑞生. 广州近代市政制度与城市空间[M]. 广州:广东人民出版社,2010.
[54] 王林生. 民国人物与广州城市发展研究[M]. 广州:广东经济出版社,2010.
[55] 广州市规划局,广州市城市建设档案馆. 图说城市文脉——广州古今地图集[M]. 广州:广东省地图出版社,2010.
[56] 仇巨川,陈献猷. 羊城古钞[M]. 广州:广东人民出版社,2011.
[57] 王祥荣. 城市生态学[M]. 上海:复旦大学出版社,2011.
[58] 何一民. 中国城市史[M]. 武汉:武汉大学出版社,2012.
[59] 黄任恒,黄佛颐,罗国雄. 番禺河南小志[M]. 广州:广东人民出版社,2012.
[60] 广州市文物考古研究所. 广州考古六十年[M]. 广州:广东人民出版社,2013.
[61] 肖林、韦桂峰、胡韧. 广州周边常见植物识别图谱 400 例[M]. 北京:中国环境出版社,2013.
[62] 王建革. 水乡生态与江南社会(9—20 世纪)[M]. 北京:北京大学出版社,2013.
[63] 高国荣. 美国环境史学研究[M]. 北京:中国社会科学出版社,2014.

[64] 邱衍庆. 明清佛山城市发展与空间形态研究[M]. 北京：中国建筑工业出版社，2014.
[65] 吴松弟，方书生. 中国近代经济地理：第 5 卷 华南近代经济地理[M]. 上海：华东师范大学出版社，2015.
[66] 高颖，彭军. 欧洲城市景观[M]. 上海：东华大学出版社，2015.
[67] 杨念群. 中层理论：东西方思想会通下的中国史研究（增订本）[M]. 北京：北京师范大学出版社，2015.
[68] 毕宝德. 土地经济学 [M]. 北京：中国人民大学出版社，2016.
[69] 刘卫. 广州古城水系与城市发展关系研究[M]. 广州：华南理工大学出版社，2016.
[70] 孙翔. 民国时期广州居住规划建设研究[M]. 广州：广东人民出版社，2016.
[71] 赵珍. 黄河上游区域城市研究（1644—1949）[M]. 北京：中国社会科学出版社，2016.
[72] 刘成，胡传胜，陆伟芳，等. 英国通史·第五卷：光辉岁月——19 世纪英国[M]. 南京：江苏人民出版社，2016.
[73] 潘安、郭惠华、许滢、孙永生. 羊城春秋：广州城市历史研究手记[M]. 北京：中国建筑工业出版社，2017.
[74] 黄素娟. 从省城到城市：近代广州土地产权与城市空间变迁[M]. 北京：社会科学文献出版社，2018.
[75] 肖晓丹. 欧洲城市环境史学研究[M]. 成都：四川大学出版社，2018.
[76] 黄慧明. 广州旧城形态演变特征与机制研究——1949 年至今[M]. 北京：中国建筑工业出版社，2018.
[77] 张黎. 建筑材料[M]. 南京：东南大学出版社，2018.
[78] 周祥. 广州城市公共空间形态及其演进[M]. 北京：社会科学文献出版社，2018.
[79] 李诫，傅熹年. 营造法式 [M]. 北京：中国建筑工业出版社，2021.
[80] 李淑蘋. 广州城市社会变迁（1912—1937）[M]. 北京：社会科学文献出版社，2022 年.

（二）资料集

[81] 齐思和. 鸦片战争[M]. 上海：神州国光社，1954.
[82] 朱士嘉. 十九世纪美国侵华档案史料选辑[M]. 北京：中华书局，1959.
[83] 彭泽益. 中国近代手工业史资料（1840—1949）[M]. 北京：中华书局，1962.
[84] 姚贤镐. 中国近代对外贸易史资料（1840—1895）：第 1 册[M]. 北京：中华书局，1962.
[85] 王锺翰. 清史列传[M]. 北京：中华书局，1988.

[86] 乔盛西,唐文雅. 广州地区旧志气候史料汇编与研究[M]. 广州:广东人民出版社,1993.

[87] 张富强. 广州现代化历程——粤海关十年报告译编[M]. 广州:广州出版社,1993.

[88] 广州市地方志编纂委员会办公室,广州海关志编纂委员会. 近代广州口岸经济社会概况——粤海关报告汇集[M]. 广州:暨南大学出版社,1995.

[89] 广东省政府秘书处. 广东省政府施政报告[M]//张妍,孙燕京. 民国史料丛刊:第128卷. 郑州:大象出版社,2009.

[90] 广东民政厅. 广东省五年来民政概况[M]//张妍、孙燕京. 民国史料丛刊:第187卷. 郑州:大象出版社,2009.

[91] 李宗黄. 模范之广州市[M]//张妍、孙燕京. 民国史料丛刊:第189卷. 郑州:大象出版社,2009.

[92] 广州市市政厅总务科. 广州市市政报告汇刊(一)(二)[M]//张妍、孙燕京. 民国史料丛刊:第189,190卷. 郑州:大象出版社,2009.

[93] 广州市政府. 广州市政府三年来施政报告书[M]//张妍,孙燕京. 民国史料丛刊:第192卷. 郑州:大象出版社,2009.

[94] 广东省会公安局户籍股. 广东省会警区现住户口统计[M]//张妍、孙燕京. 民国史料丛刊:第761卷. 郑州:大象出版社,2009.

[95] 高罕语. 广州纪游[M]//张妍、孙燕京. 民国史料丛刊:第766卷. 郑州:大象出版社,2009.

[96] 广州年鉴编纂委员会. 广州年鉴:(上一)(上二)(上三)(下)[M]//张妍、孙燕京. 民国史料丛刊:第1010-1013卷. 郑州:大象出版社,2009.

[97] 叶农,黄素芳. 清宫藏鸦片战争后粤海关税收报告[M]. 广州:广东人民出版社,2019.

[98] 涂文学. 现代城市化:孙中山的战略构想及南京国民政府的政策抉择[M]//天津社会科学院,中国城市史研究会. 城市史研究:第39辑. 北京:社会科学文献出版社,2018.

[99] 刘赫宇. 近代广州"新生命之自出"——河南岛大建设与广州的城市化(1921—1937)[J]. 城市史研究,2021(1):95-111。

(三)译著

[100] 魏斐德. 大门口的陌生人:1839—1861年间华南的社会动乱[M]. 王小荷,译. 北京:中国社会科学出版社,1988.

[101] C.R. 博克舍. 十六世纪中国南部行纪[M]. 何高济,译. 北京:中华书局,1990.

[102] 滨下武志. 近代中国的国际契机:朝贡贸易体系与近代亚洲经济圈[M]. 朱荫

贵,等,译. 北京:中国社会科学出版社,1999.
[103] 伊凡. 广州城内——法国公使随员 1840 年代广州见闻录[M]. 张小贵,杨向艳,译. 广州:广东人民出版社,2008.
[104] 理查德·瑞德斯特. 生态城市:重建与自然平衡的城市[M]. 王如松,于占杰,译. 北京:社会科学文献出版社,2010.
[105] 伍宇星. 19 世纪俄国商人笔下的广州[M]. 郑州:大象出版社,2011.
[106] 马立博. 虎、米、丝、泥:帝制晚期华南的环境与经济[M]. 王玉茹,关永强,译. 南京:江苏人民出版社,2011.
[107] 杰拉尔德· G. 马尔腾. 人类生态学——可持续发展的基本概念[M]. 顾朝林,袁晓辉,等,译校. 北京:商务印书馆,2012.
[108] 马克·戈特迪纳、莱斯利·巴德. 城市研究核心概念[M]. 邵文实,译. 南京:江苏教育出版社,2013.
[109] 伊恩·道格拉斯. 城市环境史[M]. 孙民乐,译. 南京:江苏人民出版社,2016.
[110] 霍华德·丘达柯夫. 美国城市社会的演变[M]. 熊茜超,郭旻天,译. 上海:上海社会科学院出版社,2016.
[111] 福尔曼. 城市生态学:城市之科学[M]. 邬建国,译. 北京:高等教育出版社,2017.
[112] 马立博. 现代世界的起源:全球的、环境的述说, 15—21 世纪[M]. 夏继果,译. 北京:商务印书馆,2017.
[113] 范岱克. 广州贸易——中国沿海的生活与事业(1700—1845)[M]. 江滢河,黄超,译. 北京:社会科学文献出版社,2018.
[114] 刘易斯·芒福德. 城市发展史——起源、演变与前景[M]. 宋俊岭,宋一然,译. 上海:上海三联书店,2018.
[115] 唐纳德·休斯. 什么是环境史[M]. 梅雪芹,译. 北京:北京大学出版社,2008.

(四)外文专著

[116] 小野芳朗. 水の環境史:「京の名水」はなぜ失われたか [M]. 東京: PHP 新書,2001.
[117] 斯波義信. 中国都市史[M]. 東京:東京大学出版会,2002.
[118] 铃木勇一郎. 近代日本の大都市形成[M]. 東京:岩田書院,2004.
[119] 藤原敬士. 商人たちの広州:一七五〇年代の英清貿易[M]. 東京:東京大学出版会,2017.
[120] 松本洋幸. 近代水道の政治史——明治初期から戦後復興期まで [M]. 東京:吉田書店,2020.
[121] G R SAYER. Hong Kong 1816-1819[M]. Hong Kong: Hong Kong University

Press, 1975.

[122] G R SAYER. Hong Kong 1841-1862[M]. Hong Kong: Hong Kong University Press, 1980.

[123] WILLIAM T ROWE. Hankow: Commerce and Society in a Chinese City, 1796-1889[M]. Taipei: SMC Publishing Inc., 1987.

[124] WILLIAM T ROWE. Hankow: Conflict and Community in a Chinese Ciy, 1796-1895[M]. Palo Alto: Stanford University Press, 1989.

[125] WILLIAM CRONON. Nature's Metropolis: Chicago and the Great West[M]. New York: W. W. Norton&Company Inc., 1991.

[126] DAVID R MEYER. Hong Kong as a Global Metropolis[M]. Cambridge: Cambridge University Press, 2000.

[127] VIRGIL K Y HO. Understanding Canton: Rethinking Popular Culture in the Republican Period[M]. New York: Oxford University Press Inc., 2005.

[128] PAUL A VAN DYKE. The Canton Trade[M]. Hong Kong: Hong Kong University Press University Press, 2007.

三、学术论文

（一）中文论文

[1] 周兴樑. 论辛亥革命时期的广东军政府[J]. 历史研究，1993（3）：54-72.

[2] 袁钟仁. 古代广州城的兴筑和扩建[J]. 暨南学报（哲学社会科学版），1996（3）：83-91.

[3] 赵可. 孙科与20年代初的广州市政改革[J]. 史学月刊，1998（4）：99-105.

[4] 梁国昭. 广州山水格局及其保护[J]. 热带地理，2001（1）：1-6.

[5] 周霞. 20世纪初广州的旧城更新与都市发展[J]. 华南理工大学学报（自然科学版），2002（10）：69-73.

[6] 张晓辉. 论广州沦陷后香港在中国外贸中的地位和作用（1938.11—1941.12）[J]. 抗日战争研究，2003（1）：80-100.

[7] 邱捷. 清末广州居民的集庙议事[J]. 近代史研究，2003（2）：187-203.

[8] 黄菊艳. 陈济棠治粤时期广东经济结构的变化[J]. 广东文史，2003（2）：15-20.

[9] 连浩鋈. 陈济棠主粤时期（1929—1936年）广州地区的工业发展及其启示[J]. 中国社会经济史研究，2004（1）：90-99.

[10] 包茂红. 马丁·麦乐西与美国城市环境史研究[J]. 中国历史地理论丛，2004（4）：114-160.

[11] 侯文蕙. 环境史和环境史研究的生态学意识[J]. 世界历史，2004（3）：25-32，143.

[12] 邱捷. 晚清广东的“公局”——士绅控制乡村基层社会的权力机构[J]. 中山大学学报（社会科学版），2005（4）：45-51，139-140.
[13] 金向华. 民国时期杭州市政建设研究——以 1911—1937 年为时段的考察[J]. 杭州师范学院学报（社会科学版），2007（1）：99-105.
[14] 邱丽. 明清广州珠江河道的变迁与城市街巷空间的发展[J]. 华中建筑，2009（1）：162-165.
[15] 张晓辉. 竞争与共生：对外贸易与广州的建设发展（1912—1936）[J]. 中国社会经济史研究，2009（4）：91-102.
[16] 张晓辉，丁媛媛. 陈济棠和广州早期现代化交通建设[J]. 贵州大学学报（社会科学版），2010（2）：83-86.
[17] 汤苑芳. 民国广州河涌治理对当今水环境整治的借鉴[J]. 热带地理，2010（3）：322-326，337.
[18] 彭长歆. 广州东山洋楼考[J]. 华中建筑，2010（6）：153-157.
[19] 卢征良. 从“市场垄断”到“经济自卫”：近代中国水泥业同业联营问题浅探[J]. 中国社会经济史研究，2011（2）：40-45.
[20] 余欣. 论清代广州对景德镇瓷业发展的作用与影响[J]. 中国陶瓷，2012（1）：39-41.
[21] 任秀玉. 广州河涌景观变更对城市公共生活的影响分析——以东濠涌改造为例[J]. 广东园林，2012（2）：37-39.
[22] 王辉. 民国城市规划界对田园城市理论的理解与运用[J]. 山东社会科学，2012（7）：56-59.
[23] 冯江. 广州变形记：从晚清省城到民国第一座现代城市[J]. 城市区域规划研究，2013（1）：107-128.
[24] 沈成飞. 广州官产投变事件中的革命政府与地方社会[J]. 历史研究，2014（4）：86-100，191.
[25] 沈成飞. 论孙科的第二个广州市长任期——以广州官产案为中心的考察[J]. 中山大学学报（社会科学版），2014（5）：81-91.
[26] 沈成飞. 试论大元帅府时期广州民产保证之推行——以《广州民国日报》材料为中心的观察[J]. 广东社会科学，2014（5）：103-110.
[27] 薛德升，黄鹤绵，王阳. 历史时期全球化作用下的城市空间转变——以 1890s~1930s 广州东山地区为例[J]. 地理科学，2014（6）：687-695.
[28] 张晓辉. 粤澳贸易的历史及其当代启迪[J]. 暨南学报（哲学社会科学版），2014（10）：11-17，160.
[29] 钟香炜，陈瀚. 广府文化在广州城市景观设计中的传承与创新[J]. 设计，2016

(23):142-143.
[30] 胡勇军. 民国时期杭州饮用水源及其空间差异性研究[J]. 史林，2017(1): 31-41,218.
[31] 卢征良,柯伟明. 20 世纪 30 年代广东省营企业统制经营问题研究——以广东士敏土厂为中心[J]. 民国档案,2017(1):96-103.
[32] 姚睿. 岛、城、人共生——广州中心城区江心岛及两岸景观专项城市设计探索[J]. 广东园林,2017(4):54-58.
[33] 黄素娟. 乡村基层权力与城市扩张——以民国时期广州河南开发为例[J]. 开放时代,2017(6):210-221,10.
[34] 赵珍,聂苏宁. 清乾隆朝北京西郊水资源利用的生态效益[J]. 北京史学，2018 (2):225-242.
[35] 黄素娟. 国家政权建设与民国时期广州城市土地产权变迁(1911—1935)[J]. 社会,2018(2):134-153.
[36] 古德泉,程晓山,邱巧玲. 可持续的风景区植物景观营造——以广州白云山风景区林分改造为例[J]. 广东园林,2018(4):51-56.
[37] 曹伟,朱鹏辉. 城市边界视角下的近代广州城墙与骑楼街界面研究[J]. 城市发展研究,2018(10):134-139.
[38] 郭林林. 晚清及民国时期广州基督教新教教堂的兴建及艺术特色研究[J]. 美术学报,2018(6):70-76.
[39] 陈再齐,姚华松. 广州古代港—城空间关系演化[J]. 热带地理，2019(1): 108-116.
[40] 江帆影,陈杰琳,高伟. 广州玉带濠沿岸城市历史景观演变探究[J]. 广东园林，2019(2):52-58.
[41] 敖光旭. 大革命前夕粤省社会生态述论[J]. 北京师范大学学报(社会科学版)，2019(6):83-102.
[42] 崔俊. 广州东山花园洋房建筑特点分析——以简园为例[J]. 客家文博，2020 (1):42-46.
[43] 李睿,李楚欣,芮光晔. 城市历史景观(HUL)视角下的历史文化街区保护规划编制方法研究——以广州逢源大街—荔湾湖历史文化街区为例[J]. 规划师，2020(15):66-72,85.
[44] 梁敏玲. “捕属”与晚清广州的城市社会[J]. 中国历史地理论丛,2020(4):97-107.
[45] 赵珍,刘赫宇. 清代北京西山人工水系与生态恢复力[J]. 山东社会科学，2021 (1):62-67.
[46] 舒波,崔馨月,金涛,等. 基于景观格局分析的城市绿地规划策略——以四川乐

山市中心城区为例[J]. 中国城市林业,2021(1):84-88.

[47] 石善球,柴燕妮. 基于地表覆盖数据的生态用地景观格局分析[J]. 地理空间信息,2021(2):5-8,63,6.

(二)译文

[48] 松浦章. 清代江南内河的水运[J]. 程菲菲,译. 曾焕棋,校. 清史研究, 2001(1):35-41.

[49] 迈克尔·威廉斯. 环境史与历史地理的关系[J]. 马宝建,雷洪德,译. 中国历史地理论丛,2003(4):8-24,158.

[50] 唐纳德·沃斯特. 环境史研究的三个层面[J]. 侯文蕙,译. 世界历史,2011(4):96-108,160.

(三)外文论文

[51] 豊岡康史. 珠江河口における貿易秩序と海賊問題(一七八〇—一八二〇)[J]. 東洋史研究,第72卷,第1号,2013.

[52] 梁敏玲. 清代広州における都市的行政区画の成立——"捕屬"と"捕屬人"を中心に. 東洋学報,第97卷,第2号,2015.

[53] 土肥步. ミッション史料からみる珠江デルタ支流域の地域社會[J]. 東洋史研究,第75卷,第3号,2016.

[54] 小堀慎悟. 近代的衛生行政體制と"地方自治"のはざま——世紀轉換期の香港における潔浄局をめぐる議論. 東洋史研究,第79卷,第1号,2020.

(四)硕、博学位论文

[55] 周瑞坤. 公共卫生与广州城市现代化(1901—1930's)[D]. 台北:台湾政治大学,2003.

[56] 吴青. 十六至十八世纪欧洲人笔下的广州[D]. 广州:暨南大学,2005.

[57] 周祥. 广州城市公共空间形态及其演进研究(1759—1949)[D]. 广州:华南理工大学,2010.

[58] 林冲. 骑楼型街屋的发展与形态的研究[D]. 广州:华南理工大学,2010.

[59] 邹东. 民国时期广州城市规划建设研究[D]. 广州:华南理工大学,2012.

[60] 张健. 康泽恩学派视角下广州传统城市街区的形态研究[D]. 广州:华南理工大学,2012.

[61] 李佳. 程天固与广州近代城市规划建设[D]. 武汉:武汉理工大学,2013.

[62] 肖露. 黄埔老港区对黄埔区的影响评价研究[D]. 广州:华南理工大学,2014.

[63] 吴简池. 广州长堤空间史研究(1888—1938)[D]. 广州:华南理工大学,2018.

[64] 刘心宇. 民国广州市政法规影响下的商业骑楼街道空间研究[D]. 广州:广州大学,2020.

图表索引

图 1-1　清代广州城坊示意图…………………………………………………………40
图 1-2　广州越秀山上残存的城墙 …………………………………………………41
图 1-3　近年发现的民国时期广州市区界碑 ……………………………………48
图 1-4　即将通车的广州模范马路（20 世纪 20 年代）…………………………49
图 1-5　20 世纪 40 年代的东山新式住宅区俯瞰 ………………………………71
图 1-6　浦东新村中的甲、乙两种住宅 ……………………………………………72
图 1-7　清末西关十八甫街景 ………………………………………………………76
图 1-8　民国初期的大沙头车站 ……………………………………………………81
图 1-9　疍民在珠江岸边搭建的棚屋 ………………………………………………82
图 2-1　河南新堤施工场景 …………………………………………………………111
图 2-2　20 世纪 40 年代的广州内港码头 ………………………………………114
图 3-1　越秀山上的水塔遗迹 ………………………………………………………148
图 3-2　20 世纪 30 年代的荔枝湾涌 ……………………………………………158
图 4-1　广州中山纪念堂外观与内景 ………………………………………………172
图 4-2　20 世纪 30 年代平民宫外景 ……………………………………………173
图 4-3　爱群大厦旧影与新貌 ………………………………………………………174
图 4-4　20 世纪 40 年代广州中心城区景象 ……………………………………177
图 5-1　霍华德所设计的“田园都市”模型…………………………………………187
图 5-2　今天的沙面街景 ……………………………………………………………193
图 5-3　20 世纪 40 年代的沙面（近处）与广州城区（远处）俯瞰 ……………194
图 5-4　广州人民公园（原中央公园）正门…………………………………………198
图 5-5　清末白云山中的寺院 ………………………………………………………209
图 5-6　20 世纪 20 年代越秀山游艺会场景 ……………………………………216

后　记

2021年盛夏，我在中国人民大学拿到博士学位、顺利毕业。不过奇怪的是，当时我的心中并无太多即将离开的伤感，更多反倒对于未来有着无限憧憬。这本小书正是在本人博士论文的基础上，历经大幅度修改而完成的，现在也终于到了要诚惶诚恐示人、接受批评的时候。或许这才是对我博士阶段一个迟到的总结和告别。

回想博士在读期间，迷茫的我无疑是幸运的。我的导师——赵珍教授，为我付出了难以估量的心血，"半路出家"学习环境史的我，尽管难免基础薄弱，而她却总是保持对我的耐心，一针见血地指出我的问题，让我时刻如履薄冰，时刻认识到自身存在的不足。很多友人曾问我，中国城市"繁华三千"，为何单单选择这座南国都市"尽饮悲欢"？我扪心自问，虽然在这里生活时间不长，但我沉醉于它的别样风情，被它的生活气息所深深感染。可以说广州就是我精神世界的"乌托邦"，更是我心中博士论文的最佳选题。虽然没能在毕业后定居于此，但本书的出版也算弥补了我这个小小遗憾。对于我以上的选择，我的导师赵老师始终给予最大程度的理解和支持。

中国人民大学历史学院专门史教研室的几位老师：杨念群老师、赵志强老师、张永江老师、孙喆老师、宝音朝克图老师、叶柏川老师、安海燕老师，还有专程参加本人答辩的朱浒老师、李小林老师、马忠文老师、赵晓华老师，在我读书和博士论文写作期间向我提供了许多宝贵的经验，使我至今能够保持不断进步的劲头，在此向他们表示深深的感谢。

毕业后离开人大，来到新的环境，二外赐予我一个温馨的家园，不仅使我得以安身立命，还为我提供了足以安心工作和开心生活的理想空间。尽管在全新的岗位上，我需要从事一些与之前并不熟悉的工作，但我真的十分享受能在教室为学生授课、交流思想的机会，也积极参与各类集体活动，能够促进同事之情，更加珍惜当下获得的每一项科研任务。限于个人目前的研究水平，许多有价值且有挑战性的内容仍未在本书中充分展开，但在全书撰写的过程中，我真切感受到了满足与快乐。尽管由于版权政策的限制，本人自绘地图、使用馆藏档案地图甚至地图集地图都无法实现，依然感谢广州城市建设档案馆的樊春颖老师、广东省地图出版社有限公司钟迪燊老师及各位相关工作人员的帮助。感谢天津大学出版社编辑人员的付出，刘博超编辑为这本书的安全出版付出了无数心血。尤其值得强调的是，本书的出版受到北京第二外国语学院"历史唯物主义视域下当代中国与世界研究"系列丛书出版项目的资助，正因为有你们的支持，这本小书虽学术价值稍逊、但人文情怀更浓，在此向你们报以真挚的敬意。

告别过往，我曾欢笑、期待、彷徨、遗憾，但待到太阳再次升起，我又已整装待发。

刘赫宇
壬寅冬夜，于武夷牡丹

本章部分图例

说明：为了方便读者直观地查看彩色图例，此处节选了书中的部分内容进行展示。